Reitaku University ｜ NAKAJIMA Masashi

Komazawa University ｜ SHIROTA Jun

Shizuoka Eiwa Gakuin University ｜ KATSUTA Yoshihiro

Komazawa University ｜ TANAKA Ryoichi

Aichi University ｜ ISHIDA Amane

Nihon University ｜ YANATA Suguru

Komazawa University ｜ FUKAMI Yasutaka

デジタル化 する 証券市場

企画・監修 ｜ 編著

日本証券経済研究所 現代債券市場研究会 ｜ 代田 純・中島 真志

一般社団法人 **金融財政事情研究会**

はしがき

　本書は、公益財団法人日本証券経済研究所の現代債券市場研究会（2021年5月～2023年5月）による研究成果を取りまとめたものである。2年間にわたる研究会活動に関しては、研究所ウェブサイト（https://www.jsri.or.jp/studygroup/academic/hyundai_bonds/）に掲載されており、御笑覧いただければ幸甚である。

　現在、世界的に金融証券市場のデジタル化が進んでいる。現在のデジタル化は、単なるシステム化とは異なり、金融資産運用や証券投資のあり方自体を変革しつつあり、DX（デジタル・トランスフォーメーション）となっている。一例をあげると、2023年における米国SVB（シリコン・バレー・バンク）の破綻において、スマートフォンにより、ツイッター等での書き込みが瞬時に広がり、預金者がやはりスマートフォン経由で預金を引き出し、SVBが資金難に陥った、といわれている。また、本書の第2・7章でも取り上げているが、米国ではスマホ証券での売買手数料が無料化されており、ミーム株と呼ばれる人気株に売買が集中し、証券決済のあり方も再検討されている。デジタル化は単に利便性の向上をもたらすのではなく、危機の波及速度を早め、また既存の証券市場インフラに変化を迫っている。

　本書の第1章は「デジタル通貨と証券決済」（中島真志麗澤大学教授）、第2章は「欧米における証券決済とデジタル化—日本への示唆—」（代田純駒澤大学教授）、第3章は「スウェーデンにおけるCBDC発行の構想と証券決済」（勝田佳裕静岡英和学院大学准教授）、第4章は「デジタル人民元の現状と証券市場」（田中綾一駒澤大学教授）、第5章は「グリーン・フィンテックの可能性とリスクに関する試論—グリーンボンドへのブロックチェーン技術の適用可能性を中心に—」（石田周愛知大学准教授）、第6章は「北東欧のクライメート・フィンテックと新興企業向け株式市場」（簗田優日本大学准教授）、第7章は「デジタル化と証券業界の構造変化」（深見泰孝駒澤大学教授）となっている。

末尾ながら、研究会を開催していただいた、公益財団法人日本証券経済研究所（森本学理事長）と、編集面では一般社団法人金融財政事情研究会出版部赤村聡氏に御礼申し上げる。

日本証券経済研究所

現代債券市場研究会・主査

代田　純

【編著者略歴】（50音順）

代田　　純（しろた　じゅん）

駒澤大学経済学部教授

1991年財団法人日本証券経済研究所大阪研究所研究員、1994年立命館大学国際関係学部助教授、2002年駒澤大学経済学部教授。同経済学部長、副学長を歴任し、現在、同大学院経済学研究科委員長を務める。

著書には、『ロンドンの機関投資家と証券市場』（1995年、法律文化社）、『日本の株式市場と外国人投資家』（2002年、東洋経済新報社）、『デジタル化の金融論』（2022年、学文社）がある。

また、共著書として、二上季代司・代田純編『証券市場論』（2011年、有斐閣）、代田純編『入門銀行論』（2023年、有斐閣）がある。

中島　真志（なかじま　まさし）

麗澤大学経済学部教授、早稲田大学非常勤講師

博士（経済学）

1981年に日本銀行入行。調査統計局、金融研究所、国際局、金融機構局、国際決済銀行（BIS）等を経て、現職。

著書には、『アフター・ビットコイン』（2017年、新潮社）、『アフター・ビットコイン2』（2020年、新潮社）、『外為決済とCLS銀行』（2016年、東洋経済新報社）、『SWIFTのすべて』（2009年、東洋経済新報社）、『入門 企業金融論』（2015年、東洋経済新報社）がある。

また、共著書として、中島真志・島村高嘉『金融読本〔第32版〕』（2023年、東洋経済新報社）、中島真志・宿輪純一『決済システムのすべて〔第3版〕』（2013年、東洋経済新報社）、中島真志・宿輪純一『証券決済システムのすべて〔第2版〕』（2008年、東洋経済新報社）がある。

【著者略歴】（50音順）

石田　周（いしだ　あまね）

愛知大学地域政策学部准教授

博士（経済学）

立教大学経済学部助教、愛知大学地域政策学部助教を経て、現職。

主な著書には、『EU金融制度の形成史・序説』（2023年、文眞堂）がある。

勝田　佳裕（かつた　よしひろ）

静岡英和学院大学人間社会学部准教授

博士（経済学）

駒澤大学大学院経済学研究科博士課程、駒澤大学非常勤講師（経済学部、経営学部）、広島修道大学商学部准教授等を経て、現職。

主な共著書に、代田純編『入門銀行論』（2023年、有斐閣）、代田純・小西宏美・深見泰孝『ファイナンス入門』（2021年、ミネルヴァ書房）、奥田宏司・代田純・櫻井公人編『深く学べる国際金融：持続可能性と未来像を問う』（2020年、法律文化社）がある。

田中　綾一（たなか　りょういち）

駒澤大学経済学部教授

博士（国際関係学）

2000年に立命館大学大学院国際関係研究科博士後期課程修了、関東学院大学法学部講師、助教授、准教授、教授を経て、2017年より現職。

主な共著書に、奥田宏司・代田純・櫻井公人編『深く学べる国際金融：持続可能性と未来像を問う』（2020年、法律文化社）、妹尾裕彦・田中綾一・田島陽一編『地球経済入門』（2021年、法律文化社）、代田純編『入門銀行論』（2023年、有斐閣）がある。

4

深見　泰孝（ふかみ　やすたか）

駒澤大学経済学部教授、公益財団法人日本証券経済研究所特任研究員
博士（経済学）
日本証券経済研究所研究員、主任研究員、駒澤大学専任講師、准教授を経て、
2023年度より現職。
主な共著書に、深見泰孝・二上季代司『地方証券史』（2019年、金融財政事情研
究会）、代田純・小西宏美・深見泰孝『ファイナンス入門』（2021年、ミネルヴァ
書房）、深見泰孝・二上季代司『準大手・中堅証券史』（2022年、金融財政事情研
究会）がある。

簗田　　優（やなた　すぐる）

日本大学商学部准教授
博士（経済学）
2012年和歌山大学経済学部講師に着任し、2014年和歌山大学経済学部准教授を経
て、2021年度より現職。
主な著書に簗田優『証券化と住宅金融』（2010年、時潮社）がある。なお、本書
は証券経済学会優秀賞した。

目　次

第 3 章	スウェーデンにおけるCBDC発行の構想と証券決済

静岡英和学院大学 人間社会学部 准教授 **勝田 佳裕**

第6章	北東欧のクライメート・フィンテックと 新興企業向け株式市場

日本大学　商学部　准教授　**簗田　優**

第7章	デジタル化と証券業界の構造変化

駒澤大学　経済学部　教授　**深見　泰孝**

第 1 章

デジタル通貨と証券決済

麗澤大学 経済学部 教授

中島 真志

1 仮想通貨市場の現状

　本章では、仮想通貨（暗号資産）、ステーブルコイン、CBDC（中央銀行デジタル通貨）の3つを「デジタル通貨」と位置づけ、証券決済との関係について考察を加えることとする。

　デジタル通貨と証券決済の関係について論じる前に、まず、仮想通貨市場の現状について簡単に振り返っておくこととしよう。

　仮想通貨全体の時価総額をみると、ビットコインの値上りなどにより、2021年11月には3兆ドルの大台に達したが、2022年末には、8,300億ドルと1兆ドルを割り込み、ピーク時に比べて、7割方の減少となった。

　これには、仮想通貨の代表格であるビットコインの価格が、ピーク時の1BTC＝6万7,000ドルから、2022年末には1万6,500ドルへと7割以上下落したことに加えて、ビットコイン以外のアルトコインもそれに追随して大幅に値下りしたことによるものである。こうした仮想通貨の価格下落には、米国の相次ぐ利上げによる金融引締めの影響により仮想通貨市場への資金流入が減ったことに加えて、仮想通貨業界におけるいくつかの問題の発生（詳細は後述）が関係している。

　仮想通貨の時価総額のランキングをみると、ビットコインが依然として断トツで1位を保っており、イーサリアム、テザー、バイナンスコインなどがこれに次いでいる。ビットコインは、上位10通貨に占めるシェアでみても、50％以上を占めており、圧倒的な位置づけにある（**図表1-1**）。

2 仮想通貨の問題点

　仮想通貨は、最近登場したばかりの新しいものというイメージが強いが、実は、2009年1月に最初のビットコインが発行されてから、14年以上の歴史を有する。ただし、この間にいくつかの問題点も明らかになってきている。以下では、こうした問題点のいくつかについてみることとする。

図表１－１　仮想通貨ランキング（時価総額の上位10通貨）

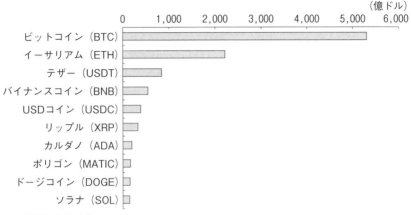

注：2023年３月時点
出所：CoinMarketCap

(1)　高いボラティリティ

　まず第一に、ビットコインなどの仮想通貨については、その価格の変動率が大きいことが問題とされている。ビットコインのボラティリティ（価格変動率）は、円／ドルなどの為替レートの３〜５倍にも達するものとみられており、１日に５〜10％も価格が変動することも珍しくない。ちなみに、ビットコイン価格が１日で10％以上暴落したケースは、過去５年間だけで約25回もあることがわかっている[1]。

　このように価格変動率が大きいものは、通貨の本来の目的である「交換手段」（medium of exchange）として使うのには適さない。さらに、ビットコインの保有者の多くは、将来の値上り益を期待して保有しているため、「明日値上りするかもしれないものは、今日の支払には使わない」ということになり、モノやサービスに対する支払手段としては、あまり用いられなくなっている。こうしたことから、ビットコインは導入時には「未来の通貨」（future of money）として大きな期待を集めたものの、実際には「通貨」として

---

[1]　BOE and HM Treasury（2023）

ではなく、値上り益を求めた「投機用資産」（speculative asset）としての性格が強まっている。このため、各国の監督当局では、「仮想通貨」（virtual currency）ではなく「暗号資産」（crypto asset）と呼称するようになっており、日本の「資金決済法」でも「暗号資産」として位置づけられている。

このようにビットコインのボラティリティが高いのは、ビットコインの新規発行が機械的なルール[2]によって行われ、しかも新規の供給量が4年ごとに半分になるという仕組みになっていること（いわゆる「半減期」）による面が大きい。供給が機械的なルールによって定められたペースで行われるため、ビットコインの価格は、主に需要面の変化によりもたらされることになる。

たとえば、有力企業（テスラなど）がビットコインによる決済を導入するといったニュースが流れると大幅に値上りする一方で、どこかの国（中国など）がビットコインに対する規制を強化するといった情報により急落するといったこともある。いずれにしても、こうした高いボラティリティにより、「通貨」としての性格はかなり希薄なものとなってきている。

(2) 違法取引への利用

上記のように、ビットコインは、通常のモノやサービスに対する支払手段としてはほとんど使われなくなっている一方で、違法な取引のための支払には使われる傾向が強まっている。その1つが、麻薬などの違法薬物の取引における使用であり、もう1つが犯罪集団によるランサムウェアにおける利用である。

① 違法薬物の取引

ビットコインが違法薬物の取引に使われた例としては、「シルクロード」という違法な「闇サイト」（ダーク・ウェブ）が有名である。シルクロードで

---

2 「マイニング」という取引の承認活動に成功したマイナー（採掘者）には、報酬として一定額のビットコインが新規に発行される仕組みとなっている。現在、10分間ごとのマイニング報酬額（＝新規発行額）は、6.25BTC（2023年3月時点の価格で約2,300万円）となっている。

は、マリファナ、LSD、ヘロイン、コカインなどの禁止薬物を手広く販売していた。このサイトで、唯一の決済手段となっていたのが、ビットコインであった。

　銀行口座を開設する場合には、本人確認が必要とされるため、こうした違法な取引資金の受取先として銀行口座を指定すると、だれがこうした違法な取引を行ったかがすぐに発覚してしまう。しかし、ビットコインの場合には、個人がパソコンなどにビットコインのプログラムをダウンロードすることにより、自由にビットコインのウォレットやアドレスをつくることが可能となっており、本人確認は特に必要とされない。このため、ビットコインのアドレスを相手に通知しても、それがだれの口座なのかはわからない仕組みとなっており、こうしたビットコインの「高い匿名性」が、違法取引を行いたい人にとっては格好の隠れ蓑となっている。

　シルクロードの運営者は、FBI（米連邦捜査局）によって逮捕されたが、「シルクロード2.0」と呼ばれる類似の闇サイトが次々と出てきており、当局との間でイタチごっことなっている。なお、こうした違法サイトは、海外だけのことではなく、わが国でも、脱法ハーブ（危険ドラッグ）をビットコインで販売するウェブサイトが摘発されるといった事例がみられている。

②　ランサムウェア事件

　違法行為へのビットコインの利用として、問題となっているもう１つの分野が「ランサムウェア」である。ランサムウェアは、企業のシステムや個人のパソコンをウイルスに感染させて乗っ取ったうえで、「データやシステムを復旧させたければ、身代金を払え」と要求する「身代金要求型ウイルス」である。そして、その身代金の支払方法として指定されるのがビットコインである。前述のように、ビットコインには高い匿名性があるため、犯人が自分のビットコイン・アドレスを示して、「ここに身代金を支払え」と指示しても、自分の身元を特定されるおそれはない。

　ビットコインという便利な身代金の受払手段ができたことにより、ランサムウェアによる被害額は拡大の一途をたどっている。チェインアナリシス社の調査によると、2022年におけるランサムウェアの被害額は、全世界で4.6

億ドル（約600億円）にも達している[3]。

　2021年5月には、米国で最大の石油パイプライン会社である「コロニアル・パイプライン」が、サイバー犯罪集団「ダークサイド」によるランサムウェア攻撃を受けて1週間にわたって操業停止となり、多数のガソリンスタンドでパニック買いに走る消費者が出るなど大きな混乱が生じた。この際には、米国社会を支える重要インフラの混乱を止めるため、会社側はハッカーに対して、440万ドル（約4.8億円）の身代金を支払ったことが明らかとなっている。

　わが国でも、有名ゲームメーカーである「カプコン」が、2020年11月にランサムウェア攻撃を受け、社内システムで保管していた最大35万人の顧客情報が流出したものとされている。この際にも、1,100万ドル（約11億5,000万円）分のビットコインの支払が要求された（会社側は支払を拒否）。

　また最近では、2022年10月に、大阪市内の病院がランサムウェアによるサイバー攻撃を受けて電子カルテが利用できなくなり、患者の受入れを停止するなどの被害が出たことは記憶に新しい。

　ビットコインは、その高い匿名性により、犯罪集団が身元を明かさずに身代金を受払いする手段としてはきわめて使い勝手がよく、「犯罪集団が愛用する支払手段」となってしまっている。今後も、こうしたサイバー犯罪による被害の拡大が懸念されるところである。

(3)　ビットコインの法定通貨化の動き

　上述のように、ビットコインは、一般的なモノやサービスを購入するための支払手段としてはあまり用いられていないが、中米のエルサルバドルでは、2021年6月にこのビットコインを法定通貨にするという法律を制定し、世界に衝撃を与えた。

　エルサルバドルでは、すでに2001年に米ドルを法定通貨にする「ドル化」（ダラライゼーション）を行っており、ビットコインは同国において2つ目の

3　"2022 Crypto Crime Report"（Chainanalysis）

法定通貨となった。

　このビットコインの法定通貨化には、2つの目的があるものとされた。1つは「金融包摂」であり、エルサルバドルの人口（664万人）のうち、約7割は銀行口座をもたない「アンバンクト」であるため、ビットコインによって国民の金融サービスへのアクセスを向上させるためとされた。もう1つが、海外に住む自国民からの送金（いわゆる「労働者送金」）にかかる手数料の引下げである。労働者送金の金額は、同国のGDP（国内総生産）の2割以上を占め、重要な収入源となっている。「ビットコインを使えば、送金手数料がほぼゼロになって、その分、低所得層の受取金額が増える」というのが、法定通貨化を主導したナジブ・ブケレ大統領の主張であった。

　この「ビットコイン法」は、2021年9月に発効し、これに伴って、エルサルバドル政府では、ビットコインの利用環境の整備を進めた。まず、専用のウォレットである「チボ」（chivo）を国民に無料で配布し、1人当り30ドル相当のビットコインを配布した。また国内各地で、ビットコインとドルとを両替するためのATMの設置も進めた。

　しかし、ビットコインの法定通貨化については、国民からは反発が強かった。ビットコイン法施行前の世論調査によると、ビットコインを法定通貨にすることについて、「まったく正しくない」が54%、「あまり正しくない」が24%と、国民の約8割が否定的な反応をみせた。また、現地では、ビットコイン法に反対する抗議デモも起きた。

　ビットコインが法定通貨になってから、すでに1年以上が経過したが、結果的にエルサルバドル国内では、ビットコインはほとんど使われておらず、法定通貨としては機能していないのが実態である。店舗では、依然としてドル建てで商品の価格が表示され、人々は米ドルを決済手段として使い続けている。小規模な店舗の多くは、1年以上たってもビットコインによる決済に対応していない[4]。

4　「ビットコイン法定化から1年、夢破れたエルサルバドル」ロイター、2022年9月10日

法律の条文では、「店舗等ではビットコインによる支払を拒むことはできない」としてビットコインによる決済が義務づけられているが、「技術的に困難な場合は除く」といった規程があり、実質的には強制力を有していないのが実情である。

　労働者送金についても、エルサルバドル中銀によると、外国からの送金額（2022年１～７月）のうち、ビットコインによる送金の比率は1.7%にとどまっている[5]。

　これは、銀行を使った米国からエルサルバドルへの送金コストが、送金額の１～２％台であるのに対して、ビットコインで送金を行う場合には、米ドルをいったんビットコインに交換するコスト（５～10%）と国内の受取人が米ドルに再変換するためのコスト（ATM利用の場合、最低５％）がかかるため、むしろビットコインを使った場合の総コストのほうが、米ドルによる送金よりもかなり割高になってしまうことによるものとみられる。

　このほか、ブケレ政権では、ビットコインの価格上昇分を利回りに上乗せするという仕組みの「ビットコイン債」を発行し、その資金で「ビットコイン・シティ[6]」を建設するといった大胆な計画を公表していたが、ビットコインが値下りするなかで同債券の発行は宙に浮き、都市の建設もまったく手つかずの状態となっている。

　このように、エルサルバドルにおけるビットコインは「使われない法定通貨」となっており、ビットコイン法は、目指した成果をほとんどあげられていない。その一方で、この政策はいくつかの弊害を生み出している。１つは、政府が保有するビットコインの含み損の拡大である。ブケレ大統領は、ビットコインの価格が下落するたびに、将来の価格回復を見込んで、１年間で10回以上にわたり、ビットコインの購入を続けてきた。これにより、同国はビットコイン投資に３億7,500万ドル（約490億円）を投資し、その後の値

5　「エルサルバドル、ビットコイン普及遠く　法定通貨１年」日本経済新聞、2022年9月7日
6　火山地帯に新たな都市を建設する構想。地域経済はビットコインのマイニングにより運営され、必要なエネルギーは火山の地熱発電で供給するという構想。

下りで6,000万ドル（約80億円）の損失を招いたものとみられている（2022年
10月時点）[7]。

　また、国際通貨基金（IMF）では、当初からビットコインの法定通貨化に
反対しており、これを無視して強行したブケレ政権との間で、新たなIMF融
資の交渉が行き詰まっている。この間、格付会社では、同国の格付をデフォ
ルトの一歩手前の水準にまで引き下げており、対外債務の返済に向けた財政
リスクが高まっている。

　ブケレ大統領は、世界初となるビットコインの法定通貨化を「歴史的な快
挙である」として自画自賛したが、実際には、国民は「笛吹けど踊らず」と
いった状態になっており、「世紀の愚策」として後世に伝えられることにな
る可能性が高い。壮大な実験がどのような結末を迎えるのかが注目される。

(4)　ステーブルコイン「テラUSD」の暴落

①　ステーブルコインの仕組み

　ビットコインなどの仮想通貨の価格変動性が高いことへの教訓から登場し
てきたのが、ステーブルコインである。「ステーブルコイン」は、仮想通貨
の一種であるが、価格の安定を目的として法定通貨などにペッグ（連動）す
るように設計されている。その多くは、法定通貨（米ドルなど）との交換比
率がほぼ一定になるようにつくられている。

　ステーブルコインは、価格を安定させる仕組みによって、以下の4つに分
類される。

　1つ目は、「法定通貨担保型」であり、米ドルやユーロなど、各国の法定
通貨（米ドルなど）建ての資産（預金など）を裏付資産として保有することに
よって、その法定通貨に価値を連動させて一定のレートに保つ（ペッグする）
仕組みである。たとえば、最大のステーブルコインである「テザー」では、
米ドルの担保をもつことにより、1テザー＝1米ドルとなるように運営され

7　"El Salvador's bitcoin experiment: $60 million lost, &375 million spent, little to
　　show so far" CNBC, Oct 13, 2022

ている。

　2つ目が、「コモディティ担保型」であり、金（ゴールド）や原油などの
コモディティを担保にして、金価格などに価格が連動するかたちのものであ
る。

　3つ目が、「仮想通貨担保型」であり、仮想通貨を担保として、その仮想
通貨の値動きに価格が連動するコインである。

　4つ目が「アルゴリズム型」であり、コインの供給をアルゴリズム（プロ
グラム）によって調整することによって、価値を一定に保とうとするタイプ
である。担保をもたないことから「無担保型」と呼ばれることもある。あら
かじめ設定されたアルゴリズムにより、市場に出回るコインの量が需要に対
して多すぎる場合には流通量を減らす一方で、市場での需要が増加した場合
には流通量を増やすという仕組みにより、価格をほぼ一定に保つ仕組みと
なっている。

② 　主なステーブルコイン

　ステーブルコインには約100種類があり、それらをあわせた時価総額は仮
想通貨全体の1割強を占める。そのうち、上位5通貨をみたのが**図表1－2**
である。

　テザー（USDT）、USDコイン（USDC）、バイナンスUSD（BUSD）、Dai（DAI）、
トゥルーUSD（TUSD）などが上位を占めている。この5通貨に占めるシェ
アでみると、テザー（62％）とUSDコイン（26％）の2つが圧倒的に大きく、
この2通貨で88％を占めている。上述した価格安定の仕組みによる類型でみ
ると、このうち、テザーをはじめとする4通貨が法定通貨担保型となってお
り、Daiのみが仮想通貨担保型となっている。ステーブルコインは、仮想通
貨の投資家が待機資金を保有するために利用しているケースが多いが、主要
5通貨のペッグ先は、すべて米ドルとなっており、仮想通貨投資の世界にお
いては、米ドルで価値を維持したいという需要が大きいことがわかる。

③ 　テラUSDの暴落事件

　さて、このようにステーブルコインは、価格の安定を主眼とした仮想通貨
であるが、2022年5月には、「テラUSD」（UST）というステーブルコインが

図表1−2　主なステーブルコイン（上位5通貨）

順位^(注1)	コイン名	時価総額^(注2)（億ドル）	類型	ペッグ先	発行主体
1（3）	テザー（USDT）	795	法定通貨担保型	米ドル	テザー社
2（5）	USDコイン（USDC）	333	法定通貨担保型	米ドル	セントレ社
3（11）	バイナンスUSD（BUSD）	77	法定通貨担保型	米ドル	パクソス社
4（17）	Dai（DAI）	53	仮想通貨担保型	米ドル	MakerDAO
5（31）	トゥルーUSD（TUSD）	20	法定通貨担保型	米ドル	トラストトークン社

注1：カッコ内は、仮想通貨全体における時価総額の順位
注2：2023年3月時点
出所：CoinMarketCap

暴落して、ペッグから大幅に外れる（これを「depeg」と呼ぶ）という事件が起きた。テラUSDは、当時、ステーブルコインとしては3番目の市場規模を有していたため、この暴落は仮想通貨の市場全体に大きな影響を及ぼした。

　テラUSDは、上記の価格安定の仕組みの分類では、アルゴリズム型のステーブルコインにあたる。1 UST＝1米ドルにペッグするかたちで運営されていたが、突然、ドルとの連動が崩れ、99.99％もの大暴落となった。テラUSDの価値は、0.000017ドルといった価格水準にまで低下し、一瞬にしてほぼ無価値となって、テラUSDに資金を投じていた投資家は巨額の資金を失った（**図表1−3**）。

　テラUSDは、2018年に発行が開始された比較的新しいステーブルコインであり、その価値は、「LUNA」と呼ばれる「姉妹トークン」によって裏付けられる仕組みとなっていた。裏付けとなるLUNAは、ステーブルコインではなく仮想通貨であり、価格は変動する。テラUSDは、「テラ・ステーショ

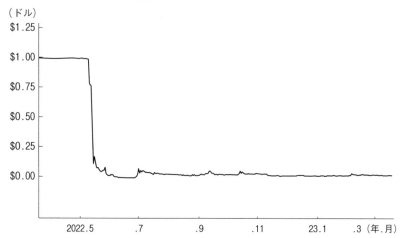

図表1-3 テラUSDの価格推移

出所：CoinGeckoウェブサイト

ン」というプラットフォームにおいて、1テラUSDと「1ドル相当の
LUNA」の交換を保証することによって、ドルとのペッグ（1UST＝1米ド
ル）を維持する仕組みとなっていた。つまり、必ず1ドル相当の資産
（LUNA）と交換できるという安心感が、テラUSDの価格の安定を支えてい
たのである。

　テラUSDの運営主体では、「アンカー」（Anchor）と呼ばれるレンディン
グ・サービスを並行して運営しており、アンカーにテラUSDを預け入れる
と20％近い利回りが提供されていた[8]。

　テラUSDの発行額の多く（約8割）は、こうした高い利回りを求めてアン
カーに預託されていたものとされている。こうした高金利をえさにした仕組
みにより、テラUSDには多くの資金が集まり、有力なステーブルコインと
なっていた。

　テラUSDの価値がドルにペッグされる仕組みを具体的な例でみると、た

8　そもそも、こうした高いリターンには無理があり、一種のポンジスキーム（投資詐
　欺）ではなかったのかとの批判もある。

とえば1UST＝0.8ドルと、テラUSDがペッグより値下りしてしまったときには、投資家は、市場で1USTを0.8ドルで仕入れ、その1USTを1ドル相当のLUNAに交換する（その時点でテラUSDの流通量が減る）。そして、そのLUNAを市場において1ドルで売却すれば、0.2ドル分の差額を稼ぐことができる（もちろん、こうした取引はもっと大規模に行われる）。こうした裁定取引が行われると、LUNAとの交換によってテラUSDの流通量が減ることから、テラUSDの価格は上昇し、1UST＝1米ドルに近づくことになる（**図表1－4**の(1)）。

逆に、1UST＝1.2ドルと、テラUSDがペッグより値上りしてしまったときには、投資家は、市場で1ドル相当のLUNAを仕入れ、そのLUNAを1USTに交換して、それを市場において1.2ドルで売ることにより、0.2ドルを稼ぐことができる。この際には、市場でのテラUSDの売却により供給（流通量）が増えるため、テラUSDの価格は下落して、1ドルに近づくことになる（**図表1－4**の(2)）。

こうしたテラUSDとLUNAを使った裁定取引により、1USTの価値は、1米ドル近辺で安定するように設計されていた。

図表1－4　テラUSD（UST）の価格安定化のための仕組み

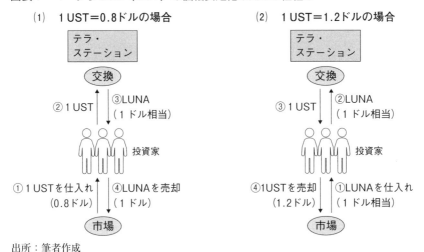

出所：筆者作成

このように、テラUSDとLUNAの関係は、LUNAがテラUSD（ステーブルコイン）の価格変動を吸収し、準備金としての役割を果たすことにより、テラUSDの価値を一定に保つ仕組みとなっていた。こうした仕組みは、テラUSDの価値が安定し、LUNAの価格が安定または上昇基調にある時期にはうまく機能していたが、LUNAの価格がいったん下落を始めると、テラUSDの裏付けとしての価値が落ち、それによって信用力の低下したテラUSDが売られ、それがさらにLUNAの売り圧力につながるといったかたちで、売りが売りを呼ぶ展開となってしまった。こうして、LUNAによるテラUSDの価格維持機能が崩壊し、テラUSDとLUNAの両方が連鎖して暴落していく「デス・スパイラル」という状況が発生した。こうした連鎖的な価格暴落の発端については、なんらかの攻撃があったとする説もあるが、詳細は不明である。

しかし、今回の暴落で明らかになったことは、裏付けとなる資産をまったくもたない「アルゴリズム型のステーブルコイン」は、必ずしも価格がステーブルに維持できる保証はないということである。机上の計算では、アルゴリズムにより価格が安定する設計になっていたとしても、実際にはそれが常に想定どおりに機能するとは限らず、なんらかのショックをきっかけにペッグが崩壊してしまう可能性も否定はできないのである。

今回のテラUSDの暴落事件により、アルゴリズム型のステーブルコインの安全性には大きな疑問符がつくこととなった。各国の規制当局では、ステーブルコインの構造的な脆弱性に対して警戒感を強めており、今後、ステーブルコインに対する規制を強化する流れになっていくものとみられる。

(5) FTXトレーディング事件

① FTX社の破綻の経緯

2022年には、テラUSDの暴落の後にも、さらに仮想通貨市場を揺るがす重大な事件が起きた。それが、2022年11月に発生した「FTXトレーディングの破綻」である。

FTXトレーディング（以下「FTX社」という）は、サム・バンクマン・フ

リード氏がCEOを務める米国[9]の仮想通貨交換業者であった。破綻前には、約100万人の顧客と160億ドル（約2.1兆円）の預り資産を有し、世界でも有数の交換業者であった。

　問題の発端は、フリード氏が個人保有する投資会社である「アラメダ・リサーチ」（以下「アラメダ社」という）である。同社は、仮想通貨関連企業180社以上に手広く投資や融資を行ってきており、事実上「仮想通貨事業向けヘッジファンド」となっていた。

　しかし、アラメダ社の保有する資産のうち4割が、FTX社が発行する「FTXトークン」（FTT）であることが内部文書で明らかとなり、アラメダ社の財務に対する信頼が一気に揺らいだ。FTX社では、アラメダ社に自社発行コインであるFTTを大量に供給するとともに、自社が供給したそのFTTを担保としてアラメダ社に多額の融資を行っていた（**図表1－5**）。

　FTX社とアラメダ社の両社は、フリード氏がともにトップを務めるほぼ一心同体の企業であり、この2社の間で、裏付資産のないFTTを発行し、それを担保にして融資を行うといったかたちで、いわば「錬金術」のような手法を使って資金をつくりだし、それをもとに手広く投融資を行っていたのである。

　金融引締めによる仮想通貨の値下がりにより、当時、アラメダ社の投融資は損失含みとなっているとみられており、そのうえ、保有資産の多くが、価値が不安定で換金性の低いトークンであるということになれば、財務的にはかなり危ういことになる。そして、価値の乏しいFTTを担保にアラメダ社に多額の融資を行っているFTX社の財務も危ないのではないかとの憶測が広がり、FTX社の経営問題に発展した。それにより、不安にかられた顧客がFTX社からの資金引出しに殺到し（一種の取付け騒ぎの発生）、ほどなくFTX社の資金繰りが行き詰まる結果となった。

　これにより、FTX社（および約130のグループ会社）は、11月11日に連邦破産法11条（チャプター11）の適用を申請し、経営破綻した。負債総額は、最

9　登記上の本社は、タックスヘイブン（租税回避地）であるバハマとなっていた。

図表1-5 FTX社とアラメダ社の関係

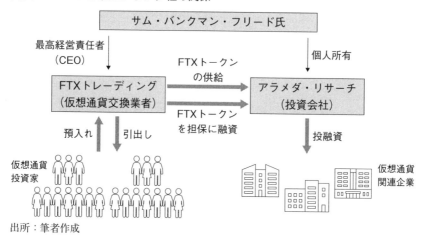

出所：筆者作成

大で100億ドル（約1兆4,000億円）規模にのぼるものとみられている。

② FTX社のずさんな経営実態

　この破綻処理の過程で、FTX社のずさんな経営実態が明らかになった。1つは、仮想通貨交換業者として顧客から預かった資産のうち、6割以上に当たる約100億ドルを勝手に流用して、アラメダ社への融資に充てていたことである。自社の資産と顧客資産との分別管理さえ行われていなかった。また、会社の資金を経営陣や従業員の住居購入など、私的な目的に使うといった言語道断な行為も横行していた。

　もう1つは、経営方法がかなりずさんであったことである。取締役会すら1度も開かれておらず、経営の意思決定に関する記録は残されておらず、財務諸表も監査を受けていなかった。ベンチャー・キャピタルなどの出資者は、どこも社外取締役を派遣していなかったため、外部株主によるチェック機能も働かなかった。後任のCEOは「経験の浅い、きわめて少数への権力集中により、前代未聞の経営状況であった」としている。

③ FTX社破綻の影響

　FTX社の破綻は、仮想通貨業界としては、過去最大となる巨額の経営破綻となった。このため、同社だけの問題にとどまらず、仮想通貨業界全体に

対する信頼をも大きく揺るがすこととなった。これにより、他の多くの仮想通貨交換所からも資金を引き出す動きが広がり、仮想通貨市場から大量の資金が流出して、仮想通貨全体の時価総額は急速に減少した。この影響により、仮想通貨のレンディング事業を行っていたブロックファイやジェネシス・グローバル・キャピタル、仮想通貨マイニング（採掘）のコア・サイエンティフィック社などが相次いで経営破綻するなど、連鎖的な倒産が広がった。このほか、仮想通貨関連の企業との取引に傾注していた米シルバーゲート銀行が、預金急減から自主的に清算を余儀なくされるなど、その影響は銀行界にも波及した。

こうした事態を招いた原因としては、米国において仮想通貨交換業者に対する規制が十分ではなかったことがあげられる。米国では、この事件をきっかけとして、仮想通貨業界に対する規制強化の議論が台頭しており、今後、ルール策定に向けた動きが高まるものとみられる。なお、日本では暗号資産交換業について分別管理などのルールを厳しく定めていたことなどから、FTX社の破綻の被害が国内に波及するのを免れた。

3　デジタル通貨による証券取引の可能性

ここまでの議論をもとに、以下では、証券取引とデジタル通貨との関係について考察してみたい。

(1)　仮想通貨による証券取引は可能か

ビットコインなどの仮想通貨を仮に「通貨である」と仮定すると、それを対価として、株式、国債などの有価証券の取引を行うことは可能であろうか。一見すると、「通貨とみられるもの」を対価として証券を取引することは可能であるように思われる。

しかし、前述のように、仮想通貨は「価格変動率」（ボラティリティ）が大きいのが特徴である。このため、「交換手段」として使うのには適していない。また、株価などを表示するうえでの「価値尺度機能」についても、十分

に機能するとはみられない。価値尺度機能とは、あらゆるモノやサービスについて、その価値を同じ尺度（ものさし）で測ることができるという機能である。日本であれば「円」というものさしで、米国であれば「ドル」というものさしで、すべてのモノやサービスの価格を表示することができ、相対的な価格を比較することができる。

しかし、ビットコインなどの仮想通貨建てで株式や国債の価格を表示したとすると、その表示した価値そのものが、刻々と変化していくことになる。つまり、「ものさし」の目盛りが揺らいでしまい、基準がわからなくなってしまうという事態が発生する。

たとえば、現在、A社の株式の価格が100株＝1 BTCであったとする。しかし、1 BTCの価値を円建てでみた場合には、当日は360万円であるかもしれないが、数日後には400万円に値上りしているかもしれないし、逆に300万円に値下りしているかもしれない。これでは、投資家は安心してBTC建てで証券の取引を行うことはむずかしい。

このように考えると、ボラティリティの高い仮想通貨は、モノやサービスの取引にあまり向いていないのと同じように、証券の取引の対価として使うのにも適していないものと考えられる。近い将来に、ビットコイン建てで株式を取引する市場ができるといった可能性は、限りなくゼロに近いものとみられる。

(2) ステーブルコインによる証券取引は可能か

それでは、価格が比較的安定しているステーブルコインの場合にはどうだろうか。ビットコインなどのボラティリティが高い仮想通貨に比べれば、実現可能性があるとみられるかもしれない。

しかし、ステーブルコインにも、いくつかの弱点があり、証券取引の対価として使うのには必ずしも適していないものとみられる。

第一に、ペッグが必ずしも維持されない可能性があることである。平常時には、1コイン＝1ドルとしての価値を維持できるかもしれないが、イレギュラーな事態が発生した場合には、ペッグから大きく外れる可能性

がある。

テラUSDの暴落事件で表面化したように、「アルゴリズム型」のステーブルコインについては、こうした脆弱性が顕著であり、証券取引の対価にすることなどはまったくもって論外である。また、比較的安定度の高い「法定通貨担保型」のステーブルコインについても、必ずしも1ドルがキープされているわけではない点には注意を要する。他の仮想通貨の値動きなどが影響し、0.98〜1.03ドルの範囲で一定の価格変動がみられている（USDコインのケース）。こうした場合には、程度の差こそあれ、上記のボラティリティの高い仮想通貨と同じ問題が発生することになる。

第二に、現在主流となっている「法定通貨型」のステーブルコインについても、コインの価値を保証している「100％の裏付資産」をもっているかどうかについては、疑念があることである。たとえば、最大のステーブルコインであるテザーでは、裏付資産の内容が必ずしも定期的に公表されておらず、一時は同社の弁護士から「裏付資産は約7割にすぎない」といった発言も聞かれた。また、何とか公表された裏付資産の内訳（2021年3月末）をみても、安全性の高い「預金等」の内訳は約4分の1（26％）にすぎず、残りはコマーシャル・ペーパー（50％）、貸付金（13％）、社債等（10％）など、価格変動リスクや信用リスクのある資産となっている（**図表1－6**）。

会計事務所による監査なども行われていないため、公表した計数について

図表1－6　テザーの裏付資産の内訳

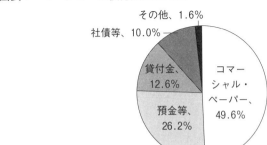

注：2021年3月末時点
出所："Tether Reveals More Details About Its Reserves" CoinDesk, Aug 10, 2021

の信頼性も乏しい。こうしたことから、発行主体であるテザー社が必ずしも100%の裏付資産をもっていない可能性も高く、市場からは引き続き疑惑の目を向けられている。

　第三に、これとも関連して、ステーブルコインは、民間企業の発行した「プライベート・コイン」であるため、発行主体に対する信用リスクがあることにも注意が必要である。ステーブルコインを発行する際に対価として預かる資産は、一種の預金のようなものであり、いったん発行主体の経営状況などに疑惑が生ずると、払戻しを求めて投資家が殺到する「取付け騒ぎ」が発生することになりかねず、最悪の場合には、発行主体が経営破綻する事態ともなりかねない。実際、テラUSDの暴落の直後には、その影響から同じステーブルコインであるテザーには払戻しが集中し、2カ月間で約170億ドル（約2.2兆円）が払い戻され、発行残高が大幅に減少した。

　このように、価格の変動性、裏付資産への疑惑、発行主体の信用リスクなどの点から考えると、ステーブルコインも、有価証券を取引する際の「取引通貨」として使うのには、必ずしも適していないものと考えられる。

(3) セキュリティトークンとDVP決済の必要性

① セキュリティトークンをめぐる動き

　仮想通貨とステーブルコインの証券決済への利用について、上記では、否定的な見解を述べたが、「セキュリティトークン」が登場してくると話はまた少し変わってくる。セキュリティトークンとは、ブロックチェーン技術を使って有価証券をデジタル化したものであり、「デジタル証券」とも呼ばれる。

　すでに、デジタル債券やデジタル株式、不動産の証券化などのかたちで、セキュリティトークンを実験的に発行する試みがみられている。また、スイスの「SDX」（Swiss Digital Exchange）、シンガポールの「iSTOX」、日本の「大阪DX（Digital Exchange）」など、セキュリティトークンを取引するための取引所を構築しようとする構想もみられている。また、わが国では、「トークン化有価証券」や「STO」（Security Token Offering：トークンを使った資金

図表1－7　DVP決済の仕組み

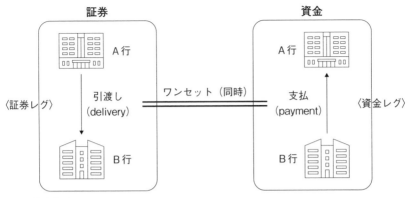

出所：筆者作成

調達）などについて取引ができるように、すでに法令が整備されている。

② DVP決済の必要性と中銀マネー

　さて、証券決済を行ううえでは、証券決済リスクを避けるために、「DVP決済」という仕組みが必要であることは広く知られている。DVPとは「Delivery Versus Payment」の略であり、証券の引渡し（証券レグ）と資金の支払（資金レグ）を条件づけた決済のことを指す。つまり、証券と資金の授受をリンクさせ、「代金の支払が行われることを条件に証券の引渡しを行う」、あるいは逆に「証券の引渡しが行われることを条件に代金の支払を行う」という仕組みのことである（**図表1－7**）。

　これにより、「証券を引き渡したのに代金を受け取れない」とか、「代金を支払ったのに証券を受け取れない」といった事態（決済リスクの発生）を避けることができる。証券決済に関する国際的な勧告においては、「すべての証券取引の決済についてDVP決済を採用することが求められる」とされており、これを受けて、わが国をはじめとする主要国では、証券決済に全面的にDVP決済が導入されている。

　また、金融市場インフラに関する国際的な勧告[10]においては、DVP決済

───────────

10　「金融市場インフラのための原則」国際決済銀行、2012年4月

における資金決済は、「中央銀行マネーによって行うべきである」とされている。つまり、民間銀行の口座（以下「商業銀行マネー」という）で決済を行う場合には、民間（プライベート・セクター）であるがゆえに、必然的に信用リスクや流動性リスクが伴うことになる（これは、最近のシリコン・バレー・バンクの破綻やクレディ・スイスの経営危機をみれば明らかであろう）。こうした民間銀行の破綻等による証券決済への悪影響の波及を避けるため、証券のDVP決済における資金の受渡しは、こうしたリスクが存在しない中央銀行の口座における資金（中銀マネー）によって行うべきであるとされているのである。わが国でも、かつては株式に関する資金決済は、民間の資金決済銀行（「場勘銀行」と呼ばれた）において行われていた時期もあったが、こうした世界的な潮流を受けて、現在は日本銀行の当座預金における決済へと全面的に移行している。

③　DVP決済と資金のトークン化の必要性

　証券決済においては、これまで「従来型の証券」の受渡しと中銀マネーによる資金決済をワンセットにして、DVP決済が行われてきた。たとえば、株式については「ほふり」（証券保管振替機構）における株式口座の振替と日銀ネットにおける資金口座の振替がリンクされたかたちでDVPが実現されてきた。今後、証券のトークン化が進むと、ブロックチェーン環境下において資金と証券の両方について円滑なDVP決済を進めるためには、「トークン化された証券」と「トークン化された資金」との間でのDVPが必要になってくるものとみられる。つまり、資金サイドにおいても「資金のトークン化」を行っていくことが必要不可欠になっていくものと考えられる。

　ちなみに、同一のブロックチェーン環境（単一基盤型）において、証券トークン（デジタル証券）と資金トークン（デジタル通貨）とのDVP決済を行うことを「アトミックDVP」という[11]（図表1−8の①）。

　一方、証券トークンと資金トークンとが異なるブロックチェーン環境にあ

11　取引の「アトミックな」処理とは、取引自体を分割して処理することができず、すべての処理を一括して実行するか、あるいはまったく実行しないかの二者択一しかない処理のことを指す。

図表1－8　ブロックチェーン上でのDVP決済の実現方法

① アトミックDVP

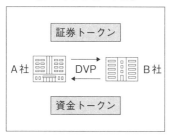

〈単一基盤型〉

② アトミック・スワップ

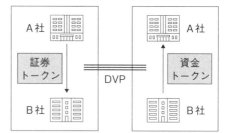

〈複数基盤型〉

出所：筆者作成

り（複数基盤型）、その両者の間でDVP決済を行うことを「アトミック・ス
ワップ」と呼ぶ（**図表1－8の②**）。

　では、証券がトークン化される一方で、資金がトークン化されない場合に
は、何が起こるだろうか。こうした場合には、証券トークンはブロック
チェーン上で決済される一方で、資金サイドは、既存の決済システム（RTGS
システム）で行われることになる。

　この場合には、(i)証券側のブロックチェーン上で、売り手が引渡しの対象
となる証券トークンをロックしたうえで、(ii)RTGSシステムに対して、対応
する資金決済の指図を行い、資金決済を実施する、(iii)RTGSサイドから、資
金決済が完了したとの通知を受けて、証券側のブロックチェーン上で、証券
トークンのロックを解除し、買い手に証券トークンを引き渡す、といった複
雑な工程が必要となる（**図表1－9**）。

　こうした複雑な処理の必要性を避けるためには、資金側もトークン化を行
い、「アトミックDVP」（またはアトミック・スワップ）によって、トークン
間で円滑なDVP決済を可能にしていくことが必要となる。

④　大口決済用CBDCの必要性

　このように、ブロックチェーン環境におけるDVP決済においては、資金
トークン（デジタル通貨）が必要となってくることが想定されるが、これに

図表1－9　RTGSシステムとのリンクによるDVP決済の実現方法

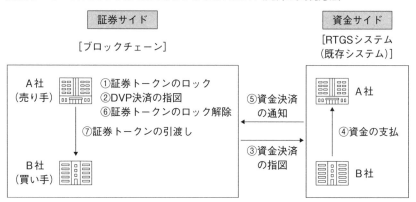

出所：筆者作成

用いられるのは、中央銀行が発行する「大口決済用CBDC」になるものとみ
られる。これは、従来のRTGSシステムにおける「中銀マネー」に対応する
かたちで、中銀がブロックチェーン上に発行するデジタル通貨である。「ホー
ルセール型CBDC」とも呼ばれ、CBDC（Central Bank Digital Currency：中
央銀行デジタル通貨）のうち、インターバンク決済など大口の資金決済に用
いられるものを指す。

　これに対して、銀行券にかわって、企業や消費者が小口の決済に用いる
CBDCのことを「小口決済用CBDC」あるいは「リテール型CBDC」という。
最近では、中国の「デジタル人民元」、カンボジアの「バコン」、バハマの
「サンドダラー」、東カリブの「Ｄキャッシュ」など、小口決済用CBDCに世
間の注目が集まっているが、実は、中央銀行では、大口決済用のCBDCにつ
いても、2018年頃から着々と実証実験を進めてきている。

　すでに、カナダ中銀の「プロジェクト・ジャスパー」、MAS（シンガポー
ル通貨庁）の「プロジェクト・ウビン」、日本銀行と欧州中銀（ECB）による
「プロジェクト・ステラ」、HKMA（香港金融管理局）の「プロジェクト・ラ
イオンロック」、スイス中銀による「プロジェクト・ヘルベティア」など、
多くの中央銀行が、大口決済用CBDCの実証実験を行ってきているのである。

　これらの実験の多くでは、大口決済用CBDCによる単なる資金決済の実験

のみにとどまらず、資金と証券とのDVP決済についても実験の対象に加えており、DVPの技術的な実現可能性を実験のなかで検証している。典型的には、ブロックチェーン上に発行された株式や国債等の証券トークンについて、大口決済用CBDCとの間でDVP決済が円滑に行えるかどうかをテストしている。すなわち、これらの中銀では、将来的に、証券トークンとのDVP決済に中央銀行が発行した資金トークン（大口決済用CBDC）が必要になることを十分に視野に入れているのである。この先、DVPを目的として大口決済用CBDCが必要となる事態を見越して、こうした実験を進めているものとみられる。

　これらの実験のうち、資金トークン（大口決済用CBDC）と証券トークンを別々のブロックチェーン上に発行する「複数基盤型」のケースでは、異なる基盤の間を同期する「HTLC」（Hashed Timelock Contract）といった技術がすでに開発されており、アトミックなトークンの交換を実現している。別々のプラットフォームをつなぐことが必要になる場合には、こうした技術が効果を発揮するものとみられる。

⑤　今後の展開の見通し

　このように、多くの中央銀行では、証券のトークン化が進展し、ブロックチェーン環境でのDVP決済のニーズが高まるにつれて、大口決済用CBDCの必要性が高まってくるという将来を見越して、それに向けて着々と準備を進めている。ただし、世界の証券取引所をみても、上場株式を対象として本格的にブロックチェーンで決済を行っているという先はまだ見当たらず、証券のトークン化が本格化してくるまでには、まだ時間がかかる見込みである。このため、中央銀行では、技術的なフィージビリティ（実現可能性）を確認しつつ、証券サイドにおけるトークン化の進展を見極めている「待ち」の状態にあるというのが現在の状況であるものとみられる。

　今後の展開について考察すると、民間サイド（証券取引所など）を中心とする証券のトークン化と中央銀行サイドにおける資金のトークン化が、同時並行的に進められて、まったく同じタイミングでDVP決済が開始されるといったことは、なかなか考えにくい。

図表1-10 証券のトークン化とDVP決済の展開（見通し）

① 過渡期

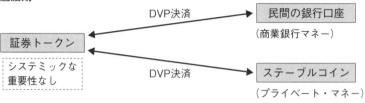

② 本格導入期

出所：筆者作成

　証券のトークン化については、現在も行われているような小規模な発行が実験的に行われて、徐々に規模が拡大していくといった経路をたどる可能性が高いものとみられる。その際、決済の額が小規模にとどまり、「システミックな重要性」をもつに至らない過渡期においては、まずは、銀行預金と証券トークンとの間でDVP決済が行われるようになる可能性が高いものとみられる。またその時期に、民間主体が発行した信頼できるステーブルコインが開発されていれば、それが資金トークンとして使われる可能性も考えられる（図表1-10）。

　こうした過渡期においては、証券のトークン化が先行し、中銀では、状況を注視しつつ「待ちの姿勢」に徹する可能性が高い。

　そして、株式の決済が全面的にブロックチェーン上で行われるようになるなど、証券のトークン化が本格的な普及期を迎え、証券トークンの決済規模が「システミックな重要性」をもつようになった場合には、証券決済リスクを削減するために中央銀行が乗り出すことになるであろう。前述したように、DVPにおける資金サイドの決済は中銀マネーで行うことが必須とされており、ブロックチェーン環境における中銀マネーとは、すなわち大口決済用CBDCのことになるためである。このため、トークン化されたデジタル証

券による取引がかなりの規模となり、中銀マネーによるDVP決済が不可欠となった段階で、中銀が大口決済用CBDCの導入を図っていくといった展開になる可能性が高いものとみられる。

〈参考文献〉
木内登英（2022）「FTX破綻と暗号資産（仮想通貨）ブームの終焉」野村総合研究所、NRI Journal、2022年12月

河田雄次・小早川周司（2019）「分散型台帳技術の応用に向けて」デジタルプラクティス、Vol.10 No.3（July 2019）

谷口栄二（2022）「暗号資産市場の混乱と国際的な規制整備に向けた動き」日本総合研究所、Research Focus、2022年12月2日

中島真志（2017）『アフター・ビットコイン：仮想通貨とブロックチェーンの次なる覇者』（新潮社）

中島真志（2020）『アフター・ビットコイン2：「デジタル通貨」の次なる覇者』（新潮社）

中島真志（2021）「エルサルバドル、仮想通貨の法定通貨化は快挙か」日経Financial、2021年8月19日

中島真志（2021）「世界で一斉に加速するCBDCの発行＆実証実験」週刊金融財政事情、2021年12月7日号

中島真志・宿輪純一（2008）『証券決済システムのすべて〔第2版〕』（東洋経済新報社）

日本銀行・決済機構局（2020）「分散型台帳技術による証券バリューチェーン構築の試み―セキュリティトークンを巡る主要国の動向」日銀レビュー、2020年8月

日本銀行・決済機構局（2022）「分散型台帳技術を活用した決済の改善の取り組み―各国のホールセール型CBDCの実証実験を中心に」日銀レビュー、2022年11月

Bank for International Settlements（2022）"The Future Monetary System" BIS Annual Economic Report 2022

Bank of England and HM Treasury（2023）"The Digital Pound: A New Form of Money for Households and Business?"

Investment Moneta（2022）"What's Behind Terra Luna and UST's Crash?" CryptoStars, May 21, 2022

第 2 章

欧米における証券決済と
デジタル化
―日本への示唆―

駒澤大学 経済学部 教授

代田　純

本章では、欧米を中心として、証券決済とデジタル化の動向を明らかにする。分散型台帳技術（Distributed Ledger Technology、以下「DLT」という）の適用分野の一つとして、証券決済分野が注目されている。また、中央銀行デジタル通貨（Central Bank Digital Currency、以下「CBDC」という）にはリテール通貨としての制度設計とならび、ホールセール（銀行間等）通貨としての制度設計があり、ホールセール通貨として証券決済で使用することが検討されている。

　米国では、株式決済期間の短縮化（T＋2からT＋1へ）が2024年5月に予定されている。予定どおりT＋1化が2024年5月に実施されれば、影響は欧州だけでなく、日本にも及ぶことになろう。

1　欧州における証券決済とデジタル化

(1)　キャッシュレス化の進展とGAFAM

　EU諸国やユーロ圏での支払において、現金支払の比率は低下し、キャッシュレス支払（現金以外の支払）が増加しているが、キャッシュレス支払においてGAFAM（Google、Amazon等の巨大テック企業）、VISA、マスター、ペイパル等の米系企業の比重も高まっている。

　ペイメントにおける米系企業の台頭は、欧州委員会や欧州中央銀行（European Central Bank、以下「ECB」という）から、EUやユーロ圏の経済的自立性を脅かすものと警戒され、CBDCとしてのデジタル・ユーロ導入の一因となっている。こうした背景から、まずキャッシュレス化について触れておく。

　ECBが2020年に公表した調査報告によると、販売時点（Point of Sale）や個人間支払（P2P）における現金支払の比率は、件数ベースで73％、金額ベースで48％となっていた。2017年に公表された調査報告では、同順で78.8％、53.8％とされていた。3年間で現金支払の比率は、いずれも5.8ポイント低下した[1]。

　半面、キャッシュレス支払は増加しており、ユーロ圏でのキャッシュレス

図表２－１　モバイル・ペイメントで親しみがあるものは？（複数回答可）

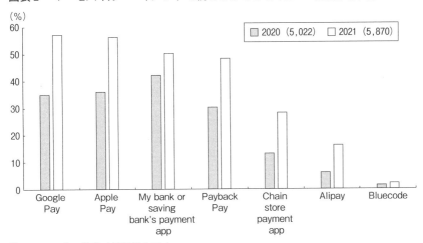

注：カッコ内の数値は回答数を示す
出所：Deutsche Bundesbank, Payment behavior in Germany in 2021, July 2022, p20
　　　（https://www.bundesbank.de/en/publications/reports/studies/payment-behaviour-
　　　in-germany-in-2021-894118）

　支払件数は2017年における837億件から、2021年には1,142億件に増加した。
キャッシュレス支払の中心はカード支払（ダイレクトデビット以外のデビット
カードを含む）であり、2017年には43.6％であったが、2021年には49.6％ま
で上昇した。

　カード支払は、スマートフォン等にカード支払を組み込み、スマートフォ
ンによりモバイル・ペイメントとして支払うことが増えている。すなわち、
モバイル・ペイメントとして、スマートフォンでのGoogleやAppleなどの支
払（決済）アプリ経由でカード支払されている。ドイツはEU諸国のなかで
も現金支払の比率が従来は高かったが、近年ではキャッシュレス支払が増加
している。ドイツ連邦銀行が2022年に公表した調査報告によると、「モバイ
ル・ペイメントで親しみがあるものは？」（複数回答可）という質問に対し、

1　ECB（2017）"The use of cash by households in the euro area"
　　ECB（2020）"Study on the payment attitudes of consumers in the euro area
　　（SPACE）"

Google Payと回答したものは、35％（2020年）から57％（2021年）に上昇し、同じくApple Payと回答したものは36％から56％に上昇した（**図表 2 - 1**）。

　他方で、ドイツ国内銀行系のアプリである、My bank or saving bank's payment appは42％から50％にとどまった。また中国系アプリであるAlipayが 6 ％から16％に上昇していることも注目される[2]。

　このほか、オンライン購入の際の支払として、ペイパルは45％のシェアを有し、P2P（個人間でのスマートフォン支払）では91％という圧倒的シェアを有している。P2Pにおけるドイツ系として、ジロペイ（Kwitt or paydirect）があるものの、 7 ％というシェアにとどまっている。

　以上のように、EUあるいはユーロ圏でキャッシュレス支払が増加しているが、同時にGAFAMやペイパルといった米系企業のシェア増加を伴っており、経済的自立性という観点からは警戒感をもたれている。

(2)　ECBによるデジタル・ユーロ構想

　2021年 7 月、ECB理事会はユーロ圏におけるCBDC導入に関し、調査フェーズに入ることを決定した。2023年第 1 四半期において、プロトタイプ（ブロックチェーン技術の組合せと選定）に関し決定し、同年第 3 四半期までに開発フェーズの実施時期について決定することとした[3]。

　2021年 7 月に、ECBが調査フェーズに入ることを決定したとはいえ、これに先行して、ECBはCBDCに関し、かなりの調査やプロジェクトを実施してきた。まず、2016年12月から日本銀行と共同で「プロジェクト・ステラ」に取り組んできた。 4 つのフェーズから構成され、フェーズ 1 は資金決済機能の検証に取り組み、DLTシステムはRTGS（即時決済）システムと同等の性能を有する、とした（2017年 9 月報告）。フェーズ 2 は証券決済機能の検証に取り組み、DLTでDVP（Delivery Versus Payment、証券受渡と資金決済の同時決済）は可能とした（2018年 3 月報告）。フェーズ 3 はクロスボーダー（国

2　Deutsche Bundesbank, "Payment behavior in Germany 2021", *Bundesbank Monthly Report*, July 2022

3　ECB（2022）"Digital euro—our future money"

際）資金決済に取り組み、安全性が改善可能である、とした（2019年6月報告）。フェーズ4は取引情報の秘匿と管理に取り組み、取引情報の閲覧（マネーロンダリング対策）と個人情報の両立を検討した（2020年2月報告）[4]。

ECBがCBDC導入に関し、検討の初期から今日まで重視している論点の一つが、プライバシー（個人情報）保護という人権とマネーロンダリング・テロリズム対策（AMT/CFT）の両立をいかに図るか、である。2019年12月にECBが公表したレポートでは、少額の取引ではCBDCの支払者にプライバシー保護を認め、高額の取引ではAMT/CFTの観点からチェックを受ける、としている[5]。

ECBはアクセンチュア、R3と協力し、DLTを研究し、匿名証明書により、CBDCの一定額までを使用者は匿名で移転できるとし、実証実験（proof of concept）では、コルダ（Corda）を使用しているとした。

ECBはCBDCであるデジタル・ユーロの必要性に関し、外国の支払提供者（GAFAM等を指す——筆者）への代替が必要であること、キャッシュレスが進行すると社会的弱者の金融排除が悪化し中央銀行の介入が余儀なくされること等をあげている。2020年10月にECBが公表したレポートでは、デジタル・ユーロに求められる特徴として、第一に、外貨や規制されない企業との競争力が求められるとした。第二に、金融政策のオプションが必要であり、中央銀行が変動させうる金利での付利が可能である。第三に、非居住者により使用が可能であるが、過度な資本流入や為替変動は抑制されるべきとした。第四に、コスト削減と環境負荷が少ないことである。ビットコイン等と異なり、電力消費量が少ない必要がある。第五に、流通残高のコントロールであり、投資対象や民間銀行預金との大規模なシフトは回避される

---

4 日本銀行「分散型台帳技術を活用した決済の改善の取り組み」日銀レビュー、2022年11月
5 ECB (2019) "Exploring anonymity in central bank digital currencies"
 なお、R3は2014年に9つの銀行の集合体として、DLTの研究を開始し、2015年には企業となり、2016年に世界で最初のパーミッション制DLTであるコルダを開発した。https://r3.com/company/
 コルダのほか、有力なDLTとしてハイパーレッジャー・ファブリック（Hyperledger Fabric）、クオラム等がある。

べきである[6]。

　以上のような検討を経て、2021年7月にデジタル・ユーロの調査フェーズに入ることが表明され、予備的な実験では技術的障害はない、とされた。ECBのラガルド総裁も、デジタル時代に最も安全な貨幣形態である中央銀行貨幣として、デジタル・ユーロを推進している。ECBによる小口資金決済システムであるTIPSでも、DLTでも毎秒4万件以上の処理が可能であり、中央集権型と分散型の要素を結合させることが可能とした[7]。

　2022年10月に公表したレポートでは、設計によりCBDCであるデジタル・ユーロの過度な使用は回避でき、金融政策への望ましくない影響は回避できる、としている。そのための政策手段としてデジタル・ユーロへの階層化された付利、個人保有に制限を課す、民間預金等からデジタル・ユーロへの転換を制限する等があげられている[8]。

　ECBのデジタル・ユーロ構想は、基本的にはリテール通貨としての設計と評価できる。しかし、ECBも証券決済などホールセール分野での活用にも言及している。ECBに4人いる専務理事の一人であるファビオ・パネッタ（元イタリア中央銀行副総裁）は、2022年9月にドイツ連銀主催のSymposium on Payment and Securities Settlement in Europeでスピーチし、中央銀行マネーで証券決済を進めるには、2つの選択肢があるとした。第1は、現存するTARGET2と証券市場のDLTプラットフォームをリンクさせる。第2は、新しいDLTベースの証券決済と、DLTベースの中央銀行マネーを組み合わせる方法とした[9]。

(3)　ドイツ連邦銀行による証券決済でのCBDC導入論

　ECBのデジタル・ユーロ構想が主としてリテール通貨としてのCBDCであるのに対し、ドイツ連邦銀行（以下「ドイツ連銀」という）はホールセール分

6　ECB（2020）"Report on a digital euro"
7　ECB（2021）"Eurosystem launches digital euro project"
8　ECB（2022）"Digital euro—our future money"
9　Speech by Fabio Panetta, Member of the Executive Board of the ECB, September 26, 2022

野、とりわけ証券決済におけるCBDCの利用を提唱している。

　ドイツ連銀の主張を検討する前に、証券決済の流れを振り返っておく。証券決済は大きく分けて、売買執行、取引照合、清算、セトルメントといった４つの要素から構成される。売買執行は投資家による売買そのものの成立であり、取引所等において売買される。ついで取引の照合であり、投資家や証券会社等の取引当事者による取引内容の確認である。この照合が最も時間がかかり、また複雑になっている。機関投資家はブロック・トレードと呼ばれる大口売買（複数のファンドをまとめて）を発注するが、売買が成立した後で、ファンドごとに株式等を配分（アロケーション）し直す。このため、証券会社との契約によって、手数料（および税金等）を再計算し、相互が確認することが必要となる。また各国で多様な業者の異なるシステムが使われているため、複雑になっている。後述するように、DLTを活用することは、分散型台帳を関係者で共有できるため、照合が容易になることがポイントになる。

　清算（settlement）は、決済保証でもあり、清算機関（CCP）が売り手投資家には買い手となり、買い手投資家には売り手となり、決済が確実に履行されるようにする。最後のセトルメントは、最終的な証券受渡と資金決済であり、証券受渡は証券決済機関（CSD）での口座振替で、資金決済は中央銀行等の預金口座振替で行われる。この場合、DVP（Delivery Versus Payment）で、同時決済が必要である。

　ドイツ連銀が2017年に公表したレポートでは、証券決済の領域において、処理時間の短縮と照合コスト抑制が重要になっており、DLTがこの領域で利用可能と示唆される、としている。ドイツ連銀はドイツ取引所と共同で、証券決済におけるDLTの利用に関しプロジェクトを行っている。証券決済は多面的であり、参加者が多く、ミスが起きやすく、照合（reconciliation）には手間がかかっている。しかし、DLTにより決済が簡略化される可能性がある。DLTによりすべてのノード（ネットワーク上のコンピュータ、システム相互の接点）が同じデータプールにアクセス可能になり、共通の台帳が共有されることで、参加者は台帳に書く、読み取る、保存することが可能

になる[10]。

　ドイツ連銀によると、DLTはスマート・コントラクトとして知られる、自動的な契約執行により、複雑なプロセスを最適化できる。たとえば、債券の利払いや株式配当支払を自動執行できる。ただし、マネロン対策（AML）のために、参加者は特定される必要があり、DLTはパブリック（だれでも参加できる）ではなく、プライベート（参加者特定、パーミッション制）である必要がある。また異なる通貨圏での支払は、時間とコストがかかっているため、DLTは国際支払と貿易金融にも適する。

　しかし、リテール領域でのDLTとCBDCに関し、ドイツ連銀は否定的である。CBDCは大規模なリテール決済には必ずしも適さない、としている。問題は、非銀行（個人、企業）に対してもCBDCを発行するか、である。非銀行は民間銀行預金をCBDCに転換し、金融市場は混乱するであろう、とドイツ連銀は主張する。また、現在のDLTで、巨額のリテール決済をすることは見込みが小さい、としている。

　以上のように、ドイツ連銀は、証券決済などホールセール領域でのDLT活用とCBDCを主張しているが、その背景には欧州における株式売買での米系インフラのシェア上昇が関係しているとみられる。欧州取引所連合のレポートによると、欧州における株式売買代金（Electric Order Book）は、**図表2-2**が示すように、ユーロネクストが最大であり、2019年における1兆7,129億ユーロから2022年には2兆5,225億ユーロに増加している。

　しかし、これにCboe（米国シカゴ・オプション取引所）Europeが続いており、2018年における2.4兆ユーロから2020年には1.5兆ユーロと減少したものの、2022年には2.1兆ユーロに回復している。CboeはPTS（Proprietary Trading System：私設取引システム）であり、自市場で欧州企業を上場させているわけではないが、売買を増やしている。またナスダック・ノルディック・バルティックも2021年には9,772億ユーロと売買を増やしており、米系

10　Deutsche Bundesbank（2017）"Distributed ledger technologies in payments and securities settlement", *Monthly Report*, September, 2017

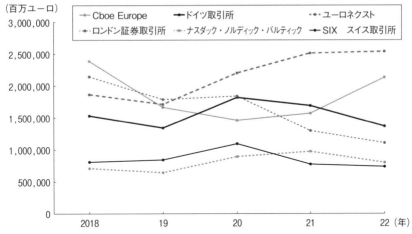

図表 2 － 2　主要な取引所株式売買代金（Electric Order Book）

出所：https://www.fese.eu/statistics/#eemr

市場インフラでの売買が増加している。他方、ドイツ取引所での売買代金
は、2020年における1.8兆ユーロから2022年には1.4兆ユーロに減少した。ま
たロンドン証券取引所の凋落は著しく、2018年には2.1兆ユーロであったが、
2022年には1.1兆ユーロとほぼ半減した。欧州委員会から株式取引について
同等性の原則が認められておらず、欧州大陸の投資家はロンドンで売買でき
ないためである。ドイツ連銀とドイツ取引所の共同プロジェクトや証券決済
におけるDLT活用といった議論には、こうした株式取引におけるドイツ取
引所の低迷や米系インフラの台頭といった動向が関係しているとみられ
る[11]。

　またドイツ連銀はトークン化された証券（デジタル証券）にも積極的であ
る。証券のような価値単位は、デジタル化されたトークンに代替できる、あ
るいはデジタル的に移転できる。トークン形態でデジタル資産を分散的に取
引することは、取引執行の速度を上げ、コストを引き下げ、新ビジネスをも
たらす。証券決済の領域で、特にポスト・トレード（売買執行後の照合、清

11　FESE（2022）, *European Equity Market Report 2022*

算、決済等）で、トークン化は効率性を著しく高める。理念的には、証券決済機関（CSD）やカストディ銀行のような仲介機能なしに、証券の発行体と投資家が直接取引可能になる。また、スマート・コントラクトは合併や株式分割などの企業行動（corporate action）に適する。証券決済における照合で発生するミスは、データ保存共有により減少するだろう、とドイツ連銀は主張する。

さらにドイツ連銀は、レポ取引等でのリスク軽減にトークン化が有効と主張する。DVP決済に関連して、レポ取引においては、本来は証券受渡が2回必要であるが（現在の売買と将来の反対売買──筆者）、実際には証券受渡は1回だけで、資金の振込みに対応している。ここには決済リスクがある[12]。

またレポ取引等での担保管理において、担保バスケットのトークン化は、担保の面倒な物理的移動なしに、容易な移転を可能にする。特に、国際的に活発な投資家は、各国に証券を保有しているが、担保証券を長いカストディ・チェーンで繰り返し移動させなくともよくなる。以上のように、ドイツ連銀はレポ取引等でトークン化が有効と主張している。

2021年3月には、ドイツ連銀、ドイツ取引所、ドイツ財務省はDLTによる証券決済を、既存のTARGET2により成功させた。ブロックチェーン技術と既存の証券決済支払システムを結合させ、CBDCを使用しないで成功させた。財務省がDLTにより10年物国債を発行して、CBDCを発行するよりも短時間で成功できた。この実験には、バークレイズ銀行、シティバンク、コメルツ銀行、DZバンク、ソシエテ・ジェネラルが参加した[13]。

これに先立ち、2020年1月には、ドイツ連銀とドイツ取引所はDLTによ

12　Deutsche Bundesbank（2019）"Crypto tokens in payments and securities settlement", *Monthly Report*, July, 2019
13　Deutsche Börse（2021）"DLT-based securities settlement in central bank money successfully tested" March, 2021
　　この実験では、DLTとして、ハイパーレッジャー・ファブリックが使用された。ドイツ連銀とドイツ取引所のブロックチェーン技術による証券決済プロジェクトは、ブロックバスター（BLOCKBASTER）プロジェクトと呼ばれている。

る担保管理に成功したと発表した。トークン化された証券と担保バスケットにより、担保の移動性が大幅に改善されたとした[14]。

(4) 欧州における証券決済の現状と動向

　欧州における国際的な証券決済は、もともと2000年以前はユーロクリアやセデル（現在、クリアストリーム）のような民間の証券決済機関主導で行われていた。当時、EU域内の国際証券決済コストは、国内の決済コストに比べ10〜15倍であったといわれる。また同時に、証券決済の慣行が各国間でバラバラでもあった。しかしEU統合の深化、ユーロ導入といった進展により、ECBは2006年にTARGET2-Securities（以下「T2S」という）を提唱し、公的存在である中央銀行による証券決済システムが2015年6月より稼働している。T2Sでは国債など債券はもちろん、株式等も決済されている。資金決済は、ECBによる資金決済システムであるTARGET2でなされている。決済通貨はユーロのほか、デンマーク・クローネとなっている。

　T2Sでは、各国の証券決済機関（NCSD）がリンクさせているが、NCSDによるリンクは、当初抵抗もあり、すべて順調であったわけではない。特に、欧州における二大CSDであったユーロクリアとセデルとは紆余曲折があって、今日に至っている。現在、T2Sには、20カ国から、19のCSDがリンクし参加している。ベルギーからは2機関、バルト3カ国からはナスダックCSD1機関となっている。EU非加盟のスイスのSIX、ユーロ非参加のルーマニア、ハンガリー、デンマークのCSDが参加している。他方、ユーロ参加国では、従来フィンランドが参加していなかったが、2023年9月から参加予定である。またアイルランドからは参加していない。この2カ国には、いずれもユーロクリア・グループ（以下「ユーロクリアG」という）の現地法人がある。ユーロクリアGからは、ベルギー、オランダ、フランスの現地法人が2016年から参加している。しかし、ユーロクリアGの中心であるユーロクリア・バ

14　Deutsche Börse（2020）"Deutsche Bundesbank and Deutsche Börse publish concept study on DLT-based collateral management" January, 2020

ンクは2016年時点では参加せず、2021年12月に参加を調印したものの、2023年3月現在では最終的な参加には至っていない。またユーロクリアＧの英国法人は旧クレストであるが、アイルランド法人と同様に参加していない。このように、T2S参加をめぐっては、ユーロクリアＧに足並みの乱れが生まれてきた。また、後述するように、2019年以降はブレグジット（Brexit）が影響していることは明らかである。

　T2Sは2015年6月に本格稼働を開始したが、2015～2017年は移行期間とされ、またデンマーク・クローネの使用は2018年10月からであった。EUでは、欧州委員会等が中心になって、欧州資本市場同盟が推進されてきたが、証券決済でも各国間でのハーモナイゼーションが図られ、T2Sによって決済期間もＴ＋2（売買執行から2日後の決済）となった。欧州ではＴ＋2化は米国に先立ち2014年10月に開始されたが、2015年からのT2S稼働の前提として開始された側面が強い[15]。

　現在、照合等を含み、決済はT2Sが担い、証券保管、担保管理、レンディング（証券貸付）は各国のCSD（NCSD）という役割分担になっている。また、ユーロ債のような国際債の決済は国際決済機関（ユーロクリア、クリアストリーム等）が担い、国内証券の決済をNCSDとT2Sが連携して決済するという仕組みである。

　T2Sの現在の決済動向をみておこう。2021年の決済額は178兆ユーロであり、1日平均6,910億ユーロとなっている[16]。米国のDTCCの年間決済額は152兆ドルであるから、T2SはDTCCを上回る規模となっている。昼間の時間帯におけるリアルタイム決済（RTS）と、夜間の時間帯におけるナイトタイム決済（NTS）がある。RTSは8時、10時、12時、14時、15時45分に実施される。NTSは18時45分から準備され、20～22時に実施される。件数ベースではNTS52.6％、RTS47.4％とほぼ半々であるが、金額ベースでは

15　片山謙（2014）「欧州における証券決済期間のＴ＋2化」野村総合研究所、*Financial Information Technology Focus*、2014年9月
　　ドイツでは先行してＴ＋2が実施されていたが、英国等27カ国が2014年10月に移行した。
16　TARGET2S, *Annual Report 2022*による。

34.9％、65.1％（同順、以下同じ）と昼間の決済額が大きくなっている。決済タイプとしては、5つのタイプがあるが、件数ベースではDVPが72.7％、FOP（資金決済を伴わない）が23.9％、その他が3.4％である。しかし、金額ベースではDVPが95.5％とほとんどを占め、その他は4.5％にすぎない。証券種類別では、件数ベースでは株式52.6％、権利（Entitlement）26.9％、債券8.9％であるが、金額ベースでは9.7％、0.2％、85％である。機関投資家による債券投資が金額的に大きい影響とみられる。

　T2Sでは、決済効率という指標があり、当該日に決済されるべき取引量（額）に対し、実際に決済された取引量（額）の比率である。1日の終了時点での決済効率は、件数ベース、金額ベースともに94％台であるが、NTS終了時点では、同順で67.9％、41.8％となっており、夜間での決済効率が悪い。

　未決済取引（フェイル）残高は1日平均で1万4,170件であり、取引全体の5.66％に当たる。このフェイル比率は高いといわざるをえない。未決済残高のうち、25％は翌日に決済され、11.5％は2日後に決済されている。フェイルの主たる原因は、「On-hold」（T2Sで決済する際に、リスク管理上から証券を保有してしまい手放さない）が37.9％、「Lack of securities」（証券が調達できず不足）が51.1％（金額ベース）となっている。T2Sでのフェイル比率は高くなっているが、むしろ証券決済でDLTを活用することにつながる可能性もあるとみられる。先ほどのドイツ連銀のレポートでも、DLTにより証券決済でのミスが減少する可能性が指摘されていた。

　図表2－3は主要な欧州の証券決済機関であり、図表中の網掛けの証券決済機関がT2Sに参加している。**図表2－3**に示されるように、ユーロクリア・バンク（ベルギー）は1,765の金融機関が参加し、証券保管残高17兆3,750億ユーロ、決済件数1億4,656万件、決済金額657兆ユーロと欧州で最大のCSDである。同バンク（前身のユーロクリア）は米国モルガン・ギャランティー・トラストが1968年に設立し、1972年に120の金融機関に対し売却した。2008年にノルディック証券決済機関（フィンランド、スウェーデン等を含む）を買収し、傘下におさめた。2002年にCREST（英国株CSD）が合流し、現在のユーロクリアUKとなっている。2014年には米国DTCCと提携し、担

図表 2 − 3 主要な欧州の証券決済機関

地域	国	証券決済機関	参加者数	証券保管残高（十億ユーロ）	決済件数（千件）	決済金額（十億ユーロ）
ユーロ圏	ベルギー	ベルギー中銀（NBB SSS）	63	714	1,136	16,240
		ユーロクリア・ベルギー	68	221	2,643	722
		ユーロクリア・バンク（参加予定）	1,765	17,375	146,560	657,107
	ドイツ	クリアストリーム・バンキングAG	274	11,572	113,011	81,710
	エストニア	ナスダックCSD	18	12	1,232	10
	ギリシャ	ギリシャ中銀（BOGS）	37	151	100	5,407
	スペイン	Iberclear	63	2,672	9,596	39,205
	フランス	ユーロクリア・フランス	137	8,722	32,460	123,481
	イタリア	モンテ・チトリ（ユーロネクスト証券ミラノ）	186	3,698	26,398	77,804
	ラトビア	ナスダックCSD	26	4	93	3
	リトアニア	ナスダックCSD	25	18	384	9
	ルクセンブルク	クリアストリーム・バンキング（ルクセンブルク）	1,410	9,116	76,950	224,856
		Lux CSD S.A.	15	66	26	26
	マルタ	MSE	18	16	23	3
	オランダ	ユーロクリア・オランダ	74	1,534	7,451	7,692
	オーストリア	OEKB	76	707	1,540	898
	ポルトガル	interbolsa（ユーロネクスト証券ポルト）	55	400	1,733	206
	スロベニア	KDD	19	46	51	38
	スロバキア	CDCP（NCDC）	24	105	53	49
	フィンランド	ユーロクリア・フィンランド（参加予定）	22	514	12,887	1,498
非ユーロ圏	デンマーク	VP証券（ユーロネクスト証券コペンハーゲン）	129	1,582	46,072	24,750
	ハンガリー	KELER	118	177	939	1,203
	ルーマニア	Depozitarul Central S.A.	35	36	1,602	16

注：数値は2021年時点。網掛けはT2Sに参加している証券決済機関。スイスにはSIX SISがあり、T2Sに参加している
出所：ECBウェブサイト（https://sdw.ecb.europa.eu/reports.do?node=1000001581）

保管理分野で共同出資子会社を経営した（2020年まで）。しかし、2016年には
ユーロクリアGから、フランス、オランダ、ベルギー法人がT2Sに参加した。

　現在、ユーロクリアGは、**図表2－4**が示すように、ユーロクリア・ホー
ルディングスを持株会社として、ユーロクリア・バンクのほか、5つの
NCSDがある。このうち、ユーロクリアUK&Internationalは旧CRESTであ
るが、ブレグジット後の2019年3月～2021年3月に時限措置として、ECB
のT2で資金決済が認められていた。そして2021年4月以降、英国ポンドと

図表2－4　ユーロクリア・グループ

Euroclear Holdings	Euroclear Bank	ISCD	TARGET 2-Securities （予定）	国際証券決済機関
	Euroclear Belgium	National CSD	TARGET 2-Securities	ESES（Euroclear Settlement of Euronext-zone Securities）
	Euroclear France	National CSD	TARGET 2-Securities	ESES（Euroclear Settlement of Euronext-zone Securities）
	Euroclear Netherlands	National CSD	TARGET 2-Securities	ESES（Euroclear Settlement of Euronext-zone Securities）
	Euroclear UK&International	UK, ireland	CREST	2019年3月～2021年3月、ECBのT2経由で決済（時限措置）2021年4月以降、GBPとUSD中銀マネーでも可能
	Euroclear Finland	National CSD	TARGET 2-Securities （予定）	2008年買収
	Euroclear Sweden	National CSD		2008年買収

出所：Euroclearホームページより筆者作成

米ドルでも決済が可能となった（ECBのT2での資金決済が終了したとはアナウンスされていない）。またユーロクリア（スウェーデン）もT2Sへの参加を表明していない。

ユーロクリア・ホールディングス（連結、HG）とユーロクリア・バンク（単体）の決算指標を比較すると、損益構造でもバランスシートでもユーロクリア・バンクが中心になっていることがわかる。貸倒引当金計上前の営業利益（Operating Profit before impairment）では、HGが6.4億ユーロに対し、バンクが4.2億ユーロであった。純利益でも同順で4.7億ユーロに対し、3.2億ユーロであった。また総資産でも同じく、294億ユーロに対し、250億ユーロであり、バンクが中心になっていることがわかる[17]。したがって、ユーロクリア・バンクがT2S参加を決めたことは大きな意味をもっている。

欧州で第二のCSDはクリアストリーム・バンキング（ルクセンブルク）であり、決済金額で224兆8,560億ユーロである。クリアストリームはセデルとドイツ取引所系のDBCが2000年に合併して形成され、旧セデルはクリアストリーム・バンキング（T2S非参加）となり、旧DBCはクリアストリーム・バンキングAG（T2S参加）となっている。

図表2－5は、ユーロクリア・バンク（ベルギー）、クリアストリーム（ルクセンブルク）、T2Sの決済金額、決済件数を比較したものである。決済件数ベースではT2Sが2021年に1,874億件で、ユーロクリア・バンクの1,465億件、クリアストリームの770億件を上回っていた。しかし、決済金額ベースでは、T2Sの178兆ユーロに対し、ユーロクリア・バンクは657兆ユーロとかなりの差がある。またクリアストリームでも225兆ユーロあり、T2Sを上回っている。ユーロクリア・バンクとクリアストリームは、機関投資家等の国際債（ユーロ債）等の決済が大きいためとみられる。ただし、ユーロクリア・バンクはT2S参加が決まっており、T2Sの決済額を今後大きく押し上げるものとみられる。

次いで、欧州における主要な清算機関をみておく。**図表2－6**はEACH

17　Euroclear, *FY 2021 Results*による。

図表２－５　欧州主要証券決済機関の決済金額・決済件数

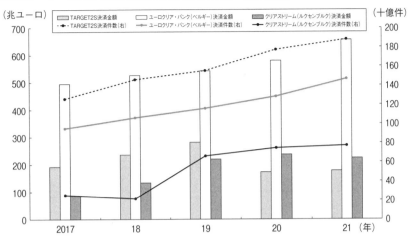

出所：ユーロクリア・バンクとクリアストリームは、https://sdw.ecb.europa.eu/reports.
　do?node=1000001581。TARGET2Sは、https://www.ecb.europa.eu/paym/intro/
　publications/html/index.en.html?skey=t2s%20annual%20report

（欧州CCP協会）の参加メンバーである。EACHには15カ国から19のメンバー
が参加しているが、商品取引系の清算業者を除くと、16のメンバーとみられ
る。

　図表２－６が示すように、イギリスやスイスなどEU非加盟国からも参加
している。EACHは欧州証券市場監督機構（ESMA）や欧州銀行監督機構
（EBA）と協力しつつ、店頭デリバティブ清算業務、バーゼルⅢによる銀行
自己資本比率規制等にあたっている。理事会の構成をみると、３名の共同代
表がおり、Eurex Clearing、ICE Clear Europe、LCHから出ている。LCH
はもともと、その名称から推測されるように、ロンドン証券取引所（LSE）
系の清算機関であり、2018年時点でLSEがLCH Holdingの株式82.6％を保有
している。

　図表２－７は主要な清算機関による清算件数、清算金額、参加者数を示し
ている。図表２－７はECBによるデータであり、LCH英国法人は含まれて
いないし、アウトライト（買切り）取引だけである。清算件数では、Euro-
pean Central Counterparty N.V.（The Netherlands）が最大であり、2021年

図表2－6　EACH（欧州CCP協会）の参加メンバー（2023年1月現在）

CCP名	備　考
Athex Clear S.A.	アテネ証券取引所系
BME Clearing S.A.	スペイン、MEFFから名称変更
Cboe Clear Europe	米Cboe100％子会社。オランダ本拠。2013年設立、ECCを引き継ぐ。
CCP Austria	ウィーン証券取引所とオーストリア管理銀行が50％ずつ出資
Eurex Clearing	ドイツ取引所系
Euronext Clearing	Euronext（源流はパリ、アムステルダム、ブリュッセル取引所）
ICE Clear Europe	米インターコンチネンタル取引所系、英国法人
KDPW CCP S.A.	ポーランド
KELER CCP	ハンガリー
LCH Ltd.	LCHホールディング（ロンドン取引所傘下）の英国法人
LCH S.A.	LCHホールディングのフランス法人
Nasdaq Clearing	スウェーデン本拠
OMI Clear	ポルトガル　2006年設置
SKDD-CCP Smart Clear	クロアチア
SIX x-clear AG	SIXグループ（121金融機関が所有）、チューリッヒ本拠。非上場
Takasbank	イスタンブール取引所64％所有。17％は11銀行所有

出所：EACHウェブサイト、各CCPホームページより筆者作成

には18億件近くを清算している。ECCは米Cboeに引き継がれ、Cboe Clear Europeによって運営されている。内訳をみると、英国での清算が最多であり、8億件近くとなっている。しかし、清算金額ではLCH. Clearnet S.A.（France）が最大であり、13兆3,050億ユーロとなっている。内訳としては、イタリアでの清算金額が最大であり、7.8兆ユーロとなっている。Eurex

図表２－７　欧州の主要な清算機関

地域	清算機関		参加者数	清算件数（千件）	清算金額（十億ユーロ）
ユーロ圏	Eurex Clearing AG（Germany）		210	289,508	3,104
	Hellenic Exchange Holdings（Greece）		17	1	0
	BME Clearing（Spain）		61	90,510	742
	LCH.Clearnet S.A.（France）		133	608,609	13,305
		うちフランスでの清算		370,314	2,701
		うちイタリアでの清算		1,190	7,841
		うちオランダでの清算		191,010	1,906
		うち英国での清算		—	—
	CC&G（Italy）		90	189,456	5,716
	European Central Counterparty N.V.（The Netherlands）		47	1,797,643	11,068
		うちオランダでの清算		227,583	700
		うちスウェーデンでの清算		282,959	1,019
		うち英国での清算		896,354	7,325
	CCP（Austria）		41	11,298	75
	OMIClear-C.C.,S.A.（Portugal）		9	—	—
非ユーロ圏	KELER CCP Zrt.（Hungary）		18	1,871	11
	KDPW_CCP S.A.（Poland）		34	37,779	85
	Nasdaq OMX DM（Sweden）		79	—	—

注：2021年末時点。現金（アウトライト）取引で、レポ取引を含まない
出所：ECB Statistical Date Warehouseより筆者作成（https://sdw.ecb.europa.eu/reports. do?node=1000001580）

Clearing AG（Germany）はこれら二大清算機関に次いでいるが、清算金額は3.1兆ユーロであり、大きいとは言いがたい。CC&G（Italy）はEuronext Clearingによって引き継がれ、運営されている。**図表２－７**においても、CC&Gの清算金額は5.7兆ユーロとEurex Clearing AGを超えているが、ブレグジットにより英国での清算額が伸び悩むなか、CC&GとEuronext Clearingによる清算額は増加する傾向にある。

(5) ブレグジットの影響

　欧州の証券決済においては、ブレグジット（Brexit：イギリスのEU離脱）の影響は看過できない論点である。ブレグジット前、金利スワップのユーロ建店頭取引の約75％は英国で処理されていたといわれる[18]。

　金利スワップの清算サービスはシティの中核ビジネスであった。同業務はユーロ建て、ドル建てなど世界全体の90％以上がLCH Ltd.（英国法人）によって担われていた。また、債券レポ取引は、中央銀行の金融政策においても、欧州では重要な役割を果たしている。ブレグジット前には、シティ（ロンドン）はレポ取引でも、ユーロ建レポ取引の約半分を清算していた。特に、LCH Ltd.が英独蘭の国債、LCH S.A.（フランス法人）が仏伊の国債を清算していた。債券レポ取引の清算は証券決済の一部であることは明らかであるが、金利スワップは契約であり、狭義の証券決済と言いがたい面はある。しかし、金利スワップも金融取引であることは間違いないので、ここで検

図表２−８　清算機関別の債券レポ清算額

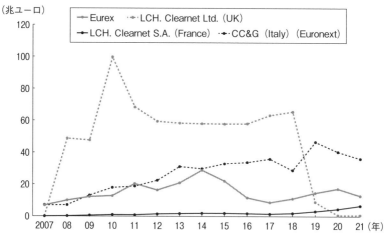

出所：ECB Statistical Date Warehouseより筆者作成（https://sdw.ecb.europa.eu/browse.do?node=9691461）

18　金子寿太郎（2018）「欧州における決済ビジネスの新潮流」世界経済評論、IMPACT+No.8、2018年１月15日

討する。

　まず、ユーロ建債券レポ取引の清算業務であるが、清算機関別の清算額を図表2－8が示している。

　図表2－8によると、LCH. Clearnet Ltd.（UK）の清算額は著しく高く、2010年には100兆ユーロに達していた。その後、2011〜2018年にかけては57兆〜68兆ユーロで推移したが、ブレグジット後の2019年には8兆ユーロまで激減した。2018年に比べ、2019年の清算額は約8分の1になった。かわって、清算金額を増やしたのは、Euronextによって運営されるCC&G（Italy）であり、2018年には28兆ユーロであったが、2019年には46兆ユーロまで増加した。EurexやLCHフランス法人はさほど増加していない。ただ、いずれにせよ、ブレグジット後に、ユーロ建債券レポ取引の清算は、英国からイタリアなど欧州大陸にシフトしたことが確認される。

　しかし、ユーロ建店頭デリバティブについては、少なくともブレグジット後の2019年でもLCH. Clearnet Ltd.（UK）による清算が圧倒的に中心となっており、図表2－9が示している。

図表2－9　店頭デリバティブの清算額

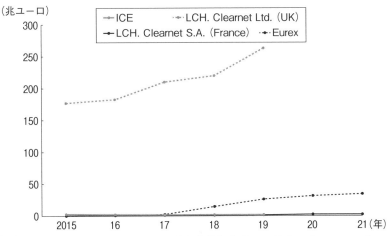

出所：ECB Statistical Date Warehouseより筆者作成（https://sdw.ecb.europa.eu/browse.
　　do?node=9691460）

LCH. Clearnet Ltd.（UK）によるユーロ建店頭デリバティブの清算額は、2015年には177兆ユーロであったが、2019年でも263兆ユーロと増加した。これに次ぐのはEurexであるが、2019年で26兆ユーロであり、増えているとはいえ、LCH. Clearnet Ltd.（UK）の10分の1程度である。このほか、ICEが1.8兆ユーロ、LCH. Clearnet S.A.（France）は1.5兆ユーロでわずかである。他方、非店頭（取引所取引）のデリバティブ清算では、Eurexが高いシェアを有しており、2021年で224兆ユーロに達している。

　こうした動向には、EUが英国のCCP（清算機関）規制を2025年6月まで一時的に同等であると認めており、LCH. Clearnet Ltd.（UK）はEUの金融機関に清算サービスを提供できていることがある[19]。

　欧州委員会は、ブレグジット当初は英国のCCPに対する同等性評価を2022年6月までとしていたが、さらに3年延長した。同等性評価とは、第三国規制がEU規制と同等であれば、当該の第三国規制に依拠できるというEU法令上の枠組みである。

図表2−10　ユーロ建金利デリバティブ売買代金の国別内訳

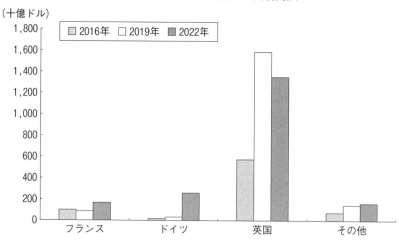

出所：BIS-Derivatives statisticsより筆者作成（https://stats.bis.org/statx/toc/DER.html）

19　磯部昌吾（2023）「ブレグジット後のロンドン国際金融センター──金融業のEU移転と英国債急落の影響」野村資本市場研究所、野村資本市場クォータリー、2023 Winter

図表2－9はECBによるデータであり、2019年を最後として、LCH. Clearnet Ltd.（UK）の清算額は公表されていない。そこで代替的にみたものが、図表2－10であり、BIS（国際決済銀行）のデータから作成されている。図表2－10はユーロ建金利デリバティブ売買代金を国別にみたものであるが、英国では2016年における5,737億ドルから急増し、2019年には1兆5,844億ドルに達したが、2022年には1兆3,488億ドルに減少した。またドイツでは2019年には318億ドルであったが、2022年には2,587億ドルに急増し、フランスでも同じく874億ドルから1,675億ドルに倍増した。

　2019年に英国でユーロ建金利デリバティブの売買代金が増加した要因としては、バーゼルⅢにより、店頭デリバティブは「ネットベース」ではなく、「グロスベース」で管理されるようになったことがある。このために、想定元本契約残高（グロス）を削減する必要が生まれ、コンプレッション（Compression）取引が増加した[20]。

　コンプレッション取引は、同じ連結グループの子会社間等で行われ、最初の取引をネッティングし、第二の取引を締結し直す。結果として、残高ベースで減少する一方、取引代金は増加する[21]。

　2022年に英国でユーロ建金利デリバティブ売買代金が減少した要因については、さまざまな要因が絡み合っているとみられる。まず、EUがユーロ建金利スワップに関し、英国に対して同等性の原則を認めていない。EUの金融機関はユーロ建金利スワップの取引を英国ではできない。ユーロ建金利スワップに関し、英国のシェアは2020年には30～40％であったが、2022年3月には10％以下に低下したというレポートもある[22]。

　しかし、BISのユーロ建金利スワップ売買代金の国別内訳に関するデータ

---

[20]　Bank of England（2019）"The foreign exchange and over-the-counter interest rate derivatives market in the United Kingdom"*Quarterly Bulletin*, 2019 Q4

[21]　吉川浩史・岡田功太（2017）「金融規制改革により重要性が増すデリバティブ清算機関（CCP）―システミック・リスクの集中とストレステストの導入」野村資本市場研究所、野村資本市場クォータリー、2017 Summer

[22]　OSTTRA（2022）"Brexit impact on trading location" Global OTC IRS markets-Q1 2022 review, May 10, 2022
　このレポートでは3カ月ごとの取引量が比較されている。

（年間）によると、英国では2022年に9,737億ドルで74％のシェアを有してい
る。ただし、ドイツのシェアが15％に上昇していることも注目される。

　2022年12月、欧州委員会は店頭ユーロ建金利デリバティブ等の清算に関
し、EU域内でのCCP利用を義務づける法案を発表しており、今後の動向が

図表2－11　証券決済をめぐる合従連衡

	FESE加盟						非加盟	
	DB（ドイツ取引所）	Euronext	ICE Futures	NASDAQ G	SIX G	Cboe Europe	LSE G	
取引所		Borsa Italia（注2） Euronext Amsterdam Euronext Brussels Euronext Dublin Euronext Lisbon Euronext Paris Oslo Bors		Nordics Baltics	BME Exchange SIX Swiss Exchange			
清算機関（CCP）	Eurex Clearing	Euronext Clearing	ICE Clear Europe	NASDAQ Clearing	SIX x-clear AG	Cboe Clear Europe	LCH Holding（注3）	
決済機関（CSD）（注1）	*Clear Stream Banking AG*	*Euronext 証券ミラノ* *Euronext 証券ポルト* *Euronext 証券コペンハーゲン*	ICE Clear Netherlands	*NASDAQ CSD*	*SIX SIS*	National CSD	Euroclear UK（注4）	

注1：決済機関の斜体はTARGET2-Securities参加
注2：Borsa Italiaは2021年にLSEから買収した
注3：LSEGは2018年にLCH Holdingの株式の過半数（82.6％）を取得した
注4：LSEGは2019年にEuroclear UKの株式の5.2％を取得した
出所：Federation of European Securities Exchanges（FESE）ウェブサイトより筆者作成
　　　（https://www.fese.eu/about-fese/#members）

注目される[23]。

(6)　進む合従連衡

欧州においては、ブレグジットの影響が絡み合いつつ、ECBによるT2Sを軸としながら、証券決済機関の合従連衡が進んでいる。

図表 2 −11が示すように、おおむね 7 つのグループに集約されつつある。欧州証券取引所連盟（FESE）に加盟しているグループとしては、ドイツ取引所・Eurexグループ（以下「G」という）、Euronext G（2021年、LSEからイタリア取引所を買収）、ICE G、ナスダック G、SIX Gの 5 つである。FESE非加盟としては、Cboe GとLSE Gの 2 つである。EUが株式取引について同等性原則を英国に認めておらず、LSEのシェアは低下しているものの、金利デリバティブを中心にLCHのシェアは従来きわめて高かった。以下でみるように、米国で株式取引のT + 1 化が日程にあがっており、欧州の再編にも影響を及ぼすとみられる。

2　米国における証券決済とデジタル化

(1)　米国の証券決済とDTCC

欧州の証券決済が 7 つのグループによって担われているのとは対照的に、米国の証券決済は国債等についてはFedwire（FRB）、株式・社債等についてはDTCC（Depository Trust and Clearing Corporation、法的には州法銀行）で集中して行われている。**図表 2 −12**がDTCCグループの構成を示している。持株会社としてのDTCCのもと、決済機関としてDTC、清算機関としてNSCCがある。

DTCは1973年に設立された決済機関であり、ブック・エントリー方式により株式を決済し、現在は140万銘柄、時価総額87.1兆ドル、131カ国の証券

23　磯部（2023）、前掲。太田瑞希子（2023）「金融規制にみるEUの規制力と英国の金融サービス」日本国際問題研究所、『戦禍のヨーロッパ—日欧関係はどうあるべきか』2023年 3 月。

図表2−12　DTCCグループの構成

DTCC	持株会社
DTC	1973年設立の決済機関、ブック・エントリー方式 140万銘柄、87.1兆ドル、131カ国の証券保管
DTCC Data Repository (Ireland)	店頭デリバティブの取引情報蓄積機関
DTCC Data Repository (U.S.)	スワップ取引中心のデリバティブ取引情報蓄積機関
DTCC Data Repository (Japan)	店頭デリバティブの取引情報蓄積機関、2013年設立
DTCC Data Repository (Singapore)	シンガポールでの店頭デリバティブ取引情報蓄積機関
DTCC Data Derivatives Repository	ロンドン法人、店頭デリバティブ情報機関
DTCC Data Deriv/SERV LLC	OTCデリバティブの照合、確認等
DTCC Solutions LLC	コーポレート・アクションの通知等
FICC	2003年設立、債券取引の清算機関
NSCC	1976年設立、株式、社債、地方債等の清算機関
DTCC Institutional Trade Processing	各国法人間での連携業務等

出所：DTCCウェブサイトより筆者作成（https://www.dtcc.com/about/businesses-and-subsidiaries）

を保管している。このほか、DTCCのもとには、DTCC Data Repositoryという名称の店頭デリバティブ取引情報蓄積機関がアイルランド、米国、日本、シンガポールに各国法人として置かれている。またDTCCには、FICCという債券取引の清算機関もある。

　これらに加えて、NSCCは1976年に設立され、株式、社債、地方債等を清算している。NSCCの主要な機能は、決済保証であり、売り手に対し買い手となり、買い手に対し売り手となる。これにより、決済期間（現在、株式で

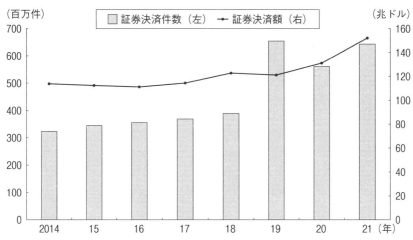

図表2−13　DTCCの証券決済

（百万件）　　　　　　　　　　　　　　　　　　　　　　　　　　（兆ドル）

凡例：□ 証券決済件数（左）　-●- 証券決済額（右）

出所：DTCCウェブサイトより筆者作成（https://www.dtcc.com/about/annual-report）

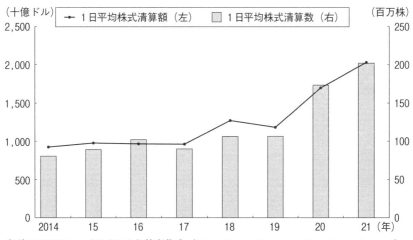

図表2−14　DTCCの1日平均株式清算

（十億ドル）　-●- 1日平均株式清算額（左）　□ 1日平均株式清算数（右）　（百万株）

出所：DTCCウェブサイトより筆者作成（https://www.dtcc.com/about/annual-report）

はT＋2）中に、当事者が破綻しても決済が保証される。このため、売買の当事者は参加者清算基金に担保差入れが求められる。ネッティング（差引き）されるが、売買が偏ると、担保が追加で必要になる。

図表２－13は、DTCCの証券決済額と決済件数を示しているが、決済額はリーマンショック前には325兆ドルに達していたが、その後100兆ドル前後まで減少し、2014年以降は120兆ドル前後まで回復した。2018年以降は増加しており、2021年には約150兆ドルに達した。証券決済量については、詳細がDTCC資料で説明されていないが、**図表２－14**での１日平均株式清算数からみて、主として株式からなるとみられる。ただし、清算額は、清算機関が売り手に対し買い、買い手に対し売りとなることで、いわば二重計上されることが多く、評価がむずかしい。とはいえ、**図表２－13**において、証券決済件数は2019年と2021年に約6.5億件に達している。

　図表２－14は、DTCCによる１日平均株式清算額と同じく清算株式数を示している。１日平均株式清算数は2014〜2019年において１億株前後で推移してきたが、2021年には２億株まで倍増した。また金額ベースでは、2014〜2017年には、１兆ドル前後で推移していたが、2021年には２兆ドルまでやはり倍増した。2020年以降、清算株式数、清算金額が大きく増加した背景には、コロナ禍による金融緩和と株価上昇があると思われるが、DTCCから内訳等は開示されていない。

　現在のところ、DTCCでの株式決済はＴ＋２であり、株式売買執行から２日後に決済されている。歴史的には、1995年６月に、Ｇ30勧告により、Ｔ＋５からＴ＋３に移行した。その後、1998〜2002年の時点でも、すでに株式決済のＴ＋１化が進められた経緯がある。SEC（証券取引委員会）とSIA（証券業者協会、当時）が中心になり、当初は2002年６月目標であったが、2004年６月に延期され、さらに2005年６月と再延期された。延期された要因としては、ITバブル崩壊による証券会社の収益悪化や、同時多発テロ等であった。2017年９月にＴ＋２が実現されたが（欧州より３年遅れ）、Ｔ＋１化は実現されないまま、今日に至っている。決済期間が長いことは、未決済残高が多くなることを意味するので、決済リスクが大きくなることを意味する[24]。

24　中島真志・宿輪純一（2008）『証券決済システムのすべて〔第２版〕』（東洋経済新報社）

図表２－15　米国における株式清算と決済

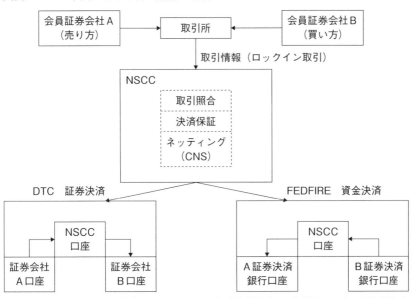

出所：日本証券経済研究所『図説　アメリカの証券市場』（2019年版）139頁より筆者作成

　Ｔ＋１化への課題としては、証券会社間での照合のリアルタイム化、証券会社と投資家の間での照合のリアルタイム化などが大きい。ブロック・トレードなど機関投資家の大口注文では、複数ファンドの売買をまとめて執行するため、売買執行後、各ファンドへの配分が決められ（アロケーション）、証券会社が手数料（通常、複雑な契約である）や税金を計算し、その後機関投資家が承認する。ここまでを売買当日に処理する必要がある。共通インフラ（システム）を使用することが望ましいが、今日まで多様な業者が異なるシステムで照合を担ってきた[25]。

　DLTを利用して、共通の分散型台帳を共有することで、このプロセスを容易にすることが方向性となっている。

<hr>

25　岡田功太・関田智也（2022）「サービスの付加価値向上を図る米国清算・決済機関DTCC」野村資本市場研究所、野村資本市場クォータリー、2022 Spring

米国における株式清算と決済の流れを**図表2－15**によりみると、会員証券会社A（売り方）と会員証券会社B（買い方）が取引所に注文を出して取引を行う。取引所で照合されている取引をロックイン取引と呼ぶが、取引情報は取引所からNSCCに送られる。NSCCでは取引を照合したうえで、買い手には売り手となり、売り手には買い手となり、決済を保証する。証券会社は必要に応じて、担保として清算（証拠）金を支払う。このとき、清算（証拠）金の算出にあたっては、銘柄ごとに売りと買いがネッティング（差引き）されるが、継続的ネッティング決済（CNS）と呼ばれる。NSCCで決済保証後、DTCにNSCCが振替指図を送り、証券会社とNSCC間での口座振替により証券が受渡しされる。また資金決済はFEDWIREにおいて、NSCCの決済指図に基づき、証券会社の決済銀行口座間での振替えにより決済される。2019年現在でも、取引当日に取引照合はほぼ完了していたといわれており、T＋1化する前提条件は満たされていたとみられる[26]。

(2) ロビンフッドと清算金問題

第7章において、ロビンフッド証券（以下「ロビンフッド」という）は詳しく説明されており、ここでは簡単にとどめる。同社は手数料無料のリテール・スマホ証券であり、2013年にスタンフォード大学出身の若者2名が創業し、2015年から取引を開始し、2021年7月にナスダックに上場した。同社は個人投資家の注文を取引所外の店頭ディーラー（その多くはHFTと呼ばれる高速売買業者）に回送し、ディーラーの売買差益の一部からペイメント・フォー・オーダー・フロー（PFOF：リベートもしくはキックバック）を受け取り、個人投資家の売買手数料を無料化してきた。このほか、金利収入も得てきた[27]。

26 　日本証券経済研究所（2019）『図説　アメリカの証券市場』139頁
27 　清水葉子（2020）「アメリカの証券委託売買手数料無料のビジネスモデル」日本証券経済研究所大阪研究所、証研レポート、2020年6月、「ロビンフッド証券のビジネスと注文回送リベートについて」同、2020年10月、「ペイメント・フォー・オーダー・フローはどこから来るか」同、2021年6月、「ロビンフッド証券のIPO書類からみる収益状況」同、2021年10月

図表２－16　ゲームストップの株価推移と売買高（米ドル、株数）

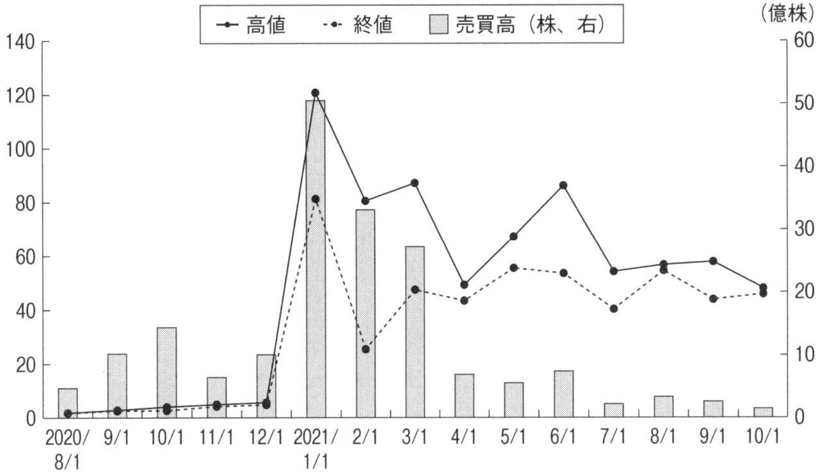

出所：Kabutan米国株 by MINKABU（ウェブサイト）より筆者作成（https://us.kabutan.jp/stocks/GME）

2020年頃から、米国ではミーム株と呼ばれる、流行の株式が注目されるようになった。背景にはTwitter（現在、X）などSNSでの投資掲示板の人気化があり、個人投資家が需給に注目して付和雷同して売買する傾向にあった。代表的なミーム株としては、AMCエンターテイメント・ホールディングスやゲームストップなどが知られている。AMCは映画館チェーンであり、コロナ禍による観客数減少により、業績は悪化したものの、個人投資家から注目されることとなった。またゲームストップはゲームおよびゲームソフトのチェーンであり、2020年にヘッジファンドから空売りをかけられていたところ、個人投資家から人気化し、買い注文が殺到した。そして、ゲームストップ株への買い注文は、ロビンフッドなど手数料無料のスマホ証券から出された。

図表２－16が示すように、ゲームストップの株価は、2020年12月まで10ドル以下で推移していたが、2021年１月には120ドルまで急騰した（**図表２－16**では120ドルが最高値であるが、１月28日には483ドルまで上昇した。2022年７月に１：４の株式分割を実施したため、**図表２－16**は調整後）。

また出来高も2020年には月間10億株程度で推移していたが、2021年1月には50億株程度まで急増した。2020年12月、ヘッジファンドがゲームストップ株に空売りをかけていたが、対抗して個人投資家が買い注文を出し、主としてロビンフッド経由等が中心であった。ロビンフッド自体がミーム株の一つであり、個人投資家はミーム株売買をロビンフッド中心で行っていたとみられる。他方、米国ではヘッジファンドは富裕層の象徴とされており、個人投資家はTwitterなどの投資掲示板で連携し、ヘッジファンドの空売りに対抗する姿勢を示した。個人投資家の買い注文殺到により、ゲームストップ株の株価は上昇し、ヘッジファンドが買戻しに転じ、株価が急騰した。

　2021年1月28日午前5時頃、NSCCはロビンフッドに約37億ドルの清算基金の追加差入れを通知した。清算基金額はVARチャージ（参加メンバーの未決済ポジションのリスクから計算される）と資本プレミアムチャージから算出される。しかし、ロビンフッドは追加の清算基金差入れに応じられず、6時30分頃、ロビンフッドは個人投資家によるミーム株買付注文を一時的に停止した。同日9時過ぎに、NSCCは資本プレミアムチャージ賦課自体を取り下げた。しかし、この措置には、リスクテイクへのモラルハザードを招く、といった批判があった。そして、証券決済期間の短縮化、それによる清算金額抑制への要望が高まったのである[28]。

　この問題は政治問題化し、2021年2月18日に、下院議会公聴会が開かれ、また3月9日には上院議会公聴会が開かれた。これらをふまえ、10月18日に、SECが報告書を公表した[29]。

　テネフ（ロビンフッドCEO）は、ブロックチェーン技術で決済をリアルタイム化すれば、問題は解決する、T＋2であれば未決済残高が増えるが、T＋1あるいはT＋0なら清算金は減少する、と発言した。

　DTCC参加者清算基金残高は、**図表2－17**が示すように、大きく分けて必要預金と超過預金から構成されており、それぞれにDTC、NSCC、FICCの

28　岡田・関田（2022）、前掲。
29　吉川真裕（2021）「ゲームストップ株式をめぐる諸問題」日本証券経済研究所、証研レポート、2021年12月

図表２－17　DTCC参加者清算基金残高の推移

（千ドル）

	年	2015	16	17	18	19	20	21
必要預金	DTC	1,150,000	1,150,000	1,150,000	1,150,000	1,150,000	1,150,000	1,150,000
	NSCC	3,164,627	3,580,823	3,360,160	6,830,444	5,183,646	12,054,357	8,343,253
	FICC	11,970,161	18,288,528	14,970,573	18,053,674	24,221,483	36,468,478	29,720,679
	小計	16,284,788	23,019,351	19,480,733	26,034,118	30,555,129	49,672,835	39,213,932
超過預金	DTC	588,971	602,431	621,078	684,363	807,140	775,137	812,667
	NSCC	972,843	819,133	631,610	1,435,091	713,606	918,419	6,410,200
	FICC	3,545,466	5,045,329	6,282,044	8,468,550	8,739,030	10,537,131	10,065,136
	小計	5,107,280	6,466,893	7,534,732	10,588,004	10,259,776	12,230,687	17,288,003
合計		21,392,068	29,486,244	27,015,465	36,622,122	40,814,905	61,903,522	56,501,935

出所：DTCCウェブサイトより筆者作成（https://www.dtcc.com/about/annual-report）

部分がある。合計額は2015年末には214億ドルであったが、2020年末には619億ドルまで増加し、2021年末には565億ドルまで減少した。

　2020年末に619億ドルまで増加した主因は、NSCCの必要預金であり、**図表２－17**が示すように、2015年には31.6億ドルであったが、2019年末に51.8億ドルまで増加し、2020年末には120.5億ドルに急増した。ミーム株ブームとロビンフッド等の手数料無料のリテール証券が影響したとみられる。

　なお、参加者清算基金の残高は、NSCCでは現預金が中心であるが、FICCでは債券が中心になっている。2021年現在、残高合計は565億ドルであるが、現預金が285億ドル、米国債が250億ドル、エージェンシー・住宅モーゲージ担保証券（RMBS）が29億ドルとなっている。現預金残高のうち、NSCCによる残高が139億ドルであり、また米国債残高のうち、FICCによる部分が242億ドルであった。

(3)　プロジェクト・イオンとデジタル・ドル・プロジェクト

　ロビンフッドと清算金問題を契機として、Ｔ＋１化への気運が高まったが、ほぼ同時進行で、DTCCはプロジェクト・イオン（Project Ion）により、証券決済におけるDLT（分散型台帳技術）の適用に関し、2020年に実証実験を開始していた。決済期間の短縮化により、未決済残高が軽減され、清算金

も削減できるからである。ただし、プロジェクト・イオン等はT＋1を直接の目的としてはいない。

　また2020年に、アクセンチュアとDD（デジタル・ドル）財団がデジタル・ドル・プロジェクト（DDP）に合意することで、DDPは開始されていた。2022年初頭、DTCCはDDPに参加し、パイロット・プログラムに合意した。DTCCはトークン化された証券（デジタル証券）を、CBDCトークンで決済するプロトタイプを検討することになった。

　2022年4月、DTCCはDLTを使用して、中央銀行デジタル通貨（CBDC）を利用するための決済基盤プロトタイプを構築することに成功した。さらに2022年8月、コルダ（Corda、R3社による。R3社の外部筆頭株主はSBIグループといわれる）によるDLTを基盤技術とする株式決済基盤プロジェクト・イオン・プラットフォームの運用を開始した。1日平均10万件、ピーク時16万件の決済が処理されている（報道によると10万〜16万件であるが、DTCCが公表している**図表2－18**では80万件である）。ただし、従来の決済システムも稼働しており、並行運用による試験的な運用となっている。プロジェクト・イオンにはロビンフッドやチャールズ・シュワブ等のリテール証券も参加している。

　2022年11月にDTCCがDDPとの関連で公表したレポートでは、以下のように述べられている[30]。

　DLTを利用すれば、取引を確認、照合等を簡略化することで、年間数十億ドルを節約することができる。さらにCBDCは米国における現金決済に新しい支払モデルを提供する。DTCCとDDPは、DVP決済に注目した実験に合意した。実験において、ホールセールの証券決済において、CBDCの利用について検討した。DTCCのデジタル決済ネットワークでのトークン化された証券と、CBDCネットワークでのトークン化されたドルが、安全で効率的に使用できるか、技術的な解決を見出した。2022年3月、バイデン大統領が

---

[30]　DTCC（2022）"Digital Dollar Project and DTCC" Security Settlement Pilot, November 2022

図表 2 −18 DTCによるT＋0（2023年1月、日ベース）

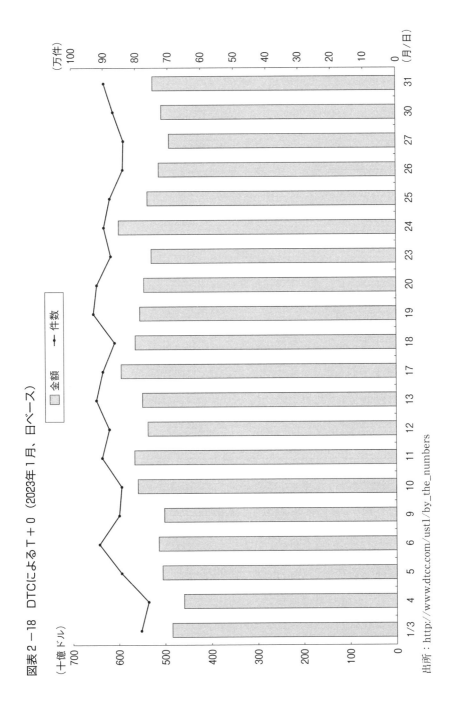

出所：http://www.dtcc.com/ust1/by_the_numbers

デジタル資産の責任ある発展を求める大統領令を発表した。2022年9月、米国財務省はデジタル・ドルに関する報告書を公表した。ECBもデジタル・ユーロに関し、2年間の調査フェーズにあり、またDLTのような新技術がホールセール取引の中銀マネー決済を改善できるか、検討している。

DTCCは、証券決済とCBDCの必要条件として以下のように指摘する。実験（パイロットテスト）の主たる目的は、DTCCのデジタル決済ネットワークと、FRBのCBDCネットワークが連動して決済できる設計が可能か、である。証券決済との関係で、CBDCの必要条件は以下の4点である。第一に、FRBは唯一のCBDC発行者であり、管理者であること。第二に、CBDCはパーミッションネットワーク（許可された者だけが参加可能）であり、参加者だけが取引情報をみることが可能であること。FRB口座をもつ銀行だけで開始する。第三に、すべての決済銀行はFRBから発行されたCBDCを受け取り、他の決済銀行に払い込み、FRBに償還できること。第四に、DVP実現のため、第1段階ではCBDCトークンを固定（ロック）させ、第2段階で条件が満たされたら、CBDCトークンが非固定化（解放、ロックの解除）されることが必要である。

DTCCは現在、ホームページ上で、T＋1、あるいはT＋0で処理されている件数や金額を公表している。**図表2－18**はDTCによるT＋0処理（2023年1月分）であり、処理件数（volume）としては1日平均80万件前後、金額としては5,000億ドル前後となっている。これを**図表2－13**の証券決済件数、金額と比較すると、**図表2－13**において決済件数は年間6億4,300万件（2021年）であるから、年間営業日250日とすると、1日平均2億5,720万件となり、**図表2－18**のT＋0は約31％を占めていることになる。また**図表2－13**で決済金額は152兆ドル（2021年）であるから、同じく1日平均6,080億ドルとなり、**図表2－18**のT＋0は82％を占めている。ただし、DTCCは詳しい説明をしていないため、評価はむずかしい。

DTCCは2022年8月に公表したレポートでは、T＋1への移行日に関し、2024年中ということは示したが、具体的日程までは明示していなかった[31]。

しかし、2023年2月に公表したレポートでは、T＋1への移行に関し、

2024年5月28日と明示した。このため、2023年8月14〜25日から、2週間ごとの実験を開始する、とした。株式分割や株式公開買付などコーポレート・アクションに関する実験が主として予定されている。コーポレート・アクションに関連して、T＋1化で影響が予測されるためである。こうした実験を経て、2024年5月24日をT＋2の最終日、5月28日をT＋1の初日としている。実験にはDTCCだけではなく、ナスダックやCboeなど取引所も参加し、カナダの株式市場も同日程で移行が予定されている。この日程をSECも認めている[32]。

DTCCは2023年3月に、T＋1移行に関する準備状況に関し、国内外280の金融機関（北米75％、欧州17％、アジア・パシフィック7％）に対し、アンケート調査を実施し、結果を公表した。40％以上の金融機関がまだT＋1への準備をしていないこと、また最大のインパクトは北米の金融機関ではなく、欧州やアジア・パシフィックのカストディアンが受けるだろう、としている。海外投資家の証券決済チェーンは長く、また海外カストディアンは証券決済チェーンの最後尾近くに位置するためである[33]。

3　日本への影響と展望

(1)　米国T＋1化の影響

以上でみてきたように、米国ではデジタル化の実験を進めつつ、決済期間の短縮化（T＋1）が進みつつある。欧州とも共通するが、将来的にはDLT（分散型台帳技術）の証券決済への適用、トークン化された証券とトークン化された通貨（CBDC）によるDVP決済が構想されている。

米国DTCCは、SECとも連携して、T＋1への移行日程を2024年5月と明示している。こうしたスタンスをみるならば、紆余曲折はあるにせよ、T＋

---

[31]　DTCC（2022）"T+1 TEST APPROACH" August 2022
[32]　DTCC（2023）"DTCC T+1 TEST APPROACH" DETAILED TESTING FRAMEWORK, February 2023
[33]　DTCC（2023）"OPERATIONALIZING T+1 Global Key Findings" March 8, 2023

1への移行は揺るぎないと評価できる。この背景に、ロビンフッドなどスマホ証券があったことも注目される。

DTCCにはAFME（欧州金融市場協会）も協力しており、T＋1はいずれ欧州にも影響しよう。米国のT＋1化は、欧州やアジア・パシフィックの投資家やカストディアンに最も影響するとされており、グローバルにT＋1が日程にのぼりつつある。

2024年5月に米国のT＋1化が実現した場合、日本の証券業界には複数の経路により影響が予想される。まずは、DTCCのレポートも指摘するように、日本のカストディアンがT＋1への対応を迫られることになる。海外との証券決済を担っている信託銀行等はシステムの見直し等が必要となろう。また、日本の機関投資家は、重複上場銘柄（トヨタ自動車やソニーなど、日本だけでなく米国で上場されている銘柄）については、決済リスク管理の観点から、米国での売買を選好することになる可能性がある。また、日本に限らず、欧州等のグローバル機関投資家も、日本株に投資する場合、日本で売買執行するのではなく、米国で売買執行する傾向が強まるであろう。いわば、国際優良銘柄（重複上場）の取引が米国等に流出する可能性が高まるリスクがある。日本でもJPXをはじめ、T＋1への対応が迫られるであろう。

(2) 日本における証券決済デジタル化とT＋1化の展望

第1章でも指摘されているように、証券決済のデジタル化は、証券のトークン化がなされ、CBDCなど通貨のトークン化が対応して開始されると予測されている。また、本章で検討した米国DTCCのケースでも同様であり、証券のトークン化とドルのトークン化がそろった段階で決済のデジタル化が進められるものとみられる。ドイツ連銀でも、長期国債をトークン化して、中銀マネー（ユーロ）で決済する実験が試みられている。こうした海外の動向をみるならば、日本における証券決済のデジタル化を展望する場合、証券のトークン化の検討がまず第1歩となるだろう。

日本におけるトークン化された証券（Security Token、以下「ST」という）は、トークン化された有価証券（株式や社債等、金融商品取引法2条1項の有

価証券がトークン化）、および電子記録移転権利（集団投資スキーム、信託受益権等、同法2条2項の権利がトークン化）が中心になっている[34]。

後述するように、前者では社債、後者では不動産信託受益権が中心になっている。

STのメリットとしては、第一に証券業務の効率化・コスト削減であり、従来の証券業務には多くの機関・業者が関与してきたが、DLT（ブロックチェーン技術）とスマート・コントラクトを活用することで、効率化できる。これは、本章でも紹介したが、ドイツや米国でも議論されてきた。第二に、コンプライアンスの自動化であり、売買制限があるSTの場合、スマート・コントラクト処理することで、管理（コンプライアンス）を自動化できる。第三に、発行の促進・流通市場の拡大であり、ブロックチェーンで取引することで、多様な証券の発行が可能になり、流動性が低かった証券も移転が容易になり、流動性が高まる。第四に、所有権を細分化することで流動性が向上する。

日本におけるSTの発行事例（2022年9月現在）としては、株式が私募（第三者割当増資）で1件（5,000万円）、社債（実証実験を除く、公募）が4件（17億円、丸井第2回を除く）、信託受益証券が公募で5件（予定2件を除く、合計81億円）、匿名組合出資持分が公募で1件（予定で1件、合計8億円）となっている。株式STとしては、SBI e-Sportsが2020年10月30日に5,000万円発行した。このほか、実証実験として、レヴィアスによる発行が2件ある[35]。

社債については**図表2－19**（2022年11月現在）が示している。野村総合研究所、大和証券は実証実験としての発行とみられる。このほか、SBI証券、丸井グループ、スパークス・グループ、日本取引所により発行されている。

SBI証券、スパークス、日本取引所による社債STでは、STプラットフォーム（ブロックチェーンによる管理台帳）として、ibet for Fin（株式会社Boostry

---

34　日本STO協会事務局長平田公一（2022）「セキュリティトークン市場の現状と課題」証券経済学会第94回大会（駒澤大学）報告、2022年9月10日
35　日本STO協会（2022）「セキュリティトークン市場ワーキンググループ中間整理（報告書）」90頁、2022年10月

第2章　欧米における証券決済とデジタル化　67

図表2－19 社債ST発行状況

銘柄名	発行体	払込日	利率(%)	発行額(万円)	発行価格(1口)	償還予定日
デジタルアセット債	野村総合研究所	2020年3月30日	0.5974	2,500	100円	2020年6月30日
デジタル債	野村総合研究所	2020年3月30日	0.5974	500	100円	2020年6月30日
大和証券デジタル社債	大和証券	2021年2月25日	0.03	1,000	N.A.	2021年3月26日
大和F&Aデジタル社債	大和証券フード&アグリ	2021年2月25日	0.1	100	N.A.	2021年3月26日
デジタル社債	SBI証券	2021年4月27日	0.35	10,000	10万円	2022年4月27日
丸井グループ第1回（無担保セキュリティトークン社債）	丸井グループ	2022年6月20日	1	12,178	1万円	2023年6月20日
スパークス・グループ（株式会社第1回無担保セキュリティトークン社債）	スパークス・グループ	2022年6月23日	2.5	100,000	5万円	2023年6月23日
株式会社日本取引所グループ（第1回無担保社債）	株式会社日本取引所グループ	2022年6月3日	0.05	50,000	1億円	2023年6月3日
丸井グループ第2回（無担保セキュリティトークン社債）	丸井グループ	2022年10月13日	1	11,907	1万円	2023年10月13日

注：2022年11月時点
出所：日本STO協会「セキュリティトークン市場ワーキング・グループ中間整理（報告書）」（2022年10月）90〜92頁より筆者作成

が運営、野村證券、大和証券、三井住友銀行等が参加）が使用され、ブロックチェーン形態としてはコンソーシアム型となっている。これらは一般投資家向けに公募された。他方、丸井による社債STは、STプラットフォームとしてSecuritize（米国本拠の株式会社Securitizeが運営、同社には三菱UFJFG、野村HD等が出資）が使用され、ブロックチェーン形態はプライベート型となっている。また丸井の社債STは公募（自己募集）ではあるが、販売先がエポスカード会員であるほか、1%の利金については、0.7%分がエポスカードポイントで支払われ、0.3%分が金銭で支払われる。同社はグループ内にtsumiki証券をもち、流通業から金融・証券業に進出している。丸井第1回債の場合、募集をエポスカード会員に限定して譲渡制限し、証券保管振替機構を利用しないものである。これは、同機構のシステム的限界（DLT活用の遅れ）を先取りした対応という評価も出ている。

　信託受益証券STでは、不動産信託受益権を裏付資産として、トークン化された受益証券が発行されている。投資家は受益証券（ST）に出資し、配当を受け取るが、STを譲渡できるため、セカンダリー（流通）市場が形成される。またこれに伴い、受益権原簿を書き換えることが必要になる。

　図表2-20が受益証券ST発行状況を示している。不動産信託が前提であり、オリジネーター（不動産所有者）が信託銀行に委託し、テナント（入居者）から賃貸料等を徴収し、STの配当の原資ともなる。

　ケネディックス渋谷神南、不動産のデジタル証券〜ALTERNAレジデンス〜2件はマンション、不動産のデジタル証券〜神戸六甲アイランド〜とケネディックス厚木は物流施設、不動産のデジタル証券 〜草津温泉湯宿季の庭・お宿木の葉〜は温浴施設である。不動産信託が成立すれば、その受益証券をトークン化して、受益証券STが発行可能である。受益証券STの発行体は不動産信託の委託者と受託者（信託銀行）によって発行されるが、2022年11月まででは三菱UFJ信託銀行が受託者としての発行が多くなっている。年限については、社債STが1年債等の短期中心であったのに対し、受益証券STでは5〜7年債と長期が多くなっている。また発行総額も厚木の場合には66億円と大きくなっている。ただ、発行価格は1口100万円といったケー

図表2−20 信託受益証券（セキュリティトークン）発行状況

銘柄名	発行体・受託者	発行体・委託者	払込日	発行総額（100万円）	発行価格（1口）	償還予定日
ケネディクス・リアルティ・トークン 渋谷神南	三菱UFJ信託銀行	DSI	2021年8月11日	1,411	100万円	2026年1月末
不動産のデジタル証券 〜神戸六甲アイランドDC〜	三菱UFJ信託銀行	エスティファンドワン	2021年12月22日	767	48万7,910円	2027年1月29日
ケネディックス・リアルティ・トークン 赤羽志茂	三菱UFJ信託銀行	KST1	2022年3月30日	2,088	100万円	2029年1月末
不動産のデジタル証券 〜草津温泉 湯宿季の庭・お宿木の葉〜	三菱UFJ信託銀行	エスティファンドツー	2022年3月29日	2,089	50万円	2027年1月29日
不動産のデジタル証券 〜ALTERNAレジデンス 新宿中落合・経堂・門前仲町〜	三菱UFJ信託銀行	オルタナ2	2022年6月9日	1,764	50万円	2029年7月31日
ケネディックス・リアルティ・トークン ロンコプロフィットマート厚木I	三菱UFJ信託銀行	KLF2	2022年8月18日	6,631	100万円	2029年7月31日
不動産のデジタル証券 〜ALTERNAレジデンス 銀座・代官山〜	三井住友信託銀行	エスティファンドスリー	2022年9月6日	1,833	100万円	2029年7月

注：2022年11月時点
出所：日本STO協会「セキュリティトークン市場ワーキング・グループ中間整理（報告書）」（2022年10月）93〜94頁より筆者作成

スが多く、一般の個人投資家でも購入可能な水準であり、トークン化による小口化という利点が生かされている。受益証券STでは、取扱証券会社は野村、大和、SBIが中心であるが、このほかに運用会社として、ケネディックスはケネディックス・インベスト・パートナーズ、不動産のデジタル証券はすべて三井物産デジタル・アセットマネジメントとなっている。

　以上でみてきたように、日本における証券のトークン化は社債と不動産信託受益証券が中心になっており、株式については実質的に開始されていない。またSTの資金決済については、既存の民間銀行口座が使用されている。したがって、デジタル通貨による決済に関しては、CBDCはもちろんのこと、民間銀行デジタル通貨も今後の課題となっている。このため、証券決済のデジタル化については、いまのところ、日本では実現の可能性はみえてこないといわざるをえない。

4　まとめにかえて

　欧州ではCBDCとしてのデジタル・ユーロ導入が検討され、ホールセール分野で証券決済においてCBDCを使用する可能性がある。証券決済においては、ECBによるT2Sに集約されつつあり、CBDCによる資金決済が実現すれば、効率性は急速に高まるとみられる。ブレグジットによる影響も懸念要因であるが、欧州委員会も急速な措置は避けるとみられる。

　米国では株式決済のT＋1化は長年の課題となってきたが、2020年以降、急速な進展を示している。ロビンフッドと参加者清算基金問題を契機として、DTCCは2024年5月にT＋1に移行すると明示し、SECも認めている。ある程度の紆余曲折はあるにせよ、T＋1化は不退転であろう。

　米国でのT＋1移行は日本に早晩影響するであろう。半面、日本の現状は証券のトークン化が黎明期にあり、決済面（CBDC等）の対応が課題となっている。

第 3 章

スウェーデンにおける
CBDC発行の構想と証券決済

静岡英和学院大学 人間社会学部 准教授

勝田 佳裕

1 はじめに

　21世紀に入って以降、インターネットをはじめとする通信インフラおよびタブレットやスマートフォンなどのモバイル通信機器が世界的に広く普及し、通信速度や端末機器の性能等が飛躍的に向上した。そのような社会の動きと並行して、銀行分野や証券分野、保険分野といった金融業界全体において、収益向上や経費削減のためにフィンテックをどう活用するかについての議論が活発化した。

　フィンテックとは、金融（Finance）と技術（Technology）という2つの言葉の組合せによる造語であり、両者が結びついて展開されるさまざまな革新的動向を総合的に表現する言葉である。フィンテックという言葉自体は2000年代前半には米国ですでに使用されていたとされ、世界金融危機（以下「GFC」という）以降、AIやビッグデータなどといった先進的技術を利用した新たなサービスを提供する事業体等が次々と登場してきている。

　キャッシュレスはフィンテックの最も身近な入り口であると考えられるが、これはまったく新しい概念というわけではない。ホールセール・ペイメントにおいては、従来、銀行預金の振替えというかたちでのキャッシュレス決済が一般的であった。一方、リテール・ペイメントにおいてキャッシュレス決済は、さほど一般的ではなかった。しかしながら、リテール・ペイメントにおいても、クレジットカードやデビットカード、各種電子マネー、QRコードやバーコードなどのキャッシュレス手段を使用することが世界的に急速に進んでいる。

　世界的なキャッシュレス化の進展と並行して、新たなテクノロジーの発明・発展も同時に進んできた。最も注目を集めたのは、DLT（Distributed Ledger Technology：分散型台帳技術）の一種であるブロックチェーン[1]とそれを用いたビットコインなどの暗号資産（仮想通貨）である。暗号資産については以前ほどの勢いはなくなってきたものの、それを支えるブロックチェーン技術（以下「DLT」という）については多方面でその汎用性をみせている。

特に金融分野での応用が議論されている。

　よく知られているのが、通貨への応用である。民間部門においては、企業ベースでステーブルコインが発行されたり、金融機関ベースでデジタル通貨（JPモルガンによるJPMコインなど）の実験が行われたりするようになっている。非民間部門においては、多くの中央銀行がCBDC（Central Bank Digital Currency：中央銀行デジタル通貨）発行の検討を行うようになってきている。一部の中央銀行ではすでにCBDCを発行するに至っている。これらは民間か非民間かにかかわらず、DLTを通貨へ応用しようとする試みである。ただし、デジタル通貨には必ずDLTが使用されているというわけではない。

　スウェーデンでは、幅広い年代層においてキャッシュレス化が高度に進展していることが知られている。しかしながら、銀行口座を保有していない層（unbanked：アンバンクト）やキャッシュレスになじめない層が依然として現金を必要としているにもかかわらず、現金の入手が困難となる状況が発生した。すべての国民に対して決済手段を行き渡らせることは中央銀行の責務であり、金融包摂（Financial Inclusion）の促進が求められる。

　そのような流れのなかで登場したのが、CBDC発行の構想である。リクスバンク（スウェーデン国立銀行）は、他の先進国に先駆けてCBDC発行の構想を打ち出した中央銀行である。同行は2016年から本格的にCBDC発行の検討を行っており、その進捗等は同行のウェブサイトで公表されている。スウェーデンの通貨がkrona（クローナ）であることから同国のCBDCはe-kronaと呼ばれるが、その発行については現時点で未定である。なお、CBDCは大きくホールセールCBDCとリテールCBDCに分けられるが、e-kronaはリテールCBDCとしての発行が想定されている。

　DLTを証券分野へ応用するといった議論も進んできている。証券取引の

1　したがって、DLTはブロックチェーンより広い概念となるため厳密には両者は同義ではない。しかし、技術自体の発展に主眼を置くIT技術者にとっては両者を厳密に区別する必要があるかもしれないが、技術を利用することに主眼を置いている金融機関や一般の人々にとっては両者を厳密に区別する必要が必ずしもないため、ブロックチェーンは技術面に、DLTは機能面にそれぞれ焦点を当てた呼び方という理解で特段の不都合は生じないとされる。中島（2017）123〜124頁を参照。

プロセスは非常に複雑であり、それゆえさまざまなコストがかかる。STP（Straight Through Processing：取引執行から決済までの自動化）やDVP（Delivery Versus Payment：証券と資金の同時決済）にDLTを応用することができれば、効率化が大幅に進み、証券取引にかかわるコストの大幅な削減などが期待できる。証券決済に使用する資金もDLTを使用したCBDCとなれば、証券取引のさらなる効率化が期待できる。CBDCは、証券決済を従来のかたちとは異なるものにする可能性をもっている。ただし、ここでいうCBDCはホールセールCBDCであり、リテールCBDCではない。

　前置きが長くなってしまったが、以上のような状況をふまえ、本章では、スウェーデンにおけるキャッシュレス化とe-krona構想について検討したうえで、同国における証券決済の議論の現在地について触れる。

2　スウェーデンにおけるキャッシュレス化の動向

　スウェーデンにおいてCBDC発行が検討されるようになった理由の一つに、同国においてキャッシュレス化が高度に進展したことがあげられる。スウェーデンにおけるCBDC発行の構想であるe-kronaプロジェクトについて概観する前に、以下ではスウェーデンにおけるキャッシュレス化の動向についてみておくこととする。

(1)　スウェーデンにおける現金の動向
　スウェーデンにおけるキャッシュレス化の動向をみるにあたり、まず同国における現金の動向についてみる。というのは、一般的にキャッシュレス化とは、ペイメント（支払）において人々が現金（銀行券＋硬貨）以外の手段を利用する比率（キャッシュレス決済比率）が高まることを意味するからである[2]。
　キャッシュレス決済比率には、支払の回数ベースの比率と金額ベースの比率がある。人々は、支払金額が高額な場合は現金以外の手段を選択することが多く、低額な場合は現金を選択することが多い。金額ベースのキャッシュ

レス比率はこれまでもある程度高かったが、回数ベースのキャッシュレス比率は金額ベースのキャッシュレス比率と比較して高くはなかった。キャッシュレス化の進展とは、これまで現金を選択することが多かった低額の支払いにおいて現金以外の手段を利用するようになることを意味する。キャッシュレス化の進展に伴い、スウェーデン国内の現金流通高は減少しているものと考えられる。

　図表3－1と図表3－2は、それぞれスウェーデンにおける現金流通高対GDP比および現金流通高を示したものである。現金流通高対GDP比は、1950年代半ば以降は趨勢的に低下傾向にあり、2017年には1％強にまで低下するに至っている。スウェーデンの現金流通高は、2007年まで増加傾向にあった（同年末の現金流通高は1,136億6,900万クローナ）ものの、現金流通高以上にGDPが増加していたため、現金流通高対GDP比は低下傾向であったと考えられる。2008年から2017年までの同比率の低下は、現金流通高が減少（2010年以降は急減）したことが主な要因であると考えられる[3]。

　スウェーデンにおいて2008年以降に現金流通高が減少（2010年以降は急減）した理由としてあげられるのは、デビットカードやSwishをはじめとするキャッシュレス決済手段の利用が広く国民の間に浸透してきたことである。同国では従来、デビットカードによる決済が一般的であったが、21世紀に入りスマートフォンが広く国民に普及してくると、それを利用したキャッシュレス決済が増加した。同国におけるスマートフォン決済の代表例はSwishであるが、Apple PayやGoogle Pay、Samsung Payなども普及してきている。デビットカードにせよSwishなどのスマートフォン決済にせよ、人々が決済において現金を利用しなくなってくると、必然的に現金を予備的に保有しておく動機もなくなってくる。結果として、現金流通高が減少し、GDPが不

2　「キャッシュレス」に類似する用語としては、「レスキャッシュ」や「キャッシュフリー」があげられる。これらの用語の意味の違いは現金を利用しない度合いにあると考えられ、筆者の理解では、レスキャッシュ＞キャッシュレス＞キャッシュフリーというように、「キャッシュフリー」が現金を使用しない度合いが最も高い状況を示している。

3　ただし実際には、現金流通高が最も少なかったのは2017年末ではなく2018年1月末であり、その額は550億9,800万クローナであった。

図表3−1 スウェーデンにおける現金流通高対GDP比

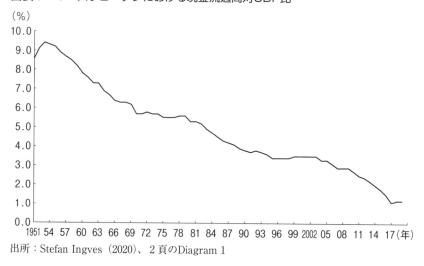

出所：Stefan Ingves（2020）、2頁のDiagram 1

図表3−2 スウェーデンにおける現金流通高

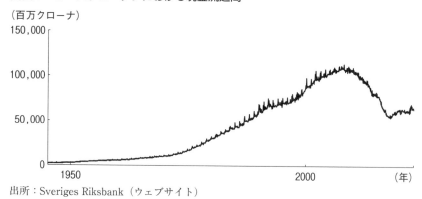

出所：Sveriges Riksbank（ウェブサイト）

変と仮定すれば、その対GDP比も低下することになる。

　スウェーデンにおける現金流通高対GDP比は、2018年にいったん上昇に転じている。その理由の1つとして、スウェーデン政府（MSB：民間緊急事態庁）が同年6月に国民に対して危機ないしは戦争に備えて現金保有を推奨したことがあげられる[4]。その影響もあってか、スウェーデン国民はある程度現金保有を増加させたものとみられる。

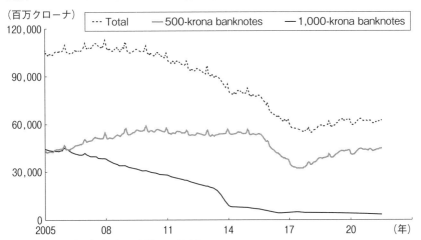

図表 3 － 3　スウェーデンにおける現金流通高と額面別紙幣流通高

注：Totalは現金（銀行券＋硬貨）の流通高
出所：Sveriges Riksbank（2021e）、7頁のChart 3

　額面別の紙幣流通高（**図表 3 － 3**）をみると、1,000クローナ紙幣（2023年2月末時点で約 1 万3,000円に相当）の発行残高が漸減傾向となっている一方で、500クローナ紙幣の発行残高が増加傾向となっている。

　また、現金流通高と1,000クローナ紙幣および500クローナ紙幣の発行残高との関係をみると、GFCから2016年までは現金流通高と1,000クローナ紙幣の発行残高がパラレルに推移しており、2016年以降は現金流通高と500クローナ紙幣の発行残高がパラレルに推移している。スウェーデン国民が保有を増加させたのは、高額紙幣ではないことがわかる。スウェーデンにおける現金流通高は、2019年以降も増加傾向が続いているようにみえるが、一方で、特に2019年央からロシアによるウクライナ侵攻（後述）までの期間は横ばいであるようにもみえる（**図表 3 － 3**）。

　その間には、スウェーデンにおいても他の欧州諸国と同様に2020年初から新型コロナウイルス感染症（COVID-19）が流行した。その影響もあって同

4　上田・小宮山・井上（2019）2頁

国の現金流通高は一時的に減少したが、その後はもとの水準に戻っていることから、COVID-19はスウェーデンにおける現金流通高の増減に特に大きな影響を及ぼさなかったものとみられる。

2022年2月のロシアによるウクライナ侵攻は、スウェーデンにおける現金流通高の増加に影響を及ぼしたと考えられる。不測の事態が発生し、電力や通信などのインフラが機能しなくなる事態が発生した場合、デビットカードやSwishを利用した決済ができなくなることが想定される。予備的に、物理的な決済手段としての現金をスウェーデン国民が入手したであろうことは想像にかたくない。リクスバンクのウェブサイトのデータをみると、2022年1月末に601億8,000万クローナであった現金流通高は、同年6月末には682億3,300万へと増加した。同年7月以降、現金流通高はやや減少傾向にあり、2023年1月末時点で633億6,200万クローナ（銀行券602億400万クローナ、硬貨31億5,800万クローナ）となっている。

ロシアによるウクライナ侵攻がスウェーデンにおける現金流通高に及ぼした影響ついては、Sveriges Riksbank（2022b）において言及がなされている。同レポートでは、①侵攻開始時に多くの人々が2018年のスウェーデン政府（MSB：民間緊急事態庁）による現金保有の推奨を思い出し、その週にATMでの現金引出し回数が28％増加したこと、②スウェーデン貿易連盟によると、ATMでの現金引出し回数は増加したものの商取引における現金の使用は増加しなかったこと、③非常事態に備えて引き出された現金は家計にそのまま保管されていることが示唆されること、などが指摘されている。また、このような動きはスウェーデンに独特なものではなく、ポーランドやリトアニアを中心に、ロシアおよびウクライナに隣接する国々においてもみられることも指摘されている。

金利の動向も、現金流通高の増減に影響を与える要素の一つである。理論的には、金利低下局面では現金流通高は増加する。金利の低下は、現金保有に対する機会費用の低下を意味するためである。現金流通高対GDP比が上昇するかどうかは現金流通高の増加量とGDPの増加量のどちらが大きいかによるが、前者が後者を上回れば現金流通高対GDP比は上昇する。GFC以

降の金利低下局面においては、現金流通高対GDP比が上昇するという傾向が世界的にみられた。現金保有に対する機会費用の低下により現金流通高が増加し、その増加量がGDPの増加量を上回ったものと考えられる。

　しかしながら、スウェーデンでは理論とは逆のことが起こっていた。すなわち、金利低下局面であったにもかかわらず、現金流通高が減少するという特異な現象がみられた。ただし、そのような特異な現象がスウェーデンにおいてみられたのは2017年9月末までであり[5]、それ以降、スウェーデンの現金流通高は減少傾向から増加傾向へと転換している（**図表3-3**）。

　スウェーデンでは、GFCから2017年9月末までの約9年間は、金利低下局面とキャッシュレス化の急速な進展に伴う現金流通高の減少が重なる期間となった。そのため、同国においては、金利低下局面であったにもかかわらず現金流通高が減少するという特異な現象がみられたものと考えられる。

　スウェーデンにおける政策金利の推移を確認しておこう。リクスバンクは2015年2月にマイナス金利政策を導入し、政策金利は最終的に−0.5％まで深掘りされた。同行は、2019年1月に政策金利を−0.5％から−0.25％へ引き上げ、2020年1月には−0.25％から0％へ引き上げた。しかし、それらが現金流通高に与えた影響は特にみられない。2022年2月以降、世界的にインフレが加速したことから、各国中央銀行は利上げで対応した。政策金利は2022年5月に0％から0.25％へ引き上げられ、同年7月には0.25％から0.75％へと引き上げられた。同年9月に1％ポイント（0.75％から1.75％へ）という大幅な引上げが実施された後も政策金利の引上げは継続されており、同年11月には1.75％から2.5％へ、翌2023年2月には2.5％から3.0％へと引き上げられた。政策金利の引上げ幅は徐々に小さくなってきているが、リクスバンクは依然として物価上昇率は高いと考えているようである。金利上昇局面で現金流通高がどのように変化するかについては、今後も注目していく必要があろう。

5　銀行券発行残高は、2017年9月末に直近の底を打つかたち（514億1,000万クローナ）となっている。

これまでスウェーデンにおける現金流通高の動向をみてきた。次に同国におけるキャッシュレス化の動向をみるが、キャッシュレス化と現金流通高（銀行券発行残高）の関係については、次の点に注意する必要がある。それは、キャッシュレス化の進展と現金流通高（銀行券発行残高）の減少は必ずしもセットで考える必要はないということである。この点に関連して斉藤（2017）は、英国においてではあるが、「キャッシュレス化を検討する場合には、銀行券発行残高の表面的な計数ではなく、消費者の取引動機に基づく保有および実際の支払動向に着目すべきかもしれない。現金残高が増加したとしても、国内（取引動機）に基づく保有が減少し、実際の支払回数・金額が減少するのであれば、それはキャッシュレス化の進展とみなしてよいのではないだろうか。」[6]と述べている。

スウェーデンは例外であるが、実際、キャッシュレス化が進んでいるにもかかわらず、現金流通高（銀行券発行残高）が増加するという現象が発生している。斉藤（2019）は、英国ではキャッシュレス化が進んでいるにもかかわらず銀行券発行残高が増加傾向にあることを指摘している[7]。このような現象は現金パラドックスないしは銀行券パラドックスと呼ばれ、Sveriges Riksbank（2021e）およびSveriges Riksbank（2022b）のなかにおいても、FACT BOXという項目で言及がなされている[8]。

（2）　スウェーデンにおけるキャッシュレス化の動向

続いて、スウェーデンにおけるキャッシュレス化の動向を概観する。リク

6　斉藤（2017）60頁

7　斉藤（2019）3頁

8　Sveriges Riksbank（2022b）では、①先進国で現金パラドックスと呼ばれる現象が発生しており、特に危機時に現金を貯蓄手段として求める人々のニーズの高まりが要因とされ（通貨流通量の統計にも反映される）、多くの場合は高額紙幣が増加する一方で低額紙幣（硬貨）が減少すること、②スウェーデンのケースは世界の動向と異なり、現金パラドックスには当てはまらず、また、高額と低額の両方の紙幣が減少していること、③スウェーデンで高額紙幣量が減少しているのは、銀行の現金処理機の減少により1,000クローナ紙幣の入手が困難になったといった供給側の要因である場合もあること、などが指摘されている。

スバンクが公表する各レポートの概要をみながら、スウェーデン国民の支払動向についてみていくこととする。

リクスバンクは、2016年8月にThe Swedish Financial Market 2016と題するレポートを公表した。同レポートは4章からなっており、各章タイトルは、第1章が金融システムの役割、第2章が金融市場、第3章が金融機関、第4章が金融インフラであった。キャッシュレスを含むペイメントについては第4章で説明がなされているものの、レポートのタイトルからもわかるように、キャッシュレスを含むペイメントは同レポートの主たるテーマとはなっていなかった。

リクスバンクは、2018年5月にPayment patterns in Sweden 2018と題するレポートを公表した。そのタイトルから、スウェーデンにおけるペイメントの動向が主たるテーマとなっていることがわかる。それを引き継ぐかたちとなるペイメントの動向に関する新たなレポートを、同行は2019年から毎年公表している。ペイメントの動向に関するレポートの公表時期は、2019年以降から毎年末となっているが、2024年以降は毎春に公表されることになっている。

2019年11月に公表されたPayments in Sweden 2019では、非現金の支払方法のなかではカードによる支払が最も一般的となっていることが指摘されたうえで、支払回数の点では口座振込と自動引落しがカードによる支払と比較して少ないこと、また、支払金額の点では口座振込が圧倒的に多いこと、などが述べられている。

2020年10月に公表されたPayments in Sweden 2020では、まず、COVID-19の流行が人々のペイメント行動にどのような影響を及ぼしたのかについての記述があり、ここがメインとなっている。次がスウェーデンにおけるペイメントの安全性と効率性についてであり、最後が社会の変化に対するリクスバンクの対応についてとなっている。

2021年11月に公表されたPayments Report 2021では、まず、ペイメント市場のトレンドについての記述がある。前年のレポートに引き続きCOVID-19に関連した内容となっているが、前年のレポートの内容が人々のペイメント

行動に及ぼした影響であったのに対し、同年のレポートの内容はデジタルペイメントの技術発展やフィンテック企業およびビッグ・テック（Big Tech）に関する内容となっている。その他、ペイメント市場における国家の役割、CBDCやステーブルコイン、速くて安いクロスボーダー・ペイメントの必要性、ノルディック諸国通貨とユーロ間の決済のクリアリングなどについても触れられている。次が例年と同様にペイメントの安全性と効率性についてであり、最後がリクスバンクの業務と政策についてとなっている。

　2022年12月に公表されたPayments Report 2022は、前年のレポートと同様に、①ペイメント市場のトレンド、②安全性と効率性、③リクスバンクの業務と政策の３部構成となっている。2023年３月末時点ではPayments Report 2022が最新であるため、以下では、同レポートのなかにある、リクスバンクが2010年から２年ごとにスウェーデン国民の支払行動の実態を知るために実施しているアンケート調査の結果についてみておくこととする。

　リクスバンクは、2010年から２年ごとにスウェーデン国民の支払行動の実態を知るためにアンケート調査を実施している。対象年齢となる18歳から84歳までの国民から約2,000人を無作為に抽出し、インタビュー形式で調査が実施されている。調査の回答者については、性別、年齢、地域、教育レベルがスウェーデンの人口を反映するようになっている。2022年の調査では、無作為に選ばれた2,089人が回答している。2,089人のうち、1,589人はインターネット上でのインタビューを通じての回答であるが、インターネットを使用しない国民については電話インタビュー（500件）を通じて回答がなされている。2022年の調査は３月14日から30日までの間に実施され、調査結果の具体的な数値はリクスバンクのウェブサイトで確認できる。

　同調査の結果から、COVID-19パンデミック期間中にスウェーデンではキャッシュレス化がさらに進展したことが確認できる。高齢者において、それは特に顕著であった。オンラインショッピングがより頻繁に行われたことに伴いほとんどの支払がデジタル形式（非現金）で行われたことや、他人との接触を極力避けるために多くのスウェーデン国民が店舗での現金による支払を敬遠したことを反映しているものと考えられる。

図表 3 － 4　支払手段に関するアンケート調査の結果

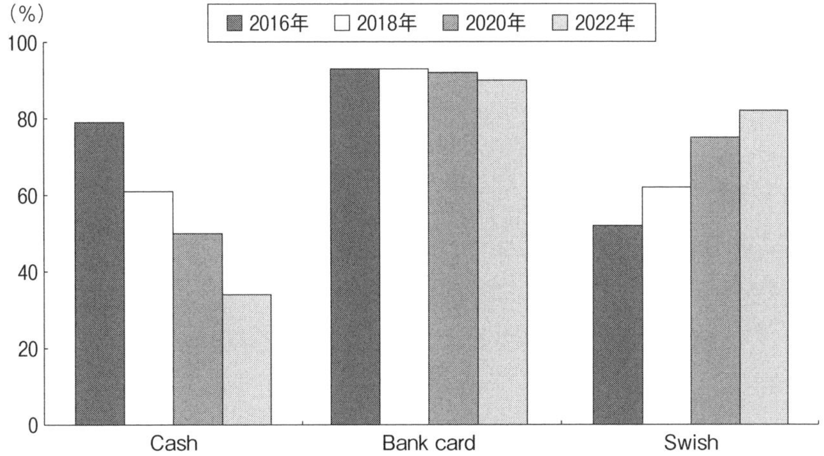

注：過去30日の間にそれぞれの手段を使用したと回答した人（複数回答あり）の割合（％）
出所：Sveriges Riksbank（2022b）、5頁のFigure 1

　図表 3 － 4 をみると、2022年の調査では34％が過去30日の間に現金で支払をしたと回答しており、COVID-19パンデミック直前である2020年の春の数値（50％）と比較して低下している。過去30日の間に現金で支払をしたと回答した人の割合は、2016年の80％弱から2018年には60％強へと約20％ポイント低下しているが、その後2020年には50％へと約10％ポイントの低下にとどまっている。2022年には同割合は34％へと16％ポイント低下しており、また、過去30日の間にSwishで支払をしたと回答した人の割合が上昇していることとあわせて考えると、COVID-19パンデミックによってキャッシュレス化の進展速度が少々加速されたことがうかがえる。ただし、スウェーデンにおいては、引き続きカード（主にデビットカード）での支払が最も一般的な方法である[9]。
　リクスバンクが 2 年ごとに実施しているアンケート調査の結果でとりわけ目につくのは、主に個人間送金に用いられているSwishの存在感の高まりである。Swishとは、2012年12月にサービスが開始された、スウェーデンの銀行口座間資金移動のためのモバイルペイメントサービス（スマートフォン決

済アプリ）のことである。サービス開始当時の6大銀行（Danske Bank、Handelsbanken、Länsförsäkringar、Nordea、SEB、Swedbank）とSparbankernaが設立したGetswish社が運営している。同アプリの個人ユーザー数は、2022年9月末時点で800万人（人口比約76％）を超えるまでに増加している。また、15〜65歳までのスウェーデン国民の95％が自身のスマートフォン内に同アプリをすでにダウンロードずみの状態となっている。

Swishは、当初は個人間送金サービスのみであったが、2014年6月に企業（店舗）への支払サービスが、2017年1月にEコマースでの支払サービスが、それぞれ開始された。2021年2月末時点で12の銀行（Danske Bank、Forex Bank、Handelsbanken、ICA Banken、Länsförsäkringar、Nordea、SEB、Skandia、Sparbanken Syd、Swedbank、Sparbankerna、Ålandsbanken）が参加しており、基本的に個人は無料だが、一部の銀行は利用料を徴収している。スウェーデンの銀行に口座を開く必要があるが、外国人も利用可能となっている。また、QRコードにも対応している。

Swishは、BankIDと呼ばれる個人電子認証システムを利用している。2003年にサービスが開始されたBankIDは、2014年からはモバイル機器でも利用が可能となっている。BankIDの取得にはSSN（Social Security Number：社会保障番号）が必要で、BankIDは電子政府サービスでも利用可能である。口座番号や銀行が変わってもBankIDは不変である。携帯電話の番号も追加で登録すれば、銀行口座番号を教えずにすみ、より便利に利用できる。ただし、若年者層と高齢者層でBankIDの保有率が相対的に低くなっていることから、キャッシュレス化が高度に進展しているスウェーデンにおいても、これらの層に対応した優しい仕組みの構築が課題となっている。

ここで、ある飲食店において複数人で食事等をして支払をする場合を考え

9　カードでの支払については、過去10年の間にその使用方法が変化してきていることが同レポートで指摘されている。1人当り年間カード決済回数が増加している一方で平均取引金額が減少しており、これは以前よりも頻繁に少額の支払でもカードを使用するようになったことを示している。その理由としては、2015年にEU/EEAにおいてカード手数料に関する新規制が導入された結果、店舗や事業者のカード決済受入れコストが下がり、より多くの店舗がカード決済を受け入れるようになったことがあげられている。

てみる（支払金額に端数がないものと仮定）。その際、それぞれがデビットカードで支払うケースと、1人がデビットカードでまとめて支払うケースが考えられ、後者の場合、割り勘分を各自がSwishで幹事に送金していると考えられる。幹事は全員分の支払を立て替えているため、預金残高は一時的に立替分だけ減るが、すぐにSwishによる送金があるため、残高に余裕があれば問題はない。結局は、各人の預金残高が利用分だけ減り、飲食店の預金残高が売上分だけ増えることになる。

　キャッシュレス化が進展していない場合、割り勘分をそれぞれがあらかじめ預金口座から引き出しておいた銀行券で支払うことになる。飲食店がそれを銀行に預けた場合、銀行券は預金の移転手段として機能したといえる。キャッシュレス化がある程度進展している場合、1人がデビットカードでまとめて支払い、割り勘分はそれぞれがあらかじめ預金口座から引き出しておいた銀行券を幹事に渡すかたちとなる。幹事がそれを銀行に預けた場合、銀行券は預金の移転手段として機能（この場合は個人間で）したといえる。

　Swishは、結局は銀行預金の移転となるこの個人間の現金授受を代替していることになる。したがって、Swishは他のカードペイメントと同様に、現金流通高の減少およびキャッシュレス化の進展に寄与しているといえる。

　スウェーデンにおけるキャッシュレス化進展の背景については、Market Driven Process（市場主導）によるキャッシュレス化の進展と説明されるようである[10]が、政府・中央銀行の政策や国民性が寄与した部分も大きいものとみられる。

　1980年代後半の株式・不動産バブル（淵源は80年代初頭の金融自由化）が1990年代に入って崩壊し、生産性向上を目指す目的で政府がIT化を推進した[11]。付加価値税が高いことに伴う小売店等による脱税問題への対策としてキャッシュレス化が促された。1947年に導入されたPIN（Personal Identity

---

10　小部（2019）2頁
11　スウェーデンが過去に直面した危機は、①1970年代の石油危機、②1990年代初期の経済金融危機、③2008年の世界金融危機である。②の要因としては金融引締めと税制改革があげられるが、前者についてはドイツ再統一の影響もあったとされる。

Number：個人識別番号）制度の存在とそのIT化および政府に対する国民の高い信頼（理解）が背景にある。自然や環境重視の国民性という点については、銀行券の製造・処分・再製造という一連の過程をできるだけなくして紙の使用量を削減することおよび車両によって遠方へ紙幣を運搬する回数をできるだけ減らしてCO_2の排出量を削減することに対する意識の高さのほか、従来は紙媒体での受渡しが基本であったものを電子媒体での受渡しも可能とすることで他人が触ったものを自身が扱う機会を減らせるといった公衆衛生に対する意識の高さを指摘することができる。個々人がそうであるため、集団（銀行や販売業者など）も同様の認識をもっていると考えられる。

その他、次のようなことがあげられる。現金取扱コスト（銀行強盗の多発、冬場の現金輸送が困難、ATMの維持、慢性的な人手不足）を抑えて効率化したいという欲求がある。デビットカード（銀行口座）の保有比率が高く、1990年代に銀行がカード支払システムを整備した際にはデビットカードの利用が増加した。主要銀行が協調して競争することに一致して取り組んでおり（Swishが良い例）、国民の金融機関に対する信頼が高い。ユーロへの参加が2003年の国民投票で否決され、小国の生き残りに対する強い危機意識が国民の間で共有されている。ITリテラシーと金融リテラシーを高める教育が行われており、成果があがっていると考えられる。

社会のキャッシュレスに対する受容性が大きいうえに国民がキャッシュレス環境に慣れていることが、スウェーデンにおけるキャッシュレス化進展の背景にあると考えられる。

3 スウェーデンにおけるCBDC発行の構想

スウェーデンにおいてCBDC発行が検討されるようになった要因にキャッシュレス化の進展があげられることから、前節ではスウェーデンにおけるキャッシュレス化の動向を確認した。本節では、スウェーデンにおけるCBDC発行の構想であるe-kronaプロジェクトについて概観する。

(1)　e-kronaプロジェクトの流れ

　e-krona発行の検討が公表されたのは、2016年11月のシングスリー副総裁
（当時）の講演のなかにおいてであった。同講演におけるe-kronaに関する論
点は３つあった。

　１つ目の論点は、口座型かトークン型（電子ウォレットやICカードなどに価
値を記録する）かということである。口座型の場合、中央銀行に口座をもつ
かそれ以外に口座をもつかという設計が考えられる。中央銀行に口座をもつ
場合は現在の中央銀行当座預金に近いかたちとなり、短期金利操作がむずか
しくなる可能性がある。トークン型の場合、マネー・ローンダリングやテロ
資金、偽造等への対策という課題に直面する。

　２つ目の論点は、直接発行型（中央銀行が直接供給）か間接発行型（民間銀
行が間に入る）かということである。間接発行型の場合、従来の現金の単な
るデジタル化にすぎないものとなる。一方で、直接発行型の場合はまったく
新しい試みとなるため、民間銀行業務への影響や中央銀行口座保有者の管理
という課題に直面することになる。これら２つの論点から考えられる設計
は、①口座型・直接発行、②口座型・間接発行、③トークン型・直接発行、
④トークン型・間接発行、の４つとなる。ただし、②は非現実的とされる。

　３つ目の論点は、e-kronaに付利するか否かということである。これは
e-kronaに対する需要増にどう対応すべきかということと関連し、プラスの
付利による銀行預金からの引出し増加やマイナスの付利が金融システムを不
安定化させないかという問題へとつながる。

　同講演は、①技術・政策・法律の３分野について、数年をかけて検討して
いく、②集中型か分散型もしくはミックス型といったことや、カード形態か
スマートフォン形態かといったことも検討していく、③支払決済システムの
安全性・効率性に寄与すると判断されればシステム構築の段階に進む、とい
うかたちでまとめられた。

　e-kronaプロジェクトの開始が正式に公表されたのは、2017年３月である。
ここでは、①2017年11月までに報告書をまとめ、同年末までに次の段階に進
むかどうかを判断する、②技術や規制の実践的な検討に入り、2018年末をメ

ドに導入の是非を判断する、③実証段階に入り、発行準備を進める、という
3段階の工程表が示された[12]。

2017年9月にThe Riksbank's e-krona project Report 1が公表された。同
レポートでは、中央のデータベースでe-krona口座を管理するモデルとアプ
リやカードにe-krona価値が格納されるモデルという2つの現実的なモデル
のうち、現段階（当時）では口座型のほうがより発展の潜在性があるとの認
識が示された。また、技術の選択についてはさらなる調査が必要とされる旨
が、e-kronaの発行についてはそれが中央銀行のバランスシート・金融政策・
決済市場（参加者含む）や金融システムの安定性に与える影響へのさらなる
調査が必要とされる旨が、法的問題についてはリクスバンク法の再検討が必
要とされる旨がそれぞれ示された[13]。

2017年12月のThe Riksbank's e-krona project Action plan for 2018を経
て、2018年10月にThe Riksbank's e-krona project Report 2が公表された。
同レポートでは、法的問題について、リクスバンクは、リクスバンク法に基
づき、トークン型のe-kronaを発行する義務をすでに負っているとの認識が
示された[14]。

同時に、口座型が望ましいとのニュアンスの部分もあることに加え、（当
時における）現行バージョンのDLTに基づくe-kronaは大量取引の効率的な
処理の観点から不適切であるとの認識が示された。付利をしないかたちで取
引履歴追跡可能のトークン型e-kronaに焦点が当てられるが、口座型の
e-kronaもテストし続ける旨が示された。口座型とトークン型の両方を模索
する様子がうかがえる。

---

12 Sveriges Riksbank（2017a）4頁
13 2019年11月に中央銀行法の修正案が出されたが、総裁の権限縮小などe-kronaとは直
接関係ない内容であった。
14 この点については、同レポートの脚注に「2017年のReport 1で述べたように、EU条
約では、スウェーデンは関係する法律をEU機能条約（131条）とESCB・ECB法（14条
4項）に適応させるよう義務付けられている。トークン型のe-kronaは、この点におい
て、スウェーデンの義務と矛盾しない。しかしながら、もしe-krona導入がESCB法に反
するタスクだと判断され、ECBの目標と機能に背いていると判断されるなら、ECB運営
理事会は3分の2以上の多数決をもってそれを差し止めうる」旨の説明がある。

2019年12月には技術面のプロジェクトが公表されたものの、2020年2月に公表されたThe Riksbank's e-krona pilotにおいて修正が加えられることとなった。その後は、2021年4月にE-krona pilot Phase 1が、2022年4月にE-krona pilot Phase 2が、2023年4月にE-krona pilot Phase 3がそれぞれ公表されている。

(2)　e-kronaのパイロット試験

　リクスバンクは、2020年2月にThe Riksbank's e-krona pilotを公表し、e-kronaのパイロット試験の運用を開始すると発表した[15]。パイロット試験への技術提供主体であるアクセンチュアが2021年2月まで携わり、その頃には目的が達成されている予定であるとされた[16]。同レポートでは、e-kronaのパイロット試験におけるテスト環境の説明がなされている。以下では**図表3－5**を中心に、同レポートの内容を概観する。

　図表3－5は、e-kronaパイロットにおけるテスト環境の概念的な構造を示したものである。テスト環境は、2段階構造となっている。第1段階では、リクスバンクがe-kronaネットワーク内の参加者（銀行や資金移動業者など）にe-kronaを発行する。e-kronaは、持運び可能で、偽造・複製・二重払いができず、P2P（Peer to Peer）即時払いのデジタルトークンである。第2段階では、銀行や資金移動業者などからエンドユーザーにe-kronaが分配される。エンドユーザーはデジタルウォレットにe-kronaをもち、このデジタルウォレットからモバイルアプリ（スマートウォッチやカードも可能）を通して支払ないしは受取りをしたり、預金や送金をしたりすることができる。オフラインでe-kronaが使用できる技術の構築が可能かどうかも検証される。いわゆるトークン型・間接発行である。

　銀行券発行の場合と同様に、e-kronaを発行・還収することができるのは

15　その直後に発生したCOVID-19の影響で、2021年初までテスト環境が整わないのではないかとの見方もあった。

16　2019年12月の発表では、アクセンチュアが携わるのは2020年12月31日までとされていた。また、最大で7年間の延長が可能となっており、2021年2月にはとりあえず2022年2月まで引き延ばされたことが発表された。

図表 3 − 5　e-kronaパイロットにおけるテスト環境の概念的な構造

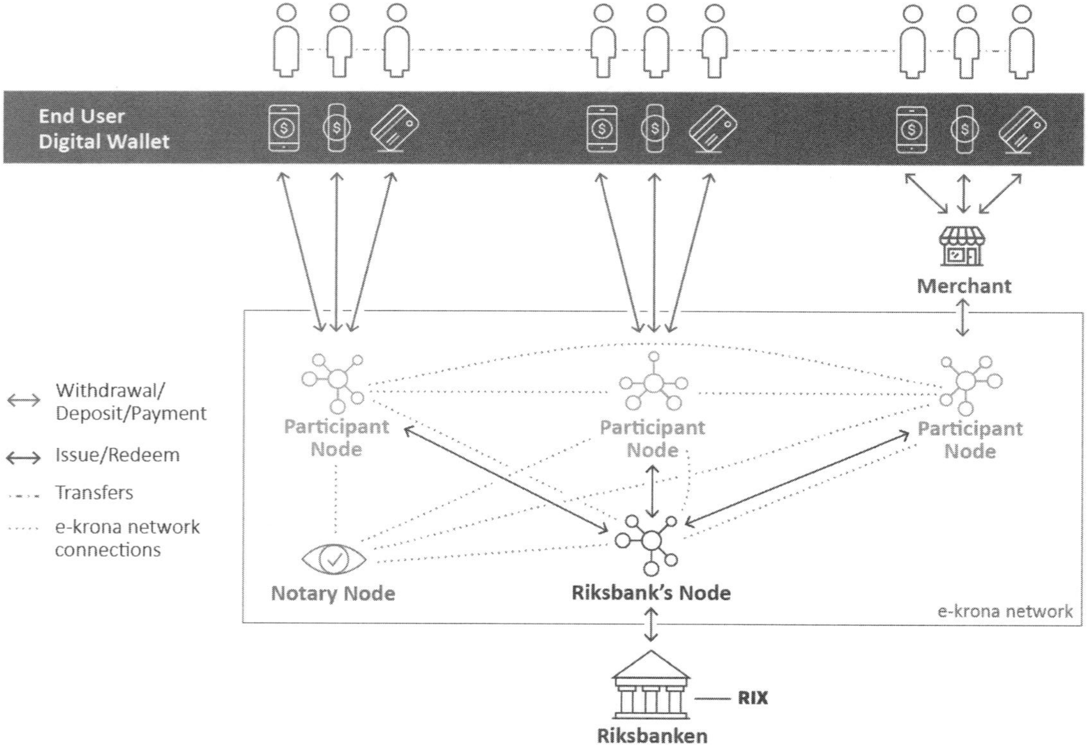

End User
Digital Wallet

Merchant

e-krona network

Participant Node

Participant Node

Participant Node

Participant Node

Riksbank's Node

Notary Node

RIX

Riksbanken

⟷　Withdrawal/
　　Deposit/Payment

⟷　Issue/Redeem

-··-　Transfers

·······　e-krona network
　　connections

出所：Sveriges Riksbank（2020a）　4 頁のFigure 1

リクスバンクのみである。銀行や資金移動業者などは、準備預金を増減させることと引き換えに、すなわちRIXを通じてe-kronaを獲得・返済することができる（**図表3－5**下部のRiksbanken-RIXの部分）。商店などは、レジ（端末）でe-kronaを管理する。デジタルウォレットは、将来的に他のデバイスでも利用できるようになったり、PSP（payment service provider）のアプリに統合されたりする。e-kronaネットワーク内の銀行や資金移動業者でデジタルウォレットが認証されてはじめてe-kronaが利用できるようになる。e-kronaネットワーク内の参加者の出退にかかわることができるのはリクスバンクだけである。e-kronaネットワーク内の取引にRIXは直接かかわらないが、e-kronaの発行・還収はRIXを通じて行われる。e-kronaネットワーク内のすべての取引は既存システムとは別に行われるため、既存システムに不測の事態等が生じたときにこそ真価を発揮する。現行のペイメントシステムと並行した強固なインフラである。

　e-kronaネットワーク内では、DLTが使用される。同ネットワーク内の各参加者は、1つ以上のノード（端末）を作動させている。各ノード（端末）は、e-kronaを格納し、取引内容を受け取り、検証した後、転送する。同ネットワーク内で使用されるDLTは、DLT開発企業であるR3社のCordaというプラットフォームがベースとなっている。これは、パブリックである（管理者が存在しない）という特徴をもつビットコインのような暗号資産とは異なる特徴をもったプラットフォームである。Cordaがベースとなっているe-kronaネットワークはプライベートな（パブリックではない）ネットワークであり、リクスバンクに承認された参加者のみがアクセス可能となっている。

　Corda上での取引確認は、エネルギーを多消費しない既存システムにより近い。各取引にノード（端末）がほとんどかかわらないため、Cordaは頑健性と拡張性を提供する。二重支払を防ぐための補助機能に特化したNotary（公証人）ノードがあるのがCordaの特徴である。

　ここで、ブロックチェーンのプラットフォームについて確認しておく。リテールCBDCは現金の代替と位置づけられるため、その設計に際し、現金の

特徴である匿名性をどの程度維持する（できる）かが非常に重要な項目となる。ビットコインは、すべての取引をだれでも確認することができるパブリックなプラットフォームである。したがって、ビットコインやイーサリアムなどのブロックチェーンプラットフォームは、現金の代替として位置づけられるリテールCBDCにはフィットしない。そこで、それに特化したブロックチェーンプラットフォームが開発され、e-kronaのパイロット試験ではCordaが選ばれたということである。

　ただし、パブリックではないプラットフォームがベースのCBDCでは、個人情報をどのように管理するかが問題となる。個人情報についての考え方は、国民性の違いによって異なる。ドイツではナチスのトラウマがあることから、国家的な機関が個人情報を保持・管理することに抵抗感をもつ国民が多いとされる。スウェーデンは国民の国家的な機関に対する信用度が高いとされているが、個人情報の取扱い方いかんによっては、これまで築き上げてきた国民の政府・中央銀行に対する厚い信頼が損なわれかねない。

　中央銀行が保持する情報の管理については、イングランド銀行が検討するCBDCの設計も参考となる。斉藤（2020）によれば、同行が検討するCBDCにおける中央銀行コア台帳は、偽名も可能な設計となっている[17]。

　決済情報の独占という点では民間のイノベーションを阻害する要因にもなりかねないという懸念もあるが、これについては決済情報を民間に開放するという設計にすることで解決できるように思われる。

　リクスバンクは、e-kronaの発行によって市場主導（Market Driven）で進めてきた金融業のデジタル化（Digitalization）を破壊するようなことがあってはならないと考えているようである。これは、競争戦略と協調戦略の議論である。スウェーデンでは、Swishを主要銀行が共同で開発したため、資金移動業者の参入をある程度阻止したかたちとなった。また、現金流通インフラの維持を銀行に強制する法改正（2019年）との整合性も考える必要がある。複雑な情勢下において最適解となるe-kronaが求められよう。

17　斉藤（2020）52頁

制度設計も重要であるが、リテールCBDCの議論において何よりも配慮されるべきは、それを使用する国民の気持ちである。加藤（2020）によれば、スウェーデン国民が求めているのは既存のキャッシュレス決済の信頼性向上などであり、リテールCBDCに対してはやや冷めた見方をしているようである[18]。

　e-kronaプロジェクトの今後の展開は非常に興味深いが、期待過剰な感が否めないとされる。パイロット試験の概要をみても、それほどの衝撃は起こらないのではないかとの感が拭えない。イングベス総裁（当時）による"The e-krona is evolution, not revolution"との文言[19]は、そのことを物語っている。理想と現実のバランスをみながら、引き続きe-kronaプロジェクトの動向に注目していく必要があろう。

(3)　e-kronaプロジェクトの滞りとリクスバンクのシニョレッジ

　先進国の中央銀行のなかでは早くからCBDCの導入を検討するなど、かなり積極的な姿勢をみせていたリクスバンクであるが、e-kronaプロジェクトの開始が正式に公表された2017年3月から6年たった2023年3月末時点においても、本格的に導入される兆しはみえていない。リクスバンクのウェブサイトによれば、同行は引き続き、e-kronaがスウェーデン経済に与える影響を調査すること、オフライン決済と持続可能性に重点を置いたe-kronaパイロット前の技術的問題の解決をテストすること、e-kronaがリクスバンクの現在の任務にどのような影響を及ぼすかおよびe-krona発行に必要な法改正がどのようなものであるかを調査すること、エンドユーザーやトレーダーを対象とした利用調査を実施すること、などを検討していく模様である。

　すでに述べたように、e-kronaプロジェクトの背景には、スウェーデンにおいてキャッシュレス化が高度に進展したことがあった。それにより、銀行口座を保有していない層（unbanked：アンバンクト）やキャッシュレスにな

18　加藤（2020）127頁
19　Stefan Ingves（2020）3頁

じめない層が現金を手に入れにくい状況が発生していた。すべての国民に対して決済手段を行き渡らせることは中央銀行の責務であり、このような金融包摂（Financial Inclusion）がスウェーデンにおいてリテールCBDCの導入が検討される主な理由であった[20]。

　以上は一般的な説明（建前）であるが、リクスバンクの本音は別のところにあるとの見方もある。中島（2017）および中島（2020）は、リクスバンクによるe-krona導入の検討理由を銀行券発行額の減少に伴うシニョレッジ（通貨発行益）の減少に求めている。シニョレッジとは、その名のとおり中央銀行が通貨を発行することで獲得する利益のことである。通貨を発行することによる利益という響きから1万円札の製造コストが20円であるため差額の9,980円がそれに該当するとの説明が広く流布しているように思われるが、ここでいうシニョレッジはそのような意味ではない。

　従来の中央銀行のバランスシートは、資産側に有利子である貸付金や国債などが計上され、負債側に無利子である中央銀行当座預金と銀行券・硬貨が計上されている。これにより中央銀行は、無利子で調達した資金を有利子の資産で運用する構造となっており、それによって利鞘が発生する。この利鞘がシニョレッジである。したがって、中央銀行のシニョレッジは、基本的には中央銀行のバランスシートが拡大すれば増加し、縮小すれば減少する。キャッシュレス化の進展によって銀行券の発行額が減少（銀行券が中央銀行に還流）するとリクスバンクのバランスシートは縮小し、リクスバンクのシニョレッジは減少する。それに対する危惧がリクスバンクによるe-krona導入の検討理由ではないかというのが中島（2017）および中島（2020）の見立てである。Gustafsson and Lagerwall（2020）では、公式見解ではないが、リクスバンクのシニョレッジが減少し、同行の運営費がまかなえなくなることに対して非常に心配している様子がうかがえる。

　図表3－6は、リクスバンクのシニョレッジと現金流通高の推移を示した

20　その他、銀行券に関連したコストが思いのほかかかっていることから、それを削減したいとの意図もあったようである。

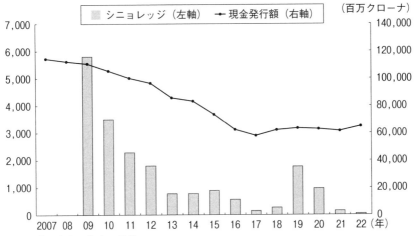

図表 3 － 6　Sveriges Riksbankのシニョレッジと現金流通高

注：現金発行額は年末の数値
出所：Sveriges Riksbankのアニュアルレポート（各号）より筆者作成

ものである。

　それらの動向をみる前に、データについて確認しておく。シニョレッジの具体的な数値はリクスバンクのアニュアルレポート（各年号）に記載されているが、同レポートにはシニョレッジの算出方法についても記述がある。2021年を例にとると、同年のシニョレッジは 1 億5,000万クローナであるが、その計算式は175＋121－146＝150（単位は100万クローナ）となっている。 1 億7,500万クローナについては、銀行券と硬貨の発行残高が平均的にリクスバンクのバランスシートの4.35％を占めることから、同行が保有する資産からあがった収益の4.35％が銀行券および硬貨から得られたものだと仮定し、保有資産の金利収入40億1,400万クローナ[21]に4.35％を乗じて算出している。次の 1 億2,100万クローナも同様に、金融取引の純損益（評価損および金融リスク引当金は除く）である27億8,100万クローナに4.35％を乗じて算出してい

21　これは、45億5,700万クローナからリクスバンクの取引先の預金に対する金利 5 億4,300万クローナを除いた金額である。

る。最後の1億4,600万クローナは、現金供給（現金管理）にかかわるコストである。これらの合計1億5,000万クローナが2021年のリクスバンクのシニョレッジとして算出されている。

　以上のことをふまえたうえで**図表3－6**を確認しよう。リクスバンクのシニョレッジは、2017年までは減少傾向にあったが、同年を境に増加に転じた。その後は2019年にいったん急増し、2012年と同水準にまで回復した。2020年はほぼ半減となったものの、2015年の水準は上回っている。同図からわかるように、スウェーデンにおける銀行券発行額は2017年9月以降増加しており、それが同行のシニョレッジ増加に寄与したものと考えられる。2017年以降でみると、同行のシニョレッジは2021年には2017年と同水準にまで減少し、さらに2022年には両年の約3分の1の水準である5,000万クローナまで減少している。2022年のシニョレッジの計算式は、481－267－164＝50（単位は100万クローナ）となっている。

　リクスバンクによるe-krona導入の検討理由が中島（2017）および中島（2020）の見立てどおりであるならば、シニョレッジが増加した場合は逆にe-krona導入に向けてのスピードが落ちることも考えられる。すなわち、リクスバンクはシニョレッジが減少してきたことからe-krona導入の検討を急ピッチで進めてきたが、その過程でシニョレッジの減少が収まったためにe-krona導入の検討を急ぐ必要は一時的になくなったという理屈である。こうした考え方に基づけば、2021年以降にはシニョレッジが急減したわけであるから、今後はe-krona導入の議論が再度加速してくる可能性も考えられる。両者の関係には引き続き注目が必要であろう。

4　スウェーデンにおけるCBDCによる証券決済の現在地

　以上、スウェーデンにおけるキャッシュレス化の動向とその先にあるCBDC導入の議論についてみてきた。この先の議論として気になるのは、e-kronaが証券決済ひいては証券市場にどのような影響を与えるのかという

ことであろう。しかしながら、その議論の最終地点にたどり着くまでには検討しなければならないことも少なくない。本節ではそれらについて整理したうえで、スウェーデンにおけるCBDCによる証券決済の現在地について触れてみたい。

(1) CBDCと証券決済の関係

　第1章第3節を参考に、CBDCと証券市場の関係について整理しておこう。まず、デジタル証券（証券トークン）が実際に発行され、流通するようになった場合を考える。証券がデジタル化されているか否かにかかわらず、証券決済ではDVP決済が基本である。DVP決済に使用される資金は、商業銀行マネーではなく中央銀行マネーが望ましい。前者には信用リスクや流動性リスクが伴うからである。そして、決済される資金（中央銀行マネー）をデジタル化するというのがCBDCの議論であった[22]。

　そうすると、DVP決済においては、受渡しされる証券がデジタル化されているか否かと決済される資金がデジタル化されているか否かの組合せで、現実的なものとして3パターンできることになる。

　すなわち、①デジタル証券×CBDC、②デジタル証券×従来型の中央銀行マネー、③従来型の証券×従来型の中央銀行マネーである。そして、効率化を図るために、現在③にある状況を①へと移行させるというのが、証券決済（DVP決済）におけるデジタル化の議論であった。

　さらに、①への移行が達成されるとして、同一のブロックチェーン環境でDVP決済が行われるのか、それともデジタル証券とCBDCがそれぞれ異なるブロックチェーン環境にあり両者の間でDVP決済が行われるのかというのが、アトミックDVP（前者）ないしはアトミック・スワップ（後者）の議論であった。

　アトミックDVPかアトミック・スワップかにかかわらず、デジタル証券

22　ここでいうデジタル化とはDLTを使用するという意味である。しかしながら、リテールCBDCの場合にはDLTを使用しないという設計も考えられる。

（証券トークン）取引におけるDVP決済において、決済される資金の前提となっているCBDCはホールセールCBDCである。しかしながら、スウェーデンで導入が検討されているe-kronaはリテールCBDCである。そのこともあってか、リクスバンクが公表するe-krona関連のレポートでは、e-kronaが証券決済ひいては証券市場にどのような影響を及ぼすのかについて、現時点ではほとんど言及がなされていない。

では、スウェーデンで証券決済に関する議論がまったくなされていないかといえば、そうではない。CBDCによる証券決済の議論ではないが、既存の中央銀行マネーによる証券決済の議論には動きがみられる。リクスバンクによる情報発信で目につくのは、ユーロ圏のシステムを利用して既存の中央銀行マネー（スウェーデン・クローナ）によって証券決済を行うことについてのプレスリリース等である。これは、先にあげた証券決済（DVP決済）におけるデジタル化の議論のうち③（ないしは②）に該当する。

スウェーデンでは、証券決済についての議論は、まずはユーロ圏のシステムを利用した既存の中央銀行マネーによる証券決済の効率化へと向かっているのが現状のようである。リクスバンクは、e-kronaと同じくらい積極的かどうかは定かではないが、ユーロ圏のシステムを利用した既存の中央銀行マネーによる証券決済に関する情報発信を行ってきている。続いて、その流れをみていくこととしたい。

(2) スウェーデンにおける既存の中央銀行マネーによる証券決済に関する議論の流れ

リクスバンクは2019年6月に、「将来におけるスウェーデンの証券決済はどのような姿であるべきか？」と題する調査研究（Sveriges Riksbank (2019a)）を公表した。同調査研究では、欧州での証券取引における清算および決済に関連する市場の構造変革は、スウェーデン証券市場の発展にとってどのような意味があるのかを検討する必要があるとされた。その背景には、証券決済におけるポストトレード（売買執行後の照合、清算、決済等）が長期間にわたって基本的に変化してこなかったことや、クロスボーダーの証券決済には

多くの障壁があるため高コストとなっていたことがある。前者については、規制の枠組みや証券の清算および決済のプロセスに違いがあるため欧州各国で状況は異なるが、多くの場合、CSD（Central Securities Depository：証券集中保管機関ないしは証券決済機関）が独占的な地位を占めていたとの説明がなされている。

同調査研究では、証券決済にかかわる構造変革は法的・政治的・技術的レベルでも起こっており、それらに対してリクスバンクやその他関係者も、スウェーデン証券市場の発展について考える必要があるとされている。リクスバンクには、リクスバンク法で規定されている安全で効率的なペイメントシステムの推進という任務に基づき、金融の安定性を確保するという重要な役割がある。そして、その役割には、中央銀行マネーによる支払と証券取引のための安全で効率的なシステムが構築されていることを確認することが含まれる。

リクスバンクは、2018年の秋にユーロ圏の即時決済システムであるTIPS（TARGET Instant Payment Settlement）を利用しての中央銀行マネー（スウェーデン・クローナ）による即時支払の可能性について協議し、2019年6月に次の段階へと進み、TIPSとの契約条件について協議を開始することを決定した。リクスバンクは当時、ユーロ圏共通の証券決済プラットフォームであるT2S（TARGET2-Securities）が、複数のCSDに対して証券決済のための中央銀行マネーの安全で効率的な供給を確保するための代替手段となるかどうかの可能性を調査していた。T2Sとの接続については、約10年前にも検討されたことがある事実もふまえつつ、欧州の証券市場の構造的変革を鑑みて、再度検討すべきであるとの主張がなされた。

リクスバンクはその後、2021年2月に「中央銀行マネーを利用した証券決済に関するコンサルテーション」（Sveriges Riksbank（2021a））を公表し、中央銀行マネーによる証券決済にT2Sを利用することについて、RIX（リクスバンクの資金決済システム）の参加者やその他の関係者から意見を募集した。

同コンサルテーションの冒頭では、背景等について次のように記述されている。リクスバンクがユーロクリア・スウェーデンと相互協定を結んだ2003

年以降、CSDであるユーロクリア・スウェーデンは証券決済を行うにあたりリクスバンクにかわって中央銀行マネーの口座を管理してきたが、その代替手段としてT2Sを利用することについてリクスバンクが調査をすることになった（調査は2021年央頃に終了予定）。証券界からは、T2Sが決済プラットフォームとして利用されるかどうかに関係なく、スウェーデン証券市場に効率性や利用のしやすさなどをもたらすために、同市場の基準を欧州にあわせることが必要である旨の意見があった。

　同コンサルテーションの最後には、リクスバンクの役割と証券決済との関連について次のような記述がある。リクスバンクの目標の１つは、安全で効率的な決済システムの促進である。この目標の一部は、金融機関との間の支払や取引における中央銀行マネーの提供に関係している。証券決済に中央銀行マネーを使用することにより、信用リスクと流動性リスクを低減させることができる。スウェーデン・クローナがT2Sで利用可能になったとしても、それは北欧初とはならない。デンマーク国立銀行（中央銀行）は、2018年にデンマーク・クローネをT2Sで利用可能にした。さらに、フィンランドの証券取引において中央銀行マネーの決済は、フィンランドのCSDであるユーロクリア・フィンランドが2023年９月までにプラットフォームを利用することによりT2Sで行われることになっている。

　そして2021年５月に、リクスバンクは同コンサルテーションの回答結果（Sveriges Riksbank（2021c））を公表した。同行が受け取った回答は18件あり、それらの概要はおおよそ次のとおりである。

　回答者は一般的に、CSD間の競争が緩やかに激しくなると予想し、また、将来的にはクロスボーダーの証券取引がより速いペースで増加すると予想している。回答のなかでは、資本市場を通じた資金調達が企業にとってより重要なものになるとの意見で一致しており、金融機関間や国境を越えて担保が迅速に移動する必要性が増していると認識されている。多くの回答者が将来的にはCSD同士のつながりはより多くなると考えているが、その速度はゆっくりしたものになると予想している。CSD間の決済では、T2Sを利用しない場合よりもT2Sを利用する場合のほうが効率的であると考えられている。回

答者が考えるT2Sを利用するメリットは2つあり、1つは効率性の向上や規模の経済性のほか、CSD間の競争が可能になることである。もう1つは、複数のCSDがスウェーデン・クローナで決済する場合でも、同通貨の流動性は低下しない（断片化されない）ことである。一方で、回答者からは、T2S全体のコストや移行コスト、日々の運用コストに対する懸念も指摘されている。中央銀行マネー（スウェーデン・クローナ）での証券決済にT2Sを利用することに対して一部の回答者は肯定的であったが、否定的な回答者もいた。一部の回答者は中立的であり、結論を出す前により多くの分析が必要であるとの認識から明確な立場を表明しない回答者もいた。

　リクスバンクは2021年9月に、スウェーデン・クローナによる決済にはT2を利用し、証券決済にはT2Sを利用することを、証券決済の今後の優先される方向性として決定した（ちなみにT2とT2SはいずれもECBが運営するシステムである）。同決定の背景には、直前にリクスバンクの金融安定部門から同行の理事会決定に向けて、証券決済の今後の方向性に関するガイダンス（提案）（Sveriges Riksbank（2021d））が発表されたことがある。

　その内容は、①T2Sを利用するというのが、今後スウェーデン・クローナを証券決済に利用可能にする方法としてリクスバンクが進む方向である、②T2Sの参加協定（CPA：Currency Participation Agreement）の契約交渉にリクスバンクが参加すべきかどうかを決定する前にもガイダンス（提案）を示す予定である、③その際、特にスウェーデンのセキュリティ保護法の適用を考慮に入れた分析が行われることになる、④ペイメント部門の責任者が関連部門と協力してガイダンス（提案）を準備することになるが、その第1段階では2021年第4四半期内での業務にかかる時間や活動計画を示す予定である、というものであった。ユーロ圏とのシステム共有に関するリクスバンクの次のステップは、RIXやCSD、スウェーデン証券市場の参加者との対話も同時並行で実施しつつ、T2とT2Sの詳細な分析をすることとなっている。

　以上、スウェーデンにおける既存の中央銀行マネーによる証券決済に関する議論の流れをみてきた。同議論は現在進行中であり、今後も継続していくものと考えられる。CBDCによるデジタル証券のDVP決済の議論が将来的に

始まる可能性を頭の片隅に置きながら、スウェーデン証券市場の今後の行方に注目していく必要があろう。

5 おわりに

　本章では、スウェーデンにおけるキャッシュレス化とe-krona構想について検討したうえで、同国における証券決済の議論の現在地について触れた。順に振り返っておこう。

　まず、スウェーデンにおける現金およびキャッシュレス化の動向を概観した。スウェーデンでe-krona構想が登場した理由は、同国のリテール・ペイメントにおいてキャッシュレス化が高度に進展したことであった。その背景には、市場主導（Market Driven）という側面もあるが、政府・中央銀行の政策やスウェーデンの国民性という側面もあるように思われる。スウェーデンでは、現金での支払ができない店舗が増え始め、現金の入手も困難になっていった。銀行に預金口座をもたない人々や支払手段を現金に大きく依存している人々にとって、普段の生活が部分的に不便となることが危惧された。リクスバンクとしては、すべての国民に広く決済手段を提供することは中央銀行の責務であると考えており、それがCBDC発行の構想へとつながっていった。

　次に、e-kronaプロジェクトについて検討した。具体的には、e-kronaプロジェクトの流れとe-kronaのパイロット試験の内容を概観した。また、e-kronaプロジェクトの滞りについてリクスバンクのシニョレッジとの関係で若干の考察を行った。リクスバンクによるCBDCは、結局は既存のキャッシュレスの精緻化で終わるのではないか、それほどの衝撃にはならないのではないか、と現段階ではなるのかもしれない。イングベス総裁（当時）による"The e-krona is evolution, not revolution"（2020年10月）との文言が、そのことを物語っている。CBDCの導入にかなり積極的であると思われたリクスバンクであるが、2023年3月末時点においても、e-kronaが本格的に導入される兆しはみえていない。

最後に、スウェーデンにおける証券決済の議論の現在地について触れた。世界的にキャッシュレス化が進む一方で、新たなテクノロジーの発明・発展も同時に進んだ。そのなかで最も注目を集めたのは、ブロックチェーン技術（DLT）とそれを用いたビットコインなどの暗号資産（仮想通貨）である。暗号資産は以前ほどの勢いはなくなったが、DLT自体は通貨のみならず証券分野での応用が期待されている。STPやDVP、決済資金にDLTを応用することができれば、効率化により証券取引にかかわるコストの大幅な削減などが期待できる。スウェーデンでの証券決済の議論は、まずはユーロ圏のシステムを利用した既存の中央銀行マネーによる証券決済の効率化へと向かっているのが現状のようである。CBDCは証券決済を従来のかたちとは異なるものにする可能性をもっているが、スウェーデンにおいてCBDCによるデジタル証券のDVP決済などが実現するまでには、まだ時間がかかると考えられる。

〈参考文献〉
雨宮正佳（2020）「中銀デジタル通貨と決済システムの将来像―『決済の未来フォーラム』における挨拶」決済の未来フォーラム
上田大介・小宮山拓也・井上俊（2019）「デジタル時代のイノベーションに関する研究会」報告書、財務総合政策研究所、「第7章　スウェーデンの動向」
勝田佳裕（2022）「リクスバンクによるCBDCの検討」大阪経大論集、第73巻2号
加藤出（2020）山岡浩巳・加藤出・長内智・中曽宏『デジタル化する世界と金融―北欧のIT政策とポストコロナの日本への教訓』（金融財政事情研究会）「第1章　スウェーデン―世界最先端のキャッシュレス社会」
川野祐司（2018）『キャッシュレス経済―21世紀の貨幣論』（文眞堂）
木内登英（2018a）『金融政策の全論点―日銀審議委員5年間の記録』（東洋経済新報社）
木内登英（2018b）『決定版　銀行デジタル革命―現金消滅で金融はどう変わるか』（東洋経済新報社）
経済産業省（商務・サービスグループ　消費・流通政策課）（2018）「キャッシュレス・ビジョン」
小部春美（2019）「デジタル時代のイノベーションに関する研究会」報告書、財務総合政策研究所、「第6章　スウェーデン及びドイツにおけるキャッシュレス化の現状と課題」

斉藤美彦（2016）「イギリスにおけるデビットカード利用の急伸について」日本証券経済研究所、証券レビュー、第56巻第12号

斉藤美彦（2017）「イギリスにおけるキャッシュレス事情について―小切手社会からデビットカード社会へ」日本クレジット協会、CCR：consumer credit review (6)

斉藤美彦（2019）「イングランド銀行による中央銀行デジタル通貨（CBDC）の検討」日本証券経済研究所、証券経済研究、第105号

斉藤美彦（2020）「本格化する中央銀行デジタル通貨（CBDC）導入へ向けての動き―イングランド銀行のディスカッションペーパーの検討」日本証券経済研究所、証券レビュー、第60巻第7号

代田純（2020）「キャッシュレス化の進展と銀行経営への影響」駒澤大学、経済学論集、第51巻第3号

建部正義（2020）「中央銀行デジタル通貨（CBDC）と民間デジタル通貨（libra）をめぐって」ジャーナル・オブ・クレジット・セオリー、創刊号

中島真志（2017）『アフター・ビットコイン：仮想通貨とブロックチェーンの次なる覇者』（新潮社）

中島真志（2020）『アフター・ビットコイン2　仮想通貨vs.中央銀行：「デジタル通貨」の次なる覇者』（新潮社）

中田真佐男（2017）「我が国における小額決済手段のイノベーションの現状と課題」成城大学社会イノベーション学会、社会イノベーション研究、第12巻第1号

野口悠紀雄（2021）『CBDC　中央銀行デジタル通貨の衝撃』（新潮社）

淵田康之（2017）『キャッシュフリー経済　日本活性化のFinTech戦略』（日本経済新聞出版）

吉元利行（2017）「キャッシュレス先進国の実情と課題―現金を使用せずに生活できる国スウェーデン」日本クレジット協会、CCR：consumer credit review (6)

Cecilia Skingsley（2016）*Should the Riksbank issue e-krona?*（speech）

Cecilia Skingsley（2018）*Considerations for a cashless future*（speech）

Gabriel Söderberg（2019）"The e-krona—now and for the future", *Economic Commentaries*, Sveriges Riksbank, October, 2019

Peter Gustafsson and Björn Lagerwall（2020）"The Riksbank's seigniorage and the e-krona", *Sveriges Riksbank Economic Review*, Second special issue on the e-krona 2020 : 2, June 2020

Stefan Ingves（2018）*The e-krona and the payments of the future*（speech）

Stefan Ingves（2020）"Future money and payments" *Economic Commentaries*, Sveriges Riksbank, October, 2020

Sveriges Riksbank（2016）*The Swedish Financial Market 2016*, August, 2016

Sveriges Riksbank（2017a）*Riksbankens e-krona 14 March 17 Project plan*, March, 2017

Sveriges Riksbank（2017b）*The Riksbank's e-krona project Report 1*, September, 2017

Sveriges Riksbank（2017c）*The Riksbank's e-krona project Action plan for 2018*, December, 2017

Sveriges Riksbank（2018a）*Payment patterns in Sweden 2018*, May, 2018

Sveriges Riksbank（2018b）*The Riksbank's e-krona project Report 2*, October, 2018

Sveriges Riksbank（2018c）*Sveriges Riksbank Economic Review*, Special issue on the e-krona 2018 : 3 November, 2018

Sveriges Riksbank（2019a）"*What should Swedish securities settlement look like in the future?*" Riksbank Studies, June, 2019

Sveriges Riksbank（2019b）*Payments in Sweden 2019*, November, 2019

Sveriges Riksbank（2020a）*The Riksbank's e-krona pilot*, February, 2020

Sveriges Riksbank（2020b）*Payments in Sweden 2020*, October, 2020

Sveriges Riksbank（2021a）*Consultation—On the use of T2S for securities settlement in central bank money*, February, 2021

Sveriges Riksbank（2021b）*E-krona pilot Phase 1*, April, 2021

Sveriges Riksbank（2021c）*Summary of responses to the consultation Use of T2S for securities settlement in central bank money*, May, 2021

Sveriges Riksbank（2021d）*Future securities settlementrenewed position on T2S*（Decision guidance）, September, 2021

Sveriges Riksbank（2021e）*Payments Report 2021*, November, 2021

Sveriges Riksbank（2022a）*E-krona pilot Phase 2*, April, 2022

Sveriges Riksbank（2022b）*Payments Report 2022*, December, 2022

Sveriges Riksbank（2023）*E-krona pilot Phase 3*, April, 2023

Sveriges Riksbank, *Annual Report*, various issues.

第 4 章

デジタル人民元の現状と証券市場

駒澤大学 経済学部 教授

田中　綾一

1 はじめに

デジタル人民元とは、中国で発行されるCBDC（中央銀行が発行するデジタル通貨）である。2010年代から世界各国でCBDCに関する研究や実証実験が活発になっており、デジタル人民元はその先頭を走るものとして注目を集めている。

デジタル人民元が注目を集めるのは、それが単なる通貨のデジタル化にとどまらず、人民元の国際化という中国の国家戦略の実現を果たす手段として認識されているからではないだろうか。筆者はこれまで、主要国の外国為替市場の状況を分析することによって、通貨の国際的な地位を解明する作業を行ってきた[1]。人民元については、いくつかの指標で国際化が進んでいることが指摘できるが、詳細に分析すればいまだ限定的なものにとどまっていると評価している。

本章では、デジタル人民元の導入や証券取引のデジタル化の動向について、人民元の国際化にどのような影響を与えるのかという観点から論じていくこととしたい。

2 デジタル人民元の概要と開発状況

(1) 中国におけるCBDC研究開発の進捗状況

中国の中央銀行である中国人民銀行がデジタル通貨の研究を開始したのは2014年である[2]。2016年には行内にデジタル通貨研究所（数字貨幣研究所）を立ち上げ、デジタル人民元の導入に向けた研究と準備が具体化、コンセプトのプロトタイプが構築された。2018年に研究開発作業の基本ガイドとしての

1　筆者は奥田宏司氏と共同で、3年に一度実施されるBIS（国際決済銀行）および各国中央銀行による外国為替市場調査を対象とした研究を行っている。これは、奥田氏が単独で行ってきたBIS等の外為市場調査の分析、およびそれを元にした国際通貨に関する検討の一部を引き継ぐかたちで、2019年調査の分析から共著者として参加したものである。最新の2022年調査を対象とした論文が奥田・田中（2023）である。

研究開発フレームワークを策定した。そして2021年7月には、人民銀行の研究開発ワーキンググループが「中国のデジタル人民元研究開発の進捗状況[3]」と題した白書を公表した（以下「白書」という）。人民銀行のサイトでデジタル人民元に関してまとまって公開されているものとしては最新であり、現時点における中国当局の方針を検討するうえでは最も有益なものの一つと考えられる。以下、内容を紹介しよう[4]。

　白書は第1章で、デジタル人民元開発の背景を4点にまとめている。①安全で包括的なリテール決済インフラの構築、②現金の機能や利用環境の変化、③暗号資産取引拡大への対応、④海外の中央銀行によるCBDCの研究開発の活発化、である。

　続いて第2章第1節で、白書はデジタル人民元を以下のように定義する。①中央銀行たる中国人民銀行が発行する法定通貨である。デジタル人民元は物理的な人民元と同じく法定通貨であり、中央銀行の負債であることには変わりないが、発行方式のみがデジタル方式に移行する。②集権的に管理し、運営は二層構造（後述）をとる。人民銀行がデジタル人民元運用システムの中心となり、指定事業者に対してデジタル人民元を発行し、そのライフサイクルに責任を負う。指定事業者と関連する商業機関はデジタル人民元の交換および流通サービスを国民に提供する義務がある。③流通現金（M0）の代替物となるが、物理的な現金も共存させる。中国社会の多様性に鑑みれば、物理的な人民元にはデジタルで代替不可能なメリットがあり、需要がある限り人民銀行は物理的な人民元の供給を停止したり、行政命令によって交換を強制したりすることはない。④リテール型CBDCとして、主に国内の小口決済手段として提供される。CBDCにはリテール型とホールセール型があるが、デジタル人民元は一般国民向けに発行されるリテール型のCBDCである。⑤

2　以下、デジタル人民元研究開発の経緯については、中国人民銀行数字貨幣研究所（2022）を参照した。

3　Working Group on E-CNY Research and Development of the People's Bank of China（2021）

4　白書を紹介し解説しているものとして、井上（2021）、および露口（2021b）があり、参考にさせていただいた。

将来的には、デジタル人民元と指定事業者の電子決済口座資金を相互に運用できるようにし、両者ともに流通現金としての機能をもたせる。指定事業者、すなわち商業銀行および認可されたノンバンク決済機関（licensed non-bank payment institutions）は、法令遵守（マネー・ローンダリング（以下「マネロン」という）防止およびテロ資金調達防止を含む）およびリスク規制の要件を遵守したうえでデジタル人民元決済サービスに参加し、顧客にデジタルリテール決済サービスを提供できる。

　上記のような定義があげられた後、第2章第2節ではデジタル人民元の開発目標とヴィジョンが3点述べられる。①法定通貨に対する国民のアクセス保証と金融包摂の促進。銀行口座をもてない国民や短期滞在外国人であっても、デジタル人民元ウォレットにより日常的な金融サービスや支払ニーズを満たすことができる。②リテール決済における公平性、効率性、安全性のサポート。デジタル人民元は他の一般的な電子決済手段とは異なる次元のものであり、両者は補完する関係にある。決済機能という面で両者は共通しているが、法定通貨であるデジタル人民元は本源的価値をもち、銀行口座を通さずとも移転が可能である。また、オフラインでの取引も可能であり、デジタル人民元は「支払即決済終了（settled upon payment）」[5]という性格をもつ。さらに、デジタル人民元は管理された匿名性を有しており、個人のプライバシーやユーザーの情報セキュリティ保護に貢献する。③クロスボーダー決済の改善に関する国際的な取組みへの対応。デジタル人民元はリテール決済のニーズに対応するために発行されるが、クロスボーダー決済のための技術的条件も備えている。G20等の国際機関が主導する取組みに積極的に対応し、デジタル人民元をクロスボーダー決済に活用することも検討するが、その際には「通貨主権を損なわない（no disruption）」[6]「法令遵守（compliance）」「相互運用性（interconnectivity）」の3要件を満たすことを条件とする。

5　settled upon paymentの訳は、露口（2021b）によるものが最適と判断し、採用させていただいた。

6　no disruptionの訳は、露口（2021b）によるものが最適と判断し、採用させていただいた。

第3章では設計のフレームワークが説明されている。第1節で設計の原則として、法令の遵守、安全と利便性の確保、開放性と相互運用性の3点をあげている。続いて第2節でデジタル人民元の具体的な特徴を7点あげている。①デジタル人民元は口座ベース、準（quasi）口座ベース、そして価値ベースのいずれの性質も含んだハイブリッドな決済手段である。額面は変動可能であり、暗号資産の技術を用いた移転も可能となる。②金利はつかない。デジタル人民元はあくまでも現金（M0）の代替物である。③低コストでの運用。現在の物理的な人民元と同様に、デジタル人民元でも指定事業者に運営費を請求しないし、指定事業者が顧客からデジタル人民元の交換にかかわる費用を請求することもない。④支払即決済終了。決済のファイナリティの観点から、デジタル人民元決済は銀行口座を通じてのみ行われるのではなく、銀行口座を用いないウォレットを通じた支払であっても決済は完了することになる。⑤管理された匿名性。デジタル人民元利用にあたっての匿名性確保は、「少額取引は匿名で、大口取引は追跡可能で」という原則で行う。個人のプライバシー確保に配慮しつつも、詐欺やマネロン・テロ資金供与のルートとならないような対策を施す。また、従来の電子決済モデルよりも収集する情報量は少なく、収集した情報は法令に定めのない限り第三者や他の政府機関に提供することはない。⑥安全性。デジタル署名やストレージの暗号化などの技術を利用して取引の安全性、デジタル人民元のライフサイクル全体の安全性とリスク管理を行う。⑦プログラマビリティ（Programmability）による拡張性。デジタル人民元にはスマートコントラクトが実装されており、プログラマビリティによって新しいビジネスモデルに応用することができる。

　第3章第3節ではデジタル人民元の運用システムが説明されており、第2章第1節②で述べた二層構造モデルをとることがより詳しく述べられている。ここでいう二層構造とは、中央銀行はデジタル通貨の発行や還収、運営機関の相互接続、ウォレットの管理に責任をもつ一方、顧客に対するデジタル通貨サービスの提供は指定事業者が行うというものである。CBDCには中央銀行が直接社会全体にサービスを提供する一層モデルもあるが、デジタル

人民元はそうではないと明記されている。

　第3章第4節はデジタル人民元ウォレットの内容である。①顧客の個人識別力に応じて利用条件の異なるウォレットを提供する（匿名ウォレットも開設できるが、実名ウォレットよりは利用限度額や回数、残高制限が厳しい）、②個人用と企業用に異なるウォレットを提供する、③ソフト（アプリとして利用できるものなど）とハード（ICカードや端末埋め込みチップなど）両方のウォレットを提供する、④「親」ウォレットのもとにいくつかの「子」ウォレットを設定でき、権限の管理が可能となる、⑤人民銀行と指定事業者および関連機関は共同でデジタル人民元のエコプラットフォームを構築する、の5点があげられている。

　続く第5節ではマネロン・テロ資金供与に関する法令遵守や消費者の権利・利益の保護について述べられ、第6節では技術的なロードマップ選択の必要性、第7節では規制の枠組みについて述べられている。ここでは、デジタル人民元はあくまで中国の法的枠組みに基づくものであり、物理的なものとデジタルなものの両方を人民元とするという、中国人民銀行法改正案をもとに具体的な規制手段や要件を策定する必要性が述べられている（2020年10月に改正案が公表。この改正については次項で詳述する）。

　第4章では、デジタル人民元が金融政策に与える懸念とその対策を述べる。第1節ではリテール型CBDCに関する国際的な議論を紹介し、デジタル人民元のような無利子型CBDCであれば商業銀行の預金や他の低リスク資産との競合は起きにくくなることから、金融政策への影響を小さくすることができると述べられている。さらに、金融危機の際の銀行取付けに関しても、すでに既存の電子決済システムが迅速な資金移動を可能にしていることから、デジタル人民元の導入によって現状よりもリスクが高まることはないとも述べている。第2節ではデジタル人民元が金融システムに与える悪影響を抑制するための方策について述べられており、既存の金融資産との競合を減らすために利子をつけないこと、銀行取付けを抑制するために残高に上限額を設けるなどの規制を導入すること、モニタリングのためのシステムを優先して構築していること、などが述べられている。

最後の第5章では、開発の進捗状況について述べられており、第1節では開発の経緯と実証実験の実施状況、第2節では今後の見通しについて述べられている。開発の経緯は2014年から2018年までの状況であり、本項の冒頭で述べたとおりである。実証実験については、2019年末から深圳、蘇州、雄安、成都で先行実験を開始し、2020年11月からは上海、海南、長沙、西安、青島、大連が実験地域に加わった。そして、2021年6月30日現在、132万件以上の先行「シナリオ」があり、2,087万個以上の個人ウォレット、351万個以上の企業ウォレットが開設され、累計で7,075万件以上、約345億元の取引が行われたとしている。また、実験期間中に国際機関や通貨当局等と意見交換を行い、国際機関の枠組みのもとでのデジタル通貨基準の策定にも積極的に参加していることが述べられている。そして、今後の見通しとして、国家の計画に沿ってデジタル人民元の研究開発を引き続き進めるが、本格的な開始時期（final launch）は未定としている。

　白書から読み取れるデジタル人民元の特徴を筆者なりにまとめると、①中国の法定通貨であり、中央銀行の負債となるCBDCである、②いわゆるリテール型のCBDCである、③物理的な現金と等価であり、Ｍ０としてマネーストックにカウントされ[7]、中央銀行と他の指定事業者（商業銀行や電子決済業者など）との二層構造で発行・流通される、④匿名性は管理された範囲で維持される、⑤ベースとなる技術は暗号資産と共通する点がある、⑥クロスボーダー決済への利用を視野に入れている、の6点である。

　昨今、CBDCへの関心が高まっていることから、中国で一定の規模で実証実験が進んでいることに注目が集まることは理解できる[8]。CBDCの発行形態についてはさまざまなものが検討されているが、ここで整理したデジタル

7　中国人民銀行は、2022年12月の貨幣供給量統計からデジタル人民元の流通量をＭ０のなかに含めて発表している（人民銀行ウェブサイトの「貨幣供応量」を参照）。12月末時点のデジタル人民元の流通量は136億1,000万元で、Ｍ０の0.13％に相当した（本件に言及したものとして、幸田（2023）がある）。

8　CBDCについて、デジタル人民元のような先端的な実証実験の状況と、各国中央銀行の対応については、本書第1章および第3章のほか、中島（2022）、日本銀行（2022）を参照されたい。

人民元のあり方は1つのモデルを提供することになろう。白書でも述べられているように、中国当局の経験はBISやFSB（金融安定理事会）で他国の通貨当局とも共有され、CBDCに関する研究の水準向上に一定程度寄与していることが推測される。

(2) 国内経済統制手段としてのデジタル人民元

2014年頃からデジタル人民元の開発が始まっていたにもかかわらず、まとまった情報の公開は限られていたことから、その研究開発や導入に関しては内外から多くの懸念が発せられたのも事実である。それらは大きく2点に整理できると思われる。1つは中国国内の統制強化の手段である可能性であり、もう1つはドル体制への挑戦である可能性である。後者については次節で論じることとして、本節では前者について論じていこう。

デジタル人民元が国内統制の手段として用いられるルートは3つ考えられる。第1に、中国当局の統制がきかない暗号資産が国内で流通することへの対抗である。きっかけとなったのはビットコインの高騰やステーブルコイン（ディエム等）の台頭であった。中国人民銀行は2019年9月にビットコインやイーサリアムなどの具体名をあげて、決済や取引情報の提供など関連するサービスを全面的に禁止すると発表した[9]。2020年10月には中国人民銀行法の改正案が公表され、デジタル人民元が法定通貨として規定されたことは白書の紹介でも触れたが、この改正案において人民元以外のデジタル通貨の発行・流通禁止も同時に盛り込まれた[10]。この点については、暗号資産の取引についてなんらかの法規制を導入している国は少なくないことからみても、デジタル人民元導入に向けた国内の統制が目的の一つであったことは疑いが

9　「中国、暗号資産を全面禁止　国外との取引も「違法」」朝日新聞デジタル、2021年9月25日

10　「デジタル人民元、法整備でも先行狙う　人民銀法改正案」日本経済新聞電子版、2020年10月23日。ただし、筆者が人民銀行のウェブサイトを確認した限りでは、掲載されている人民銀行法は2003年改正時のものであり、2020年の改正案が反映されたものではなかった（信息公開＞法律法規＞中華人民共和国中国人民銀行法（修正）、2023年4月24日閲覧）。

ない。

第2に、マネロンやテロ資金供与、脱税等の犯罪収益への対策である。ニセ札流通など、物理的な現金によって引き起こされる犯罪への対応も含まれる。この問題自体は世界共通の課題といってもよく、OECD内に設立されたFATF（金融活動作業部会）を中心に厳格な対応が求められている。中国はFATFのメンバーではないが、アジア・太平洋地域のFATF非参加国・地域に対してマネロン対策を促進するために設立されたAPG（アジア・太平洋マネーロンダリング対策グループ）のメンバーとなっている。先の白書でもこの問題への対応の必要性は明記されている。デジタル人民元は犯罪対策の有力な手段になりうるが、問題は統制の程度であり、犯罪収益への対策を名目に必要以上に取引を規制・監視することへの懸念は生まれよう。この点については、白書では匿名性に配慮し、「少額取引は匿名で、大口取引は追跡可能で」という原則を明記しており、相応の配慮が必要であることは認識していると思われる。ただし、現実にどの程度匿名性が確保されるのかについて注意する必要はある。中国国内の人権保護の観点だけでなく、クロスボーダー決済にデジタル人民元が用いられる際にも重要な論点となろう。

第3に、アリペイやウィーチャットペイといったノンバンクによる第三者決済普及への対応である。中国ではモバイル決済が日常化していることは知られている。2019年6月の数字であるが、モバイル決済の利用者数は6億2,127万人でスマートフォンユーザーの73.4％に達している。モバイル決済サービスを提供しているのは銀行とノンバンクに二分され、2019年第2四半期における銀行の決済件数は237億3,400万件、決済金額は79兆4,600億元である一方、ノンバンクによる決済件数は1,777億7,700万件で金額は59兆3,200億元であった。ノンバンクの決済金額は銀行に及ばないものの、決済件数では銀行を大幅に上回り、小口で頻度の高い決済が特徴である。なお、第三者決済機関として登録されているのは237社であるが、アリペイとウィーチャットペイの両者で決済額全体の9割以上を占めている[11]。

ノンバンクによる第三者決済が増加することの問題は、決済の情報が銀行と当局に把握しにくくなることと、銀行の収益が減少することにある。第三

者決済においても、ノンバンクは人民銀行に口座をもたないので、最終的にはノンバンクが口座を開いている銀行が人民銀行にもつ口座を通じて決済される。しかし、第三者決済の場合、銀行に持ち込まれる決済はノンバンク内部での受取りと支払が相殺された後の「収支尻」である。銀行からは個々の決済を把握することは不可能であり、さらに、相殺される前であれば得られたはずの決済手数料も獲得できなくなる。また、ノンバンクには顧客から資金が集まるので、それを大口の預金として高い金利で銀行に預けることによって銀行の収益が圧迫される。デジタル人民元を導入して第三者決済からの移行を促し、また、現金で行われている決済もデジタル人民元に移行すれば、決済情報のかなりの部分を当局で獲得することが可能になる[12]。

　デジタル人民元の導入にあたっては、ノンバンクを通じた決済が可能になるかどうかが重要な論点の一つとされた。デジタル人民元が二層構造をとることは、白書が公表される前に関係者の論文や講演などでほぼ明確になっていたが、銀行とノンバンクの関係が明らかではなく、デジタル人民元の決済においてノンバンクを通じた決済が可能になるのかは不明であった。**図表4-1**において、アリペイなどのノンバンクは預金口座に紐付けて支払うのに対し（①と②）、デジタル人民元は預金口座の資金をいったん兌換したうえで支払うことと考えられていた（③）。もし、デジタル人民元の決済が③に限定されれば、④で示すようなノンバンクを経由した決済は不可能になる[13]。

　しかし、この問題については、ノンバンクとの共存を図る方向で決着したようである。白書にはデジタル人民元と指定事業者との決済資金は相互に運用できること（第2章第1節⑤）、人民銀行と指定事業者および関連機関は共同でデジタル人民元のエコプラットフォームを構築すること（第3章第4節⑤）などが明記されている。技術的にも、デジタル決済の収納インフラがア

11　「社会に変革をもたらすモバイル決済（中国）」ジェトロ地域・分析レポート、2019年10月18日

12　ここであげたノンバンクによる第三者決済の問題点は、露口（2021a）47～54頁で指摘されている内容を筆者なりにまとめたものである。

13　八ツ井（2020）3頁

図表 4 － 1　アリペイなどとデジタル人民元の支払（概念図）

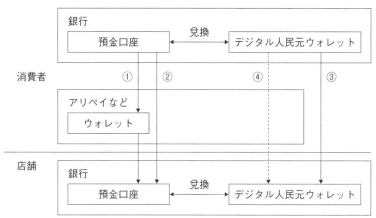

注：矢印はお金の流れ
出所：八ツ井（2020）3 頁

リペイやウィーチャットペイ用の収納POS端末としてすでに準備されてお
り、ソフトウェアのバージョンアップのような遠隔操作で、既存の機器がデ
ジタル人民元の収納も可能なPOS端末となるようになっている[14]。ノンバン
ク 2 社の寡占状態は好ましくないが、すでに社会インフラとして機能してい
る以上、完全に排除することはできないため、当面の間は共存するという方
向が選択されたということであろう。

　デジタル人民元の実証実験については、管見の限り、「既存のアプリ決済
との違いを実感できない」[15]といった理由で利用者の反応は芳しくないよう
にみえる。しかし、2022年12月からアリペイ、2023年 4 月からウィーチャッ
トペイの決済画面にデジタル人民元が追加され、デジタル人民元による支払
ができるようになった。これにより、これまでの消費習慣を変えずにデジタ
ル人民元を利用できるようになり、普及に弾みがつく可能性もある。また、
デジタル人民元による納税や、政府補助金の受益者への直接配布といった

14　竹下（2021）
15　「デジタル通貨で中国足踏み　開発着手 8 年、なお実験続く」日本経済新聞電子版、
　　2022年 7 月22日

サービスも実験的に進められている。納税や政府補助金給付の手段として用いられるのは、デジタル人民元がそれ自身法定通貨であることを利用した手法といえる[16]。

　以上、デジタル人民元導入が中国国内の経済統制を目的の1つとしていることは確かである。ただし、統制のあり方については、他の暗号資産を全面禁止するような強硬なものだけでなく、マネロンやテロ資金対策のような国際的な枠組との協調を図るものや、ノンバンクによる既存の第三者決済との共存を探るものなど、多様であることは押さえておきたい。

3　人民元の国際化とデジタル人民元

(1)　足踏みする人民元の国際化

　本節では、デジタル人民元の導入がドル体制への脅威となりうるのかについて検討しよう。ここではドル体制を、基軸通貨であるドルと、ドルによる国際的な債権・債務の連鎖からなる通貨体制と定義する。また、ここでいう基軸通貨とは、外国為替市場において為替媒介通貨として機能し、かつ、各国の為替相場制度において基準通貨、介入通貨、準備通貨として機能している通貨のことをいう。現在、欧州を除く地域における基軸通貨はドルであり、欧州に限定すればユーロが基軸通貨としての役割を果たすユーロ体制が成立している。中国を含むアジア地域がドル体制のなかにあることはいうまでもない[17]。

　今日盛んに論じられている「人民元の国際化」は2000年代前半に始まる[18]。中国当局は資本取引を厳正に規制し、対内直接投資を除いて対内外資本取引はほとんど認められなかった。その一部が緩和されるのは2002年であ

16　以上、本段落で述べたデジタル人民元の実証実験の状況は、李（2023）および中島真志氏のご教示によるものである。

17　ドル体制とユーロ体制の定義については、田中（2020）を参照されたい。

18　人民元の国際化の経緯、クロスボーダー人民元決済やオフショア人民元の実態については、奥田（2017）に依拠している。なお、筆者によるドル体制の定義も奥田氏の研究に依拠したものである。

り、外国の一部の機関投資家に対内証券投資のライセンスを与え投資枠を認める「適格海外機関投資家制度」（QFII）を発足させた。また、1997年に香港が英国から中国に返還され、「一国二制度」のもと香港では米ドルにリンクした香港ドルがそのまま利用され続けるが、その香港を通じて人民元の「国際化」が徐々に進展していく。2003年12月に香港に人民元のクリアリング銀行が設立され、2004年から香港での人民元業務が開始され、香港の銀行が香港居住者に対する人民元口座の開設・預金業務を始めた。

　そして、リーマンショック時における中国のドル準備の損失発生と以後の運用難を受けて、2009年から中国当局は人民元に関する政策・諸規制、対内外証券投資に関する政策を大きく変更させてきた。2009年7月に香港で（2010年6月には世界のその他地域で）対外的な決済に人民元を利用すること（クロスボーダー人民元決済）を認めるようになった。また、2010年6月にはクリアリング銀行に置かれている香港の諸銀行の人民元口座間の振替えが認められ、2011年1月からは、まず香港において、同年6月からは世界のその他地域において、3カ月以内に人民元で決済される貿易取引がある場合、諸銀行はクリアリング銀行と人民元の新たな供給につながる人民元為替取引ができるようになった。

　対内外証券投資に関しては、中国の金融機関にライセンスと投資枠を与えて対外証券投資を認める「適格国内機関投資家制度」（QDII）が2007年に発足した。その後、香港等のオフショア市場で累積されてきた人民元の中国国内への投資を認める「人民元建適格海外機関投資家制度」（RQFII）が2011年12月に発足し、逆に中国から香港等への人民元証券への投資を認める「人民元建適格国内機関投資家制度」（RQDII）が2014年11月に発足した。また、同年同月に「上海・香港相互株式投資制度」（ストックコネクト）が始動する[19]。

　これらの事態の進展によって「人民元の国際化」が盛んに論じられてきた。しかし、QFII、QDII、RQFII、RQDIIは自由な対内外証券投資ではなく、特定の金融機関等にライセンスと投資枠を与えるものである。また、香港等での人民元預金の形成、クロスボーダー人民元決済などの事態は、経常

収支黒字に加えて中国当局の資本取引の諸規制のもとで金融収支が資金流入であり、さらに、上海と香港の間での自由な短期資金移動が認められていない状況のなかで進展してきたのである。

図表4-2はクロスボーダー人民元決済額の推移を示したものである。経常取引は2009年の認可以降2015年まで拡大したが、2016年から減少に転じ、2018年から再び拡大したものの2015年の水準には至っていない。一方、資本取引については2016年にいったん低下したものの、基本的には増加傾向にあり、特に2018年以降の拡大が顕著である。人民元建クロスボーダー資本取引については、証券市場の現状と絡めて次節で詳しく検討する。

2022年版『人民元国際化報告』(中国人民銀行)によれば、2021年の経常取引における人民元決済額の割合は17.3%、貿易取引に限れば14.7%であった。日本の貿易の円建比率は輸出で34.5%、輸入で21.4%(2022年下半期)であるが[20]、比較すると中国の自国通貨建の貿易比率も遜色ないようにみえる。しかし、この数値を評価する際には、クロスボーダー人民元決済の実態をふまえる必要がある。クロスボーダー人民元決済といっても、実際の貿易の多くはドル建で行われ、その決済を香港での為替相場で換算して人民元で決済しているからである[21]。

日本の場合、日本に所在する民間銀行に外国銀行の当座預金口座が設定され、自由に口座の残高が振り替えられることで決済されているのに対し、中国の場合は中国本土に所在する銀行に外国銀行が自由に口座を開設し、口座間の振替えや口座残高の補充・運用を行うことが認められていない。

外国の銀行の自由な口座開設や自由な振替え、残高の補充・運用を認めれば、中国本土内も含めて全世界で人民元の為替取引、人民元貸付、人民元の短資移動などが自由に行われることになる。これを避けるために中国当局

---

19 ストックコネクトとは、異なる証券取引所間での相互取引を可能にする制度であり、これにより投資家は一方の取引所を経由して、もう一方の取引所に上場する銘柄を売買することが可能になる。上海・香港に続き、2016年12月には深圳・香港ストックコネクト、2019年6月には上海・ロンドンストックコネクトが始動している(関根(2019))。
20 財務省「貿易取引通貨別比率(令和4年下半期)」
21 奥田(2017)219頁、奥田・田中(2023)285頁

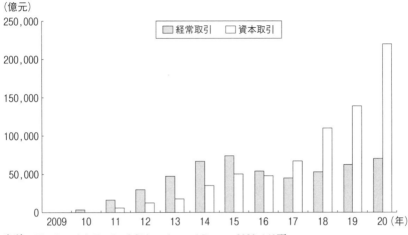

図表 4 - 2　クロスボーダー人民元決済額の推移

（億元）

凡例：経常取引　資本取引

出所：The People's Bank of China, Annual Report 2020, 149頁

　　は、香港をはじめとしていくつかの地域に人民元のクリアリング銀行を設定
している[22]。

　　香港のクリアリング銀行（中国銀行の香港法人、本土の銀行に人民元当座預
金口座を有しており人民元の決済ができる）は、香港に所在している銀行に対
して人民元当座預金口座を開設し、この口座を利用して香港の銀行は人民元
決済を進めている。このため香港に流入してくる人民元の額は当局の管理下
に置かれざるをえない。外国の銀行（香港の銀行も含む）が本土内の銀行に
当座預金口座を設定し、その振替決済ができないということは、本土から海
外への短期資金移動ができないということである。

　　したがって、オフショア人民元は、ユーロダラーやユーロ円などのような
ユーロカレンシーではない。香港に流入してくる人民元は、香港居住者によ
る香港ドルの人民元への転換やクロスボーダー人民元決済を通じての流入

22　2019年 6 月、邦銀で初めて三菱UFJ銀行が日本におけるクリアリング銀行に指定され、
　　中国現地法人（MUFGバンク）を通じて中国国内の決済システム（CIPS）に接続し、
　　人民元の供給を受けられるようになった点は一つの進歩である。ただし、日本の貿易に
　　おける人民元建比率は、上昇傾向にあるとはいえ、対アジア貿易に限っても輸出で
　　4.2％、輸入で3.2％（2022年度下半期）にとどまっている。

（香港の人民元決済の受取超過）、スワップ協定などのいくつかの特別のルートを通じたものであり、その量は当局の管理下にある。そのため、同じ人民元でありながら香港の人民元（CNH）と本土における人民元（CNY）との間には、為替相場や金利において若干の差が生まれている[23]。

　クロスボーダーの人民元決済が増大しているのに比較して、世界の外国為替市場における人民元取引が低位に推移しているのも、このような人民元の「国際化」の実態に起因している。人民元の取引に制約が課せられているため、ドルなどの主要通貨では活発に行われている裁定取引に伴う為替取引の額も相対的に低位になるからである。2022年に公表されたBISの外国為替市場調査によれば、人民元の取引額は前回調査（2019年）の第8位から第5位に上昇し、ドル、ユーロ、円、ポンドに次ぐ第5の通貨に伸びている（**図表4－3**）。しかし、取引額自体はドルの13分の1、ユーロの4分の1以下にとどまり、円やポンドと比べても少ない。しかも、人民元はほとんどがドルとの取引である[24]。ドルやユーロのように、種々の通貨の交換の仲立ちをする為替媒介通貨とはなりえていないのである。

　BIS調査における人民元の取引額が第5位に上昇したことを、人民元の国際的地位の上昇、あるいは人民元の国際化政策の成果と評価する見解もあるが、これには留保が必要である。各国の外国為替市場の取引額を詳細に検討すると、人民元の取引額が増えているのはシンガポールと香港市場での取引額が大きいためである。一方、世界の外国為替取引の大半を占める英国と米国市場における人民元取引の順位は、BIS調査の順位を下回っている。

　理由の一つは先に述べたクロスボーダー人民元決済であるが、もう一つの理由は中国の「中継貿易」である。シンガポールの輸出相手国は中国が第1位で、以下、香港、米国、マレーシア、インドネシアなどであり、輸入も第1位が中国で、マレーシア、米国が続いている。中国の輸出相手先は第1位が米国であるが、第2位は香港である。これらの貿易は実際にはドル建であ

23　奥田・田中（2023）286頁
24　奥田・田中（2023）247頁

ると見込まれ、中国の貿易額が増加すると人民元とドルの取引額も大きくなる。これらがシンガポールや香港における人民元取引（ほとんどが対ドル取

図表4－3　外国為替取引の通貨別順位と比率（各年4月の1日平均額）

	2019年		2022年	
	順位	比率（%）	順位	比率（%）
ドル	1	88.3	1	88.4
ユーロ	2	32.3	2	30.5
円	3	16.8	3	16.7
ポンド	4	12.8	4	12.9
人民元	8	4.3	5	7.0
オーストラリア・ドル	5	6.8	6	6.4
カナダ・ドル	6	5.0	7	6.2
スイス・フラン	7	4.9	8	5.2
香港ドル	9	3.5	9	2.6
シンガポール・ドル	13	1.8	10	2.4
スウェーデン・クローナ	11	2.0	11	2.2
韓国ウォン	12	2.0	12	1.9
ノルウェー・クローネ	14	1.8	13	1.7
ニュージーランド・ドル	10	2.1	14	1.7
インド・ルピー	15	1.7	15	1.6
メキシコ・ペソ	16	1.7	16	1.5
台湾ドル	21	0.9	17	1.1
南ア・ランド	18	1.1	18	1.0
ブラジル・レアル	20	1.1	19	0.9
デンマーク・クローネ	22	0.6	20	0.7
ロシア・ルーブル	17	1.1	記載なし	

注：外為取引には2つの通貨が含まれるため、比率の合計は200％となる
出所：BIS, Triennial Central Bank Survey, OTC foreign exchange turnover in April 2022, Tables revised on 5 December 2022, Table 25.2.（ロシア以外）, Triennial Central Bank Survey, Global foreign exchange market turnover in April 2019, Tables revised on 8 December 2019, Table 25.2.（ロシアのみ）

引）の増加を通じて、BIS調査における順位の上昇に結びついていると考えられる[25]。

　ところで、2016年にSDRの構成通貨に入って以来、外貨準備としての人民元の利用拡大を予測する見解がみられたが、世界の外貨準備に占める人民元の割合は2％台後半のまま横ばいとなっている。逆に、ドルの外貨準備としての役割が大きく減少している様子はない（**図表4-4**）。為替媒介通貨となりえていない人民元は、外国為替市場における基準相場を維持する介入通貨としての役割を果たせず、介入のために必要な準備通貨として保有する必要性もないからである。

　ロシアのように、米国の金融制裁の対象となり、ドル建外貨準備の利用や貿易等国際取引におけるドル取引が制限された場合、人民元建で外貨準備を保有するニーズも出てこようが、その動きが全世界の外貨準備構成比率を大きく変える見通しはもちにくい。したがって、近い将来において、人民元がドルの地位を脅かすような基軸通貨となる展望をもつことも困難である。

　人民元を国際取引に用いるという意味での国際化は、2009年以降それなりに進展していると評価することができる。しかし、その内実は主に香港を経由したクロスボーダー人民元決済の拡大であり、ドイツマルクやユーロ、円で議論されてきた国際化とは中身が異なっている。基軸通貨化という意味での人民元の国際化が進まない根本的な原因は、対内外投資と為替取引にかかわる中国当局の規制にある。なかでも、外国の銀行に対して中国本土内の銀行における自由な口座開設や口座振替、資金補充等を認めていない点がきわめて重要であることを指摘しておきたい。

(2)　デジタル人民元によるクロスボーダー決済の影響

　デジタル人民元の構想のなかにはクロスボーダー決済にそれを用いることも含まれている（白書第2章第2節③）。現状のクロスボーダー人民元決済の増加がドル体制を脅かすようなものではない点は前項で詳述したが、デジタ

25　奥田・田中（2023）284～285頁

図表4－4　世界の外貨準備の通貨別構成割合（各年末）

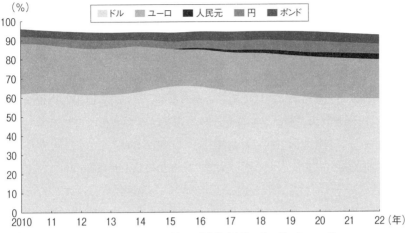

出所：IMF, World Currency Composition of Official Foreign Exchange Reserves

ル人民元がクロスボーダー決済に利用されるようになれば状況は変わるのだろうか。

　BISはCBDC導入国同士のクロスボーダー決済に焦点を当てた「mBridge」プロジェクトを進めており、2022年8～9月にかけて中国・香港・タイ・アラブ首長国連邦（UAE）の4カ国が参加した実証実験を実施した。4カ国の20銀行がmBridgeプラットフォームを使用して、合計2,200万ドルを超える164件の支払と外国為替取引を行ったことが報告されている[26]。

　CBDCによるクロスボーダー決済開発の背景には、コルレス銀行（送金を中継する銀行）[27]を経由した現在の国際送金にかかる時間と費用が大きく、支払状況の進捗が確認しづらいといった問題がある。これらの課題を克服するため、クロスボーダー決済の改善に向けた研究が進んでいる。政府レベルでも、G20において国際送金の改善に向けたロードマップが公表され、ホール

26　BIS（2022）
27　外国為替による国際決済を行うために銀行間で結ばれる契約のことをコルレス（correspondenceに由来するといわれる）契約といい、契約を結んだ銀行のことをコルレス銀行という。国際送金も外国為替のシステムを用いて行われている。

セール、リテール（企業間、企業・個人間、レミッタンス以外の個人間）、レミッタンス（出稼ぎ労働者の本国送金）の３分野において2027年末を達成時期とする目標（一部を除く）が設定された[28]。

　国際送金改善の要素技術として、デジタル通貨は必須ではないと思われるが[29]、主要中央銀行では研究の一環としてCBDCによるクロスボーダー決済を検討している。mBridgeはその一つであるが、ほかにもECBと日銀や、シンガポールとカナダ間、シンガポール・南アフリカ共和国・オーストラリア・マレーシア４カ国の間で行われている実験がある。

　CBDCを用いたクロスボーダー決済には３つの類型がある。１つ目は独立した各国のCBDCシステムを接続するもの、２つ目は単一のクリアリングサービスを構築し、独立した各CBDCシステムと接続するもの、３つ目は参加国の技術インフラを単一のブロックチェーンに統合し、参加条件や規則を統一するものである。mBridgeは３つ目とされているが、実験の内容には、単一のCBDCを用いて決済を行うもの（UAEが中国企業にデジタル人民元で支払う）や、CBDCの交換を伴う決済（タイの商業銀行が香港の商業銀行との間でそれぞれのCBDCを交換する）が含まれる[30]。

　リテールCBDCとして計画されているデジタル人民元を用いたクロスボーダー決済は、少額送金の迅速化や取引履歴の追跡などには寄与すると思われるが、貿易金融が付随する輸出入取引といった大口決済への利用を想定したものではなく、クリアリング銀行を介したクロスボーダー決済を代替するようなものではない。ただし、デジタル人民元をテコにして、限定的・局地的な通貨圏を形成する可能性は否定できない。たとえば、人民元紙幣が中国国外で決済手段として流通しているような場合（いわゆる「ドル化」の人民元

28　FSB（2022）29頁
29　たとえば、コルレス銀行を経由した国際送金で多く用いられるSWIFTにおいても、2020年からSWIFT gpi（global payments innovation）という新サービスを導入し、送金のスピードや追跡性を向上させている。また、2023年３月から2025年11月にかけてメッセージ書式そのものを刷新し（ISO20022と呼ばれる国際規格に準拠させる）、送信できる情報量を大幅に拡大する計画が進んでいる。
30　mBridgeプロジェクトとCBDCを用いたクロスボーダー決済については、内田（2023a）によっている。

版)、それをデジタル人民元に代替するようなことは考えられよう。紙幣の国外流通によって発行国が被るコストを勘案すれば、デジタル化の利得は小さくない。安定した通貨制度を自分で運営できない国・地域にとっても、デジタル人民元によって「人民元化」のメリットをより享受しやすくなるかもしれない。

　なお、中国本土と香港の間であれば、デジタル人民元によるクロスボーダー決済システムを構築するハードルは低いと思われる。中国人民銀行のデジタル通貨研究所は、「本土と香港間の国境を越えた決済技術のテストを開始し、デジタル人民元システムと香港のローカル決済システムとの相互接続を探り、地元住民と事業者の香港ドル決済ニーズをサポートする」[31]と述べている。

4　証券市場デジタル化の動向

(1)　中国の対内・対外投資の現状

　2017年以降、資本取引におけるクロスボーダー人民元決済額の増加が著しいのは**図表4－2**で確認したとおりである。資本取引の内訳を**図表4－5**で確認すると、直接投資以外の取引が増加している。2022年版『人民元国際化報告』によれば、2021年の人民元建資本取引のうち20.2％が直接投資で、74.1％が証券投資、5.6％がその他投資とされているので、クロスボーダー人民元決済額増加の主要因は人民元建証券投資の拡大とみてよいであろう。

　中国全体の資本取引のうちどの程度が人民元建で行われているかについて、公表資料から明らかにするのは困難であるが、2019年以降は90％を超えているという指摘がある[32]。ただし、中国の対内・対外投資の大半が人民元で行われていると評価するには注意が必要である。2015年以降、中国の国際収支では誤差脱漏が最大の資金流出項目となっているからである。2020年の

31　中国人民銀行数字貨幣研究所（2022）
32　内田（2023b）15頁図表3。2019年は96.5％、2020年は92.3％、2021年は91.6％という
　数値が示されている。

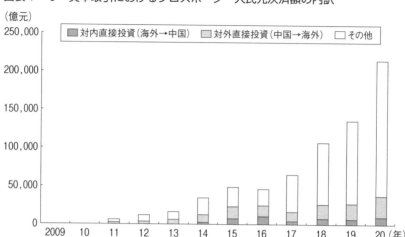

図表 4 - 5　資本取引におけるクロスボーダー人民元決済額の内訳

（億元）

凡例：
- ■ 対内直接投資（海外→中国）
- ▨ 対外直接投資（中国→海外）
- □ その他

出所：The People's Bank of China, Annual Report 2020, 149頁

　数値をみると、経常収支は 1 兆6,963億元の黒字（資金の流入）であるのに対し、金融収支は6,176億元のマイナス（中国の国際収支表では資金流出を示す）、外貨準備は1,932億元の増加（資金の流出）となっているが、誤差脱漏は 1 兆782億元の資金流出となっている[33]。金融収支（直接投資と証券投資・金融派生商品・その他投資の合計）と外貨準備を遥かに超える金額の流出が、統計上は誤差脱漏というかたちで処理されているのである。

　この誤差脱漏の増加は、中国の対米ファイナンスの実態を覆い隠すことに目的がある「操作」であることを奥田宏司氏が指摘している[34]。米国の対中経常収支は巨額の赤字が続き、中国通貨当局は人民元高を抑制するためドル買い介入を続けているが、2014年以前は、市場介入で得たドル資金を米国債の購入等による外貨準備増加というかたちで米国に還流させていた。しかし、2015年頃からは、通貨当局は直接対米ファイナンスを行わず、ドル資金をいったん国内銀行に貸し出し、国内銀行はそのドルを一帯一路関連等の援

33　中国国家外貨管理局「中国国際収支平衡表（年度表）」における2020年の数値より。
34　奥田（2022）

（単位：億ドル）

	2014年		2021年	
	債権	債務	債権	債務
ドル	4,022	2,888	4,362	6,322
ユーロ	339	198	643	681
円	125	81	100	127
ポンド	26	265	185	214
スイス・フラン	14	11	14	21
その他	3,524	1,290	3,318	2,994
未分類	2,321	540	1,951	1,053
総額	10,372	5,275	10,572	11,413

出所：BIS, International Banking Statistics（Locational Statistics），TableA6.1より筆者作成（2023年 4 月24日閲覧）

助機関や非銀行金融機関、非金融機関へ貸し付けるかたちで運用するようになったのである[35]。

　誤差脱漏を通じた中国の対外投資の実態を確認するために、BIS報告銀行の中国居住者に対するポジションを示したのが**図表 4 - 6**である。ここでいう報告銀行には香港に所在する大手銀行も含まれる。報告銀行の債権（中国の債務）は誤差脱漏が増加する以前の2014年と2021年で総額も通貨別構成もほとんど変化がない。一方で銀行の債務（中国の債権）については、ドルが

---

[35]　市場介入によって得たドルを国内の銀行に預金すること自体は日本でも行われていた。日本の場合は、ドルを国内の銀行に預金してもそれを外貨準備として計上したので、国内の銀行が預け入れられたドルを運用して生じる対外資産との二重計上が発生する。これを防ぐため、銀行部門の「雑投資」で対外資産の引揚げとして、預け入れられたドルと同額が計上されていた。一方、中国の場合は、通貨当局によるドル資金の海外への運用部分のみを外貨準備とし、国内銀行に預け入れた分は、居住者間の取引になるという理由で国際収支に計上せず誤差脱漏としている。当局からドルを預け入れられた国内銀行はそれをさまざまに運用することになるが、それは国際収支表に表れず、誤差脱漏のなかに隠されることになる（奥田（2022）114頁）。

2,888億ドルから6,322億ドル、その他が1,290億ドルから2,994億ドルと大幅に増加、総額も5,275億ドルから1兆1,413億ドルとほぼ倍増している。そのほかには中国本土から香港やマカオに流出した人民元や、中国当局が各国と結んだスワップ協定による相手国通貨が含まれていると考えられる。中国が人民元を供与し、中国は相手国から諸通貨を受けているのである[36]。

現在、人民元建投資がかなりの額にのぼっていることは確認できるが、それ以上にドル建の投資が拡大している。その原資となっているのが誤差脱漏なのである。対米ファイナンスの原資を供給し続けているという意味において、現在進行している人民元の国際化（クロスボーダー人民元決済の拡大）はドル体制の動揺につながっていないことを確認しておきたい。

(2) 証券取引の技術革新——DVP決済と証券トークン

ドル体制を動揺させているか否かにかかわらず、中国当局は金融・通貨取引においてさまざまな技術革新を進めているのは事実である。人民元がドルに対抗する基軸通貨となる展望はもちにくいが、CBDCや証券取引に用いられるデジタル技術における主導権を握る可能性は考えられる。CBDCであるデジタル人民元についてはすでに詳しく述べたので、ここでは中国における証券取引の技術革新について整理しておこう。

まずは証券取引のDVP（Delivery Versus Payment：資金と証券との同時決済）化である（第2章を参照されたい）。代金の支払を条件とした証券の引渡しと、証券の引渡しを条件とした代金の支払をリンクさせることにより、相手の不履行によるリスクを小さくすることができる。クロスボーダー債券取引については、中国本土と香港の間で導入されたボンドコネクト（債券相互取引制度、自分の決済システムを使って相手側の債券を売買できるシステム）でDVP決済の導入が計画され、2018年8月頃から実施に移されている[37]。決

---

36 奥田（2022）119頁
37 ボンドコネクト自体は2017年7月に導入されたが、DVP決済が導入されたのは翌18年になってからのようである。「中国ボンドコネクト、DVP決済方式を導入＝関係筋」ロイター、2018年8月24日。

済期間は、理論的にはT＋0（約定日当日の支払・決済）も可能であるが、本土市場ではT＋1やT＋2が実務的に用いられている[38]。

　ただ、海外の機関投資家からは期間がタイトという意見があり、2019年に期間が延長された。取引当事者の少なくとも1人が外国の機関投資家である銀行間債券市場取引についてT＋3まで延長が認められるようである[39]。

　株式取引については第3節(1)で述べたとおり、2014年の上海・香港間を皮切りに深圳・香港間、上海・ロンドン間でストックコネクトが始動している（注19を参照）。中国国内の株式市場では、株式の受渡しがT＋0で行われている一方、資金の決済はT＋1で行われ、DVP決済は実現していない。クロスボーダー取引においてDVP決済が利用できないことは取引の大きな障害になることから改革が検討されていたが、2022年1月、中国証券監督管理委員会はDVP決済の原理を具体化する証券決済ルール案を公表した。次いで12月に、株式受渡しT＋0と決済T＋1の慣行は維持しつつも、株式の受渡しと決済を関連づける措置を導入し、契約違反の場合の対処を明確にすることにした[40]。

　もう一つはデジタル証券の導入である。2023年2月16日、香港特別行政区政府は、政府が発行するものとしては世界初のトークン化したグリーンボンド（8億ドル、1年物、利率4.05％）の募集・発行に成功した[41]。証券トークンについては第1章を参照されたい。この債券は第5章でも紹介されているとおり、BISの主導によるプロジェクト「Genesis」の成果の一環であり、持続可能な投資を可能にするデジタルインフラ構築を目的としたものである。

　このトークンはプライベート型のブロックチェーン技術を基盤としており、債券だけでなく資金についても香港ドルのトークンが発行された。そのため、債券の売り手と買い手のウォレット間で債券トークンと資金トークンを移動させるだけでT＋1のDVP決済を実現している。さらに、ここで発

38　ボンドコネクトの概要については、関根（2017）を参照した。
39　Samtani（2019）また、水田（2023）の説明も参考にした。
40　「中国、証券決済制度を改革へ　外資呼び込み狙う」ロイター、2022年12月19日
41　中山・杉浦（2023）

行される資金トークンはホールセール型CBDCに分類されるものであり、銀行間のクロスボーダー決済への応用を視野に入れたものであるとの指摘がある[42]。

　本章では第3節(2)において、リテール型CBDCとして計画されているデジタル人民元は、クロスボーダー決済に用いられたとしても大口の決済を代替するようなものではないという見通しを述べた。しかし、人民元の管理された国際化が香港を窓口にして段階的に実施されているように、銀行間のクロスボーダー決済も香港に先行させるかたちで実現を図る可能性[43]は考えられよう。ただし、その場合であっても、人民元の国際化を根本的に規定するのは中国当局の投融資規制や為替管理のあり方であり、デジタル化がそれらを乗り越えて人民元の国際的地位を左右することはないと思われる。

〈参考文献〉
井上哲也（2021）「中国人民銀行によるデジタル人民元（E-CNY）に関する白書」NRIナレッジインサイトコラム、2021年7月26日
内田ひたき（2023a）「mBridgeと人民元の国際化—デジタル人民元（中国CBDC）によるクロスボーダー決済の実験が進む—」国際金融情報センター、2023年2月16日
内田ひたき（2023b）「資本市場の対外開放と「人民元の国際化」—人民元建てクロスボーダー決済からデジタル人民元まで—」国際金融1367号、2023年4月1日
奥田宏司（2017）「人民元の「管理された国際化」」『国際通貨体制の動向』日本経済評論社、第7章所収
奥田宏司（2022）「中国・外貨準備の誤差脱漏への転換—その戦略的利用—」『立命館国際研究』第34巻第3号、2022年2月
奥田宏司・田中綾一（2023）「2022年4月の世界の外国為替市場と国際通貨」『立命館国際研究』第36巻第1号、2023年6月
幸田直子（2023）「中国人民銀行、CBDCを初めて「公式統計」に含める」COINPOST、2023年1月12日
関根栄一（2017）「中国・債券市場への新たな投資ルートの導入—ボンドコネクトの始動—」野村資本市場クォータリー、2017 Autumn

---

42　中山（2023）
43　この指摘は、中山（2023）によるものである。

関根栄一（2019）「規制緩和が進む中国の越境証券取引制度と上海・ロンドンストックコネクト」野村資本市場クォータリー、2019 Winter

竹下大介（2021）「デジタル人民元導入の背景にある中国の社会的基盤」週刊金融財政事情、2021年2月22日号

田中綾一（2020）「外国為替と国際通貨体制」奥田宏司・代田純・櫻井公人編『深く学べる国際金融―持続可能性と未来像を問う』法律文化社、第2章所収

露口洋介（2021a）「双循環、デジタル人民元と人民元の国際化」証券レビュー、第61巻第4号、2021年4月

露口洋介（2021b）「デジタル人民元白書」Science Portal China、科学技術振興機構、2021年7月28日

中島真志（2022）「中銀デジタル通貨のインパクトとデジタル円への期待」財務総合政策研究所ランチミーティング資料、2022年3月29日

中山靖司（2023）「香港政府によるトークン化グリーンボンド発行はCBDCの第一歩―CBDCを活用した次世代多通貨資金決済インフラへの布石」FERI Information、2023年4月25日

中山靖司・杉浦俊彦（2023）「香港政府によるトークン化されたグリーンボンドの発行―香港ドルのトークン化と併せ、DVP決済や決済期間の短縮を実現」FERI Information、2023年3月24日

日本銀行（2022）「中央銀行デジタル通貨に関する連絡協議会　中間整理」2022年5月13日

水田孝信（2023）「世界的な株式の決済期間短縮化：T＋1への統一が進むか？」スパークス・アセット・マネジメント株式会社、2022年4月7日

八ツ井琢磨（2020）「中国デジタル人民元構想の論点整理―想定される影響と今後の注目点―」三井物産戦略研究所レポート、2020年11月

李智慧（2023）「着々と拡大するデジタル人民元経済圏」NRIナレッジ・インサイトコラム、2023年3月22日

中国人民銀行数字货币研究所（2022）「扎实开展数字人民币研发试点工作」（Digital Currency Research Institute of the People's Bank of China, Pressing Ahead with the Pilot Program of E-CNY R&D）、2022年10月12日

BIS（2022）BIS and four central banks complete successful pilot of real-value transactions on cross-border CBDC platform, Press release, 26 October 2022

FSB（2022）Developing the Implementation Approach for the Cross-Border Payments Targets : Final Report, 17 November 2022

Samtani, Manesh（2019）China Allows Foreign Investors to Use T＋3 Bond Settlement, Regulation Asia, 26 August 2019

Working Group on E-CNY Research and Development of the People's Bank of China（2021）Progress of Research & Development of E-CNY in China, July 2021

第 5 章

グリーン・フィンテックの可能性とリスクに関する試論
―グリーンボンドへのブロックチェーン技術の適用可能性を中心に―

愛知大学 地域政策学部 准教授

石田　　周

1 はじめに

　現在、「グリーン」および「デジタル」が重要なキーワードとして浮上しており、これらの要素による社会の「転換（transformation）」または「移行（transition）」は、世界的に2つの大きな潮流となっている。これら2つの潮流は、それぞれが金融部門と結びついている。前者はグリーン・ファイナンス（あるいは、より広くサステナブル・ファイナンス）と呼ばれ、後者はフィンテック（あるいは、デジタル・ファイナンス）などと呼ばれている。

　このような2つの潮流は、特にビジネスや政策において近年ますます結びつくようになっている。金融部門においては、グリーン・ファイナンス（あるいはサステナブル・ファイナンス）とフィンテックを結合するものとして、グリーン・フィンテック（あるいはサステナブル・デジタル・ファイナンス）が登場しており、2017年のグリーン・デジタル・ファイナンス・アライアンス（GDFA）の設立も相まって、ますます注目されている。

　他方、学問的には、グリーン・ファイナンスとフィンテックは、それぞれ異なる領域として扱われる傾向があり、グリーン・フィンテックやサステナブル・デジタル・ファイナンスに関する研究は始まったばかりである。これに関連した論文としてはDell'Erba（2021）、Macchiavello & Siri（2022）があり、まとまった編著としてはTaghizadeh-Hesary & Hyun（2022）がある。いずれも2020年以降に刊行されており、きわめて新しい研究領域であることがわかる。

　以上のようなグリーン・フィンテックに関するビジネスや政策の展開と研究動向をふまえれば、まずもって、グリーン・フィンテックの基本的な定義、分類、応用可能性、そしてリスクについて、利用可能な資料に基づいて整理することが求められる。本章では、このような作業を「試論」として行うものとする。特に、その具体的な対象として、グリーンボンドの発行・流通プロセスへのブロックチェーン技術やそれに付随する技術の適用可能性について検討する。

本章は以下のように構成される。第2節では、グリーン・フィンテックが
登場した背景について説明する。第3節では、グリーン・フィンテックを8
つのカテゴリーに分類し、その姿をより具体的に検討する。第4節では、グ
リーンボンドの発行・流通プロセスに焦点を絞り、ブロックチェーン技術や
それに付随する技術がもたらしうる効果について扱う。そして第5節では、
グリーン・フィンテックの実現に向けた課題とリスクについて考察する。最
後に、本章の結論を述べる。

2 グリーン・フィンテックの登場

　第2節では、「グリーン」または「デジタル」に向けた社会の転換・移行
がそれぞれ金融部門に大きな影響を及ぼすなかで、グリーン・フィンテック
と呼ばれる分野が注目されるようになったことを明らかにする。

(1) グリーン・ファイナンスとフィンテック

　グリーン・フィンテックが登場する背景には、グリーンおよびデジタルな
社会への転換・移行という2つの大きな潮流が存在しており、それぞれが金
融部門に大きな影響を及ぼしてきたこと、そして、このような潮流の促進ま
たは規制が国際的に大きな課題となっているという現実がある。このような
潮流はすでに周知の事実となっているが、議論の前提としてここでも簡単に
整理しておこう。
　一方の潮流であるグリーンな社会に向けた転換・移行は、脱炭素社会の実
現に向けた経済社会システム全体の変革を指す。環境問題への社会的な関心
は古くから存在するが、近年の議論の高まりは2015年における国連の2つの
イニシアティブによるところが大きいであろう。2015年9月、2030年に向け
た17の持続可能な開発目標（SDGs）を提示する「持続可能な開発のための
2030アジェンダ」をすべての国連加盟国が採択した。また、同年冬に開催さ
れた第21回国連気候変動枠組条約締約国会議（COP21）においてパリ協定が
採択され、世界共通の長期目標として、世界の平均気温上昇を産業革命以前

と比べて2℃より十分低く保つこと（2℃目標）、および、1.5℃に抑える努力を追求すること（1.5℃努力目標）が確認された。

グリーンな社会への転換・移行は金融部門にも大きな影響を及ぼしている。パリ協定第2条(c)では、「少ない温室効果ガス排出量と気候変動に強靭な開発に向けた道筋と整合性のある資金の流れをつくること」が謳われている。実際、グリーンな社会への転換・移行を実現するためには多額の追加投資が必要であることが指摘されている[1]。

このような背景から、グリーン・ファイナンスが注目されるようになっている。グリーン・ファイナンスに関する世界的に合意された定義は存在しないが、たとえばG20の報告書は、グリーン・ファイナンスを「環境的に持続可能な開発に向けて、環境に良い効果を与える投資のファイナンス」と定義している[2]（G20 Green Finance Study Group (2016)）。実際のところ、世界のグリーンボンド発行額は、2013年の150億ドルから2021年の6,366億ドルへと飛躍的に増加し、2022年には4,954億ドルに減少したものの、高水準を維持している（環境庁「グリーンファイナンスポータル」より）。

もう一方の潮流は、デジタルな社会への転換・移行であり、デジタル・トランスフォーメーション（DX）とも呼ばれる。DXの定義もまた、企業を主体とする取組みから社会の変容を含むものまでさまざまであるが、EUにおける次の定義がシンプルかつ包括的であるように思われる。すなわち、「デジタル・トランスフォーメーションとは、企業によるデジタル技術の統合、および、その技術の社会への影響である」（European Parliament (2023)）。一般に、DXを支える技術としては、人工知能（AI）や機械学習、モノのイン

1　国連貿易開発会議（UNCTAD）は、「2030アジェンダ」の目標達成のためには、2030年まで年間5兆～7兆ドルの資金が必要になると試算した（UNCTAD (2014) 140頁）。同様に、国際エネルギー機関（IEA）によると、2018～2040年の間に必要な累積投資額は、2℃シナリオでは約68兆ドルと試算している（IEA (2018) 51頁）。
2　UNEP (2016) は、グリーン・ファイナンスと関連する用語として、「気候ファイナンス（climate finance）」と「サステナブル・ファイナンス（sustainable finance）」をあげている。気候ファイナンスは主に気候変動への適応・気候変動の緩和に向けたファイナンス、サステナブル・ファイナンスは「環境（E）」だけでなく「社会（S）」と「ガバナンス（G）」も含めたESG関連の取組みのファイナンスを指す。

ターネット（IoT）、そして、ビッグデータなどがあげられる。

DXという大きな潮流の一部として、金融部門においてもデジタル技術を積極的に活用する動きが加速している。このような動きは、「デジタル・ファイナンス」や「フィンテック」などと呼ばれている。これらの用語に関する統一的な定義についても、やはりまだ国際的な合意はない。金融安定理事会（FSB）は、フィンテックを「金融サービスの提供に関連して重大な影響を及ぼす新しいビジネスモデル、アプリケーション、プロセス、または製品を生み出す可能性のある、金融サービスにおけるテクノロジーにより実現されたイノベーション」（FSB（2017）7頁）と定義している。特に近年は、ブロックチェーン技術や分散型台帳技術（DLT）を金融部門において活用する動きが加速している。

(2) グリーン・フィンテックという新たな動き

従来、グリーンおよびデジタルな社会への転換・移行という2つの潮流は、それぞれ独立に経済や金融へと影響を及ぼしてきた[3]が、この2つの潮流は近年ますます結びつきを強めている。たとえば、EUでは「双子の移行（twin transitions）」として、2つの潮流を政策的に統合する努力が進められている（European Commission（2022））。

金融部門においても、グリーン・ファイナンス（広くはサステナブル・ファイナンス）とフィンテックを結合する動き、特に、フィンテックを利用して特定のESG目標を達成したり、サステナビリティの取組みを促進したりする動きが生じている。このような動きは、環境面についてはグリーン・フィンテック、広くESGに関連する場合にはサステナブル・デジタル・ファイナンスと呼ばれている。

グリーン・フィンテックに対する注目の高まりを示す典型的な動きは、2017年にダボスで開催された世界経済フォーラムにて、国連環境計画

3　金融とESGとの関連でいえば、フィンテックを通した金融包摂の促進のように、「社会（S）」や「ガバナンス（G）」の要素との関連については一定の注目がなされてきたが、「環境（E）」への注目は相対的に限定されていた（Dell'Erba（2021）66頁）。

（UNEP）[4]とアント・フィナンシャル（中国IT企業アリババの子会社、現：アントグループ）が、「グリーン・デジタル・ファイナンス・アライアンス（GDFA）」（後に「サステナブル・デジタル・ファイナンス・アライアンス（SDFA）」に改称）と呼ばれるパートナーシップの発足を発表したことである。GDFAは、持続可能な開発のニーズにより合致するかたちで金融システムを再構築することを目的とし、フィンテックを活用したビジネス・イノベーションの可能性に取り組むために、官民が協力するプラットフォームを提供するものである。

　また、2018年には、「2030アジェンダ」の一環として、SDGsの資金調達を加速させるためにデジタル金融を活用する手段を促進・推奨することを目的とした「持続可能な開発目標のデジタル資金調達に関するタスクフォース」が設立され、グリーン・フィンテックに関する議論を牽引してきた[5]。

　このように、国際的な枠組みのもとで官民が連携しつつ、グリーン・フィンテックに関するイニシアチブや政策的な議論が進められている。しかし、学問的には、金融部門におけるグリーン・ファイナンスとフィンテックという2つの潮流はそれぞれ異なる領域として扱われる傾向があり、グリーン・フィンテックやデジタル・サステナブル・ファイナンスに関する研究はまだ途上にある。冒頭で触れたように、関連する学術的な論文や著書の多くは、いずれも2020年以降に刊行されており、非常に新しい研究領域である。

　以上のようなグリーン・フィンテックに関するビジネスや政策の展開と研究動向をふまえ、以下では、グリーン・フィンテックの基本的な定義、分類、応用可能性、そしてリスクについて検討する。

4　UNEPは、地球規模の環境課題を設定し、国連システムのなかで持続可能な開発の取組みのなかで環境に関連した活動を推進する役割を担っており、長年にわたり持続可能な金融に取り組んできた（Dell'Erba（2021）67頁）。

5　ほかにも、G20の「サステナブル・ファイナンス研究グループ（SFSG）」による2018年の報告書では、サステナブル・ファイナンスへのデジタル技術の応用について検討されている（SFSG（2018））。

3 グリーン・フィンテックの分類

第3節では、グリーン・フィンテックの定義や分類について検討し、フィンテックがグリーンな社会への転換・移行へとどのように貢献する可能性があるのかについて考察する。

現状では、グリーン・フィンテックの定義や概念はほとんど確立されていない。そもそも、グリーンな経済活動や製品に関する定義や評価、分類方法でさえ、世界的に合意されたものはまだ存在しない。EUにおいて「環境的に持続可能な（グリーンな）」経済活動を定義・分類するタクソノミーの確立が目指されているものの、その作業でさえ途上にある[6]。加えて、新たな技術革新により、グリーン・フィンテックの分類方法は適宜更新・再定義される必要があると考えられる。

このようななか、最もまとまったかたちでグリーン・フィンテックの定義・分類を提示したものとして、グリーン・デジタル・ファイナンス・アライアンス（GDFA）とスイス・グリーン・フィンテック・ネットワーク（SGFN）が2022年に提示した報告書「グリーン・フィンテックの分類（Green Fintech Classification）」（GDFA & SGFN（2022））があげられる。同報告書は、世界中のフィンテック業界や規制コミュニティからのフィードバックに基づいて作成されている。

同報告書は、グリーン・フィンテック・ソリューションを「持続可能な開発目標を意図的に支援し、持続可能性リスクを低減しながら、あらゆる種類の金融プロセスや商品に適用される技術的なイノベーション」と定義している[7]。このような定義をふまえ、同報告書はグリーン・フィンテックに関す

---

[6]　EUタクソノミーの概要については、石田（2023）参照。

[7]　GDFA & SGFN（2022）は、フィンテックの発展史を3つの「波」としてとらえた。すなわち、既存の金融商品をデジタル形式で再構成したフィンテックの第一の波、新しいデータセットや各種トークンの利用により、まったく新しいデジタル金融商品・サービスを生み出したフィンテックの第二の波、そして第三の波としてのグリーン・フィンテックである。

るソリューションを8つのカテゴリーに分類している（**図表5-1**）。以下、同報告書の記述に依拠しつつ、それぞれについて説明する。

第一のカテゴリーである「グリーン・デジタル支払・会計ソリューショ

図表5-1 グリーン・フィンテック・ソリューションにおける8つのカテゴリー

	カテゴリー名	概　要
1	グリーン・デジタル支払・会計ソリューション	支払体験にグリーン機能を統合する支払・会計ソリューション
2	グリーン・デジタル投資ソリューション	自動化されたソリューション、アルゴリズム駆動型のグリーンなファイナンシャル・プランニング、および投資サービスをほとんど人間による監督なしに提供するデジタル・プラットフォーム
3	デジタルESGデータ・解析ソリューション	自動化されたグリーン資産の格付やインデックス作成を含め、金融に関するグリーンデータの自動化された収集・解析に関するソリューション
4	グリーン・デジタル・クラウドファンディングとシンジケーション・プラットフォーム	新たなグリーンビジネスのベンチャーやプロジェクトの資金調達のために、多数の個人または機関投資家から資金を調達するためのデジタル・プラットフォーム
5	グリーン・デジタル・リスク分析とインシュアテック	グリーン保険商品・サービスの最適化を支援するソリューション、および物理的な気候・自然関連リスクを最小化するソリューション
6	グリーン・デジタル預金・融資ソリューション	環境に配慮したプロジェクトの資金調達に利用されるデジタル貯蓄ソリューション、および環境に配慮した行動に関連するプロジェクトや融資を行うためのデジタル・ローン
7	グリーン・デジタル資産ソリューション	グリーンな属性をもつトークンや暗号通貨、およびグリーンな用途のために構築されたブロックチェーン資本市場インフラ
8	グリーン・レグテック・ソリューション	規制対象機関または金融監督当局により実施される規制、コンプライアンス、および報告要件へのテクノロジーが可能にしたイノベーションの応用

出所：GDFA & SGFN（2022）より筆者作成

ン」は、支払・会計分野へとグリーンな特性を統合することを指す。たとえ
ば、ユーザーが購入した商品について、炭素、プラスチック、水などに関す
る環境フットプリント（一定の基準を用いて計測された人間の活動が及ぼす環境
負荷）を自動的に算出し、これを消費者に提示するサービスがこれに当たる。
さらに、支払・会計システムにグリーンポイントなどの報酬システムを導入
することも含まれる。このことにより、消費者が環境フットプリントをより
低く抑えるようなインセンティブを生み出す可能性がある。

　第二のカテゴリーである「グリーン・デジタル投資ソリューション」は、
投資管理の自動化に関係している。人間による監督をほとんど受けずに、自
動的なアルゴリズムに基づいて、グリーンな投資サービスやファイナンシャ
ル・プランニングを提供するサービスがこれに当たる。このようなサービス
には、環境基準に基づくリスク評価をふまえ、グリーン資産に投資するアル
ゴリズム取引や、グリーン・ポートフォリオ投資が含まれる[8]。このような
投資では、投資家がクリーンエネルギーやスマート輸送などのESG関連リス
トからグリーン投資を選択し、企業が取得したデータやESG ETFのデータ
をもとにアルゴリズムが投資ポートフォリオを組み立て、維持することがほ
とんどである。また、自動化されたグリーン投資アドバイス、グリーン・ロ
ボアドバイザーも、このカテゴリーに含まれる。

　第三のカテゴリーである「デジタルESGデータ・解析ソリューション」
は、投資家に提供されるESGデータの収集・解析に関係している。このカテ
ゴリーに分類されるサービスでは、人工知能（AI）と機械学習を用いて、専
門家のレポート、メディアやソーシャルメディアから得られる情報、企業の
開示情報、公的機関やその他の企業関連データベースを含め、インターネッ
トソースから非構造化データが収集され、解析される。また、IoTセンサー
を介して企業の資産から直接データを取得したり、衛星、航空センサー、そ

8　なお、デジタル投資管理に関するサービスを提供する企業は、独自にESGデータの
　収集に投資することはほとんどなく、既存のESG評価やグリーン・インデックスを活用
　している。したがって、カテゴリー3に当たるESGデータの収集・分析が前提となって
　いる。

の他の監視デバイスからデータを取得したりする。このようにして、収集・解析されたESGデータは、自動的なクレジット・スコアリング、グリーンボンドにおける自動インパクト証明報告、物理的な気候・自然リスク（森林破壊リスクや洪水リスクなど）のモニタリングに活用される。また、企業やファンド、グリーンアセットに関する自動的なESG格付や炭素会計、インデックス化などにも活用される。

第四のカテゴリーは、「グリーン・デジタル・クラウドファンディングとシンジケーション・プラットフォーム」である。これらは、グリーン関連のビジネス、プロジェクト、資産に関する資金調達のために、多数の個人または機関投資家から資金を調達するためのデジタル・プラットフォームである。このようなプラットフォームでは、資金の利用者と資金提供者とのマッチングが行われる。その際には、AIやアルゴリズムを利用することにより、融資対象の信用分析や、同様のリスク許容度をもつ個人投資家の集約が行われる。クラウド投資プラットフォームにおける資産やプロジェクトのグリーン性の評価は、主にデューデリジェンス（投資対象となる企業や投資先の価値やリスクなどを調査すること）において、資産やプロジェクトの所有者から提供される情報に基づいている。

第五のカテゴリーは、「グリーン・デジタル・リスク分析とインシュアテック」である。その基盤は監視やリスク評価の自動化である。IoTセンサーや衛星画像等のデータを活用し、AIによって気候や自然に関する物理的なリスクのモデリングやシナリオの予測を行う。これにより保険会社は、気候や自然に関するリスクを理解・評価し、リスクや保険商品の価格を決定することができる（ダイナミックプライシング）[9]。このことは、グリーン保険、不動産や電気自動車などのグリーン資産保険などの基盤となる。また、引受けや保険金の支払、グリーン・クレーム処理などの保険の業務プロセスをよりシンプルにするためのスマートコントラクトも組み込まれうる。

9　他のフィンテックカテゴリーと比較すると、このカテゴリーは、データが保険金支払や保険価格の根拠となるため、これらのデータセットはより高頻度かつ高解像度であることが要求される。

第六のカテゴリーは、「グリーン・デジタル預金・融資ソリューション」である。預金については、環境に配慮したプロジェクトの資金調達に利用されるデジタル貯蓄サービスが該当する。他方、貸出については、環境に配慮した行動に関連するプロジェクトや、グリーンローン規制基準に沿って活動するグリーン企業への融資を行う自動監視機能付きのデジタル・ローンがあげられる。このカテゴリーには、ネットゼロ自動車やその他のグリーン製品などのためのグリーン・デジタル消費者ローンも含まれる。

　第七のカテゴリーは、「グリーン・デジタル資産ソリューション」である。このカテゴリーには、グリーン特性をもつトークンや暗号通貨、そのために構築された市場インフラが含まれる。ここでのトークンとは、ブロックチェーン技術を用いて発行された電子的な証票を指し、トークンには報酬等のなんらかの実用性が付与されたユーティリティ・トークンや、有価証券や不動産等の資産に裏付けられたセキュリティ・トークンなどの種類がある。グリーン資産のトークン化としては、炭素排出量を削減するための報酬としてのグリーン・ユーティリティ・トークン、カーボンクレジットなどをトークン化したグリーン資産トークンがある。グリーンな製品にのみ使用されるように設計された、グリーンな暗号通貨もここに含まれる。また、グリーン資産の所有権を細分化してトークン化したものを発行・販売することで資金調達を行うグリーン・セキュリティ・トークン・オファリング（STO）もある。これらのソリューションは、ブロックチェーン上に構築され、決済、照合、分配、支払のためのスマートコントラクトによる自動化を提供し、グリーンなインパクト証明の報告を可能にするように設計される。

　そして、第八のカテゴリーである「グリーン・レグテック・ソリューション」には、規制対象機関による情報開示等のコンプライアンス、および、金融監督当局が実施する規制・監督に対する技術の適用が含まれる。コンプライアンスという面では、金融機関がマネー・ローンダリング対策（AML）、不正防止、健全性報告、ICTセキュリティ対策、信用評価を自動化・効率化する際に用いられる。また、監督当局は、市場を監視し、銀行、証券会社、その他の金融機関を監督するためにデジタル技術を活用できる。たとえば、

開示されたグリーンデータや財務データをデジタル技術を活用して分析し、金融商品のグリーンタクソノミーへの適合割合を自動的に算出することがあげられる。なお、監督当局が適用する場合は、レグテック（RegTech）ではなくスプテック（SupTech）と呼ばれることもある。

4 グリーンボンドへのブロックチェーン技術の応用

　第4節では、特にグリーンボンドの発行・流通に注目し、ブロックチェーン技術とそれに付随する技術がもたらしうる効果を検討する。グリーンボンドへのブロックチェーン技術の応用については、HSBCとサステナブル・デジタル・ファイナンス・アライアンス（SDFA）による報告書「ブロックチェーン：サステナビリティ・リンク・ボンドへのゲートウェイ（Blockchain: Gateway for sustainability linked Bonds）」（HSBC & SDFA（2019））によって網羅的に描かれている。

　端的にいえば、ブロックチェーン技術をグリーンボンドに応用することにより、グリーンボンドの発行・流通プロセスの効率性と信頼性が高まることが期待されている。ただし現時点では、債券の発行・流通プロセスのうち、①ストラクチャリング、発行および流通については、グリーンボンドに限らず、あらゆる債券についてブロックチェーン技術が適用された事例があるものの、②所有権の移転、支払および決済については、部分的に適用されているのみである。そして、③ベンチマーキングとレポーティングについては、グリーンボンドへの応用はほとんど進んでいない。

　以下では、HSBC & SDFA（2019）に依拠しつつ、ブロックチェーン技術がグリーンボンドにもたらす効果についてより具体的に検討する。

(1) ブロックチェーン技術がもたらす効率化

　まず、ブロックチェーン技術を適用することにより、主に取引の自動化を通じて、グリーンボンドの発行・流通にかかわるプロセスが効率化されること、つまり時間とコストが削減されることが期待されている。このような効

率化は、グリーンボンドに限らず、あらゆる種類の債券で実現されうる。しかし、効率性の向上によってグリーンボンドの魅力が高まれば、グリーンボンドへの投資増加が促される可能性がある。

　ブロックチェーン技術が取引の効率化を促す際の中心的な要素は、スマートコントラクトである。スマートコントラクトとはプログラムに基づいて自動的に実行される契約のことであり、この仕組みはブロックチェーン上に組み込まれる。技術的には、あらかじめ決められた条件が満たされれば、分散型台帳ネットワークの参加者間でデジタル資産を移転することも可能である。なお、スマートコントラクトの導入には多くの懸念点があるが、この点は第5節で検討しよう。

　ブロックチェーン技術、特にスマートコントラクトの導入は、次の4つの方法で債券の発行と流通にかかわるプロセスを効率化する可能性がある（HSBC & SDFA（2019）15頁）。

　第一に、ブロックチェーン技術の適用により、債券の発行・流通プロセスにかかわるアクターの数を削減することができる。スマートコントラクトを使用することで、発行者、投資家、引受人などの透明性が高まり、リスクが軽減される。そのため、このようなリスクを軽減するために存在していた複数のアクター、たとえばブローカーなどを債券の発行・流通プロセスから削減することができる。このように、発行者と投資家との間にはより直接的な関係が構築されるため、マーケットメイクや投資家との関係管理など、時間とコストが削減される。

　第二に、債券の流通における即時性の実現である。一般に、複雑な債券は、ブローカーを通じて投資家に直接販売されるか、流通市場で相対（OTC）で販売される。しかし、投資家の検索とマッチングは、公的な取引所で株式を売買することに比べて、かなりのコストと労力を必要とする。これに対し、スマートコントラクトは、複雑な債券の売買に関するルールを盛り込むことで、債券の発行と流通を完全に自動化することができる。

　第三に、ブロックチェーン技術は、債券売買に付随するリコンサイル（取引・決済相手の約定照合や決済照合など）を削減する可能性がある。スマート

コントラクトを利用することにより、契約がブロックチェーンに書き込まれるため、人為的な監視が不要になる。暗号化された署名によって改ざんされないことが保証されるため、不正防止やエラーチェックを行う必要性がなくなる。

　第四に、ブロックチェーン技術、特にスマートコントラクトは、債券に関する移転、支払、決済を自動化・効率化する可能性がある。DLTベースのスマートコントラクトは、証券を表すトークンと引き換えにデジタル資産を移転することで、別途の決済プロセスを必要とせず、価値と資産の双方向の即時移転を実行できる。ただし、現状では暗号通貨やステーブルコインは、決済手段として一般に投資家に受け入れられるレベルには達していない。この点も第5節で触れる。

　では、ブロックチェーン技術の応用によって期待されるコスト削減効果は、どれほどのものであろうか。HSBC & SDFA（2019）による推計（**図表5−2**）では、1億米ドル・20年満期の典型的なグリーンボンドについて、標準的な債券と完全にブロックチェーン技術を適用した債券の費用が算出されている（HSBC & SDFA（2019）16頁）。

　この推計によると、完全にブロックチェーンによる自動化が実現した場合、標準的なプロセスと比べて575.7万ドル（全体の約9割）のコスト削減につながるとされている。特に、「ストラクチャリング、価格設定、リスク格付」、「投資家のホワイトリスティング[10]とマッチング」、「ブローカレッジ＆セールス」、「データ収集」、「レポーティング」において大幅なコスト削減が見込まれている。また、「投資家のホワイトリスティングとマッチング」、「登録・上場」、「支払・決済」のコストがなくなることも注目される。

　もちろん、この推計では債券に関するあらゆるプロセスにおいてブロックチェーン技術が完全に適用されることが想定されているため、コスト削減の効果は過大評価されている点に注意が必要であろう。現実には、グリーンボ

10　ホワイトリスティング（whitelisting）とは、適格な投資家をリストアップすることを指す。

図表5－2　標準的なグリーンボンドとブロックチェーン・グリーンボンドのコスト比較（千米ドル）

グリーンボンドに関するプロセス	標準的なプロセスの場合	完全にブロックチェーンによる自動化が実現した場合	差　額
ストラクチャリング、価格設定、リスク格付	1,000	20	980
法的レビュー	100	40	60
投資家のホワイトリスティングとマッチング	500	0	500
内部レビューとグリーン分類	50	20	30
第三者による検証、グリーンベンチマーク	50	5	45
登録・上場	15	0	15
ブローカレッジ＆セールス	1,500	40	1,460
支払・決済	84	0	84
カストディアンシップ	350	2	348
データ収集（ライフサイクル全体）	1,200	350	850
データアグリゲーション（ライフサイクル全体）	400	115	285
レポーティング（ライフサイクル全体）	1,200	100	1,100
合計	6,449	692	5,757

注：「標準的なプロセスの場合」の「支払・決済」のコストは機会費用を指す。「完全にブロックチェーンによる自動化が実現した場合」の「登録・上場」はブロックチェーン取引所で債券が販売された場合、「カストディアンシップ」はブロックチェーンに依拠した場合を指す。また、「データ収集」にはIoTデバイスのコストが含まれる
出所：HSBC & SDFA（2019）17頁、差額については筆者計算

ンドに限らず、一般的な債券の発行・流通プロセスにおいても、ブロックチェーン技術が十分に応用されている状況にはなっていない。ブロックチェーン技術の適用に関する障壁や、技術の適用によってもたらされうるリスクについては、第5節で検討しよう。

(2) ブロックチェーン技術の適用による信頼性の向上

　次に、ブロックチェーン技術の適用によって期待される、信頼性の向上について検討しよう。前項で扱ったブロックチェーン技術の適用による債券の発行・流通プロセスの効率化は、あらゆる債券に対して期待されうるものであった。これに対し、同技術の適用によって期待される信頼性の向上は、グリーンボンドの性質に鑑みて特に重要である。というのも、グリーンボンドを含むグリーン関連投資においては、当該債券の発行を通して供給された資金がグリーンなプロジェクトへと適切に投資されたのかを証明すること（インパクト証明［Proof of Impact］）が必要だからである。投資家目線でいえば、グリーンボンドへの投資のトレーサビリティ（追跡可能性）が重要となる。

　ブロックチェーン技術やそれに付随する技術は、グリーンボンドのトレーサビリティを向上させる可能性がある。端的にいえば、IoTセンサーや衛星などから得られるデータとAIや機械学習を組み合わせることで、現実の経済活動からデータを自動的に取得し分析するシステムの構築を可能にすることが期待される。

　より具体的には、ブロックチェーン技術やそれに付随する技術は、次の3つの方法で、グリーンボンドの信頼性を高めることが期待されている（HSBC & SDFA（2019）19頁）。第一に、インパクト証明の検証を、第三者によるレビューから、自動化されたセンサーに基づくデータのトークン化に置き換え、トレーサビリティを向上させることである。第二に、資金使途を完全に透明化した資金フローにステーブルコインを利用することで、資金使途を明確にすることである。そして第三に、グリーンボンドのパフォーマンスについて、投資家一人ひとりが画面上でリアルタイムに直接確認することができるようになることである。

　なお、現状では、ブロックチェーン技術やIoTデバイスを用いた自動データ収集は、依然としてグリーンボンドにはほとんど応用されていない。しかし、ブロックチェーン技術やそれに付随する技術を用いたインパクト証明は、すでに複数のグリーン化プロジェクトで利用されている[11]。

(3) ブロックチェーン技術がもたらすその他の効果

　前項までに述べたように、ブロックチェーン技術やそれに付随する技術は、グリーンボンドの発行・流通プロセスにおける効率性と信頼性を向上させる可能性がある。このような可能性に加え、ブロックチェーン技術は、新興国も含めた投資家と発行体の双方に対して追加的な効果を及ぼし、新たな市場の創出につながる可能性がある。その要点は次の3点である（HSBC & SDFA（2019）21〜26頁、Naderi & Tian（2022）3頁）。

　第一に、「サービスとしての債券（Bonds as a Service）」、すなわち債券発行の自動化である。ブロックチェーン技術を活用しグリーンボンドの発行を標準化・自動化することにより、中小企業やコミュニティのような小規模な発行体が、低コストで資金調達を行うことが可能になるかもしれない。これにより、投資家側でも少額の債券を大量に自動売買する機会が生まれる可能性がある。

　第二に、新たなかたちでの分散的な資産投資の実現である。ブロックチェーン技術を用いることで、債券などの資産を多くの小さなユニットに分割し、ETFのようなポートフォリオ商品ではないかたちで、投資家が直接所有できるようになる。さらに、投資先からの自動的な報告システムと組み合わせることで、小口投資家が投資の進捗状況をリアルタイムで監視することもできる。このような投資規模の小規模化と自動的なフィードバックにより、グリーン投資が個人投資家にとって身近で透明なものとなりうる。このような機会を最大限活用するためには、投資家保護と保険商品の登場が必要である。

　第三に、投資可能な資産のアグリゲーションである。アグリゲーションとは、複数の資産をまとめて、資産からの将来のキャッシュフローに基づいて投資家から融資または借り換えを受けるプロセスを指す。資産のアグリゲー

11　たとえば、国連開発計画（UNDP）のCedarCoinイニシアティブ（レバノンにおける森林再生プロジェクト）で用いられるインパクト証明トークンは、植樹に関する状況を寄付者にフィードバックするために利用されており、樹木の管理者への報酬システムとも連動している（HSBC & SDFA（2019）19頁）。

ションは、主に途上国におけるコミュニティの灌漑システムや小規模電力網（マイクログリッド）などの小規模インフラの形成を支援するために有効である可能性がある。しかし、このようなプロジェクトの透明性の欠如は、資産のアグリゲーションを困難なものにしている。このような小規模プロジェクトの透明性は、ブロックチェーン技術やそれに付随する技術の導入により、改善される可能性がある。

(4)　ブロックチェーン技術を用いたグリーンボンドに関する試み

　ここまで、主にHSBC & SDFA（2019）に依拠しつつ、ブロックチェーン技術や関連技術のグリーンボンドの発行・流通プロセスへの応用可能性について検討してきた。しかし、実際には、ブロックチェーン技術や関連技術を債券の発行・流通プロセスに応用する試みは依然として少数であり[12]、これをグリーンボンドに応用する試みはさらに少ない。以下では、代表的な2つの試みを紹介する。

　第一の試みは、スペインの大手銀行BBVAによるブロックチェーン・グリーンボンドの発行である[13]。この事例は、世界で初めてブロックチェーン技術をグリーンボンドに応用した事例である。2019年2月、BBVAは3,500万ユーロのグリーンボンドを発行し、スペインの保険会社MAPEREがこれに投資を行った。グリーンボンドの発行にあたっては、取引条件の交渉のためにブロックチェーン技術[14]が活用されており、それによって、プロセスを簡素化し、交渉期間を合理化することが可能になった。

　第二の試みは、国際決済銀行（BIS）のイノベーションハブと香港金融管

12　2018年に世界初の試みとして、世界銀行がブロックチェーン技術を活用した世銀債を発行した（有馬（2020））。

13　BBVAの事例については、BBVA（2019）、HSBC & SDFA（2019）、Gurbanov & Suleymanli（2022）を参照した。

14　利用されたブロックチェーンは、ハイパーレッジャー・ファブリック（Hyperledger Fabric）における非公開の許可制ブロックチェーンであった。他方、取引の記録は公開イーサリアム・テストネットに書き込まれ、任意のオブザーバーから完全に可視化された。また、このグリーンボンドを発行するにあたり、DNV GLによるグリーンボンドの伝統的な第三者検証が行われた。

理局（HKMA）を中心とする「プロジェクト・ジェネシス」による一連の取組みである（BIS Innovation Hub & HKMA（2021a、2021b、2021c、2022））。いずれのプロジェクトにも、民間の金融機関やテクノロジー企業が多数参加している。

　最初のプロジェクトである「ジェネシス1.0」は、2021年8月に開始され、同年11月にその成果が公表された。同プロジェクトの目的は、グリーンボンドの発行の非効率性、発行時に約束されるグリーン・インパクトの不確実性、政府が発行する個人投資家向けのグリーンボンドの流動性と透明性のある流通市場の欠如に対処することであった。同プロジェクトにより構築された2つのプロトタイプ（それぞれ公開型ブロックチェーンと許可型ブロックチェーンを使用）では、投資家は投資に関連する環境インパクトをリアルタイムで追跡できるだけでなく、透明性の高い流通市場で債券を売却することができることが確認された。

　また、「ジェネシス1.0」の後継プロジェクトである「ジェネシス2.0」[15]は、グリーンウォッシングの回避とグリーンボンドの追加性（グリーンボンドを通した資金調達によって可能になった環境への追加的な効果）の確保という問題に対処しようとしており、2022年10月にその成果が公表された。同プロジェクトにより提案されたグリーンボンドには、パリ協定に準拠した検証済カーボンクレジットを満期時に提供することを約束した将来の契約である「削減成果利益（MOI）」が付加されている。そして、同プロジェクトが提案した2つのプロトタイプは、ブロックチェーン、スマートコントラクト、そしてIoTを利用し、投資家がグリーンボンドにリンクした削減成果データをリアルタイムで追跡できるだけでなく、MOIの交付や移転ができるように設計されている。このことにより、グリーンボンドにおけるグリーンウォッシングの回避と追加性の確保が可能になっている。

　また、香港政府は、2023年2月に政府として初めて、トークン型グリーン

15　「ジェネシス2.0」には、BISイノベーションハブとHKMAに加え、国連、ゴールドマンサックス、オールインフラ、デジタルアセット、インターオペラ、クルンタイ銀行、サムウー、スンシン・セメントが参加している。

ボンドを発行した（HKMA（2023））。加えて、同年6月には欧州投資銀行（EIB）が、ブロックチェーン技術を用いたスウェーデン・クローナ建てのデジタル・グリーンボンドを発行した（EIB（2023））。

このような少数の試みはあるものの、ブロックチェーン技術や関連技術をグリーンボンドに応用する試みはまだ始まったばかりである。

5 グリーン・フィンテックのリスク

第3・4節では、グリーン・ファイナンスに対してフィンテックがもたらしうる有益な機会について検討した。しかし現状では、グリーン・フィンテックの幅広い実現やブロックチェーン技術のグリーンボンドへの応用には、多くの障壁、リスクと不確実性が存在する。第5節では、広くデジタル技術一般について指摘されていることも含め、フィンテックそのものに付随するリスクと不確実性、および、フィンテックが「環境・社会・ガバナンス（ESG）」に関連する要素にもたらしうる負の影響について検討する。

(1) フィンテックそのものに付随するリスクと不確実性

グリーン・フィンテックの拡大においては、まずもって、フィンテックを構成する諸要素・技術そのものに関する懸念やリスクが問題となる。これまでに扱ったフィンテックの主要な要素に関して、以下のような懸念やリスクが指摘されている。

第一に、ブロックチェーン技術そのものの問題である。ブロックチェーン上に記録された情報は改ざんすることがほぼ不可能であるが、最初に入力された情報の正しさを検証することはむずかしい。後述するスマートコントラクトに付随する問題ともかかわるが、一度記録されたデータの修正ができない点も課題となる。また、同じブロックチェーン・ネットワーク内であればデータのやりとりが可能であるが、ルールや仕様が異なる別のブロックチェーン・ネットワークとの互換性、すなわち相互運用性（interoperability）については、研究開発が進められているものの、依然として十分に確立され

ていない。このことは、ブロックチェーン技術の普及を妨げる可能性がある（Morgan（2022）58〜59頁）。

　第二に、スマートコントラクトに付随する問題である。上述のように、債券の発行・流通プロセスの効率化においては、スマートコントラクトが重要な役割を果たすことが期待されている。しかし、スマートコントラクトには多くの問題が存在する。まず、スマートコントラクトの法的有効性や効果に関して、国際的に十分な合意があるわけではない（Macchiavello & Siri（2022）168頁）。また、市場の変化などにより当初想定していなかった事態が発生する可能性があることから、スマートコントラクトのように事前にすべてのケースや要件を決めておくことは現実的ではないし、自動執行の仕組みが悪用され、不正な取引に使用される可能性がある（中島（2017）261頁）。さらに、ブロックチェーンに書き込まれたスマートコントラクトは、条件が整えばルールに沿って執行されるため、変更することができない（HSBC & SDFA（2019）29頁）。加えて、スマートコントラクトが仮に幅広く利用されるようになり、取引プロセスを仲介するアクターが減少した場合、チェック・アンド・バランスが失われる可能性もある（HSBC & SDFA（2019）29頁）。

　第三に、クラウドファンディングに付随する問題である。通常の銀行預金とは異なり、クラウドファンディングにおける個人投資家は、預金保険で保護されることはない。また、プラットフォーム運営者の収益は、通常プラットフォーム内で発生したローンの量に比例するため、特に運営者がリスクの一部を負担しない場合、プラットフォームの運営者による信用基準の緩和が行われやすくなる[16]。逆に、融資プラットフォームが自らのバランスシートで資金を仲介する場合、満期のミスマッチやレバレッジの過度な拡大につな

16　クリーンエネルギー分野の新興企業は先行投資のために高額な資金調達を行う傾向があるが、持続可能性の基準を満たすプロジェクトは少なく、リスクの高い革新的なプロジェクトに対する投資は流動性も低い。そのため、投資型および貸付型のクラウドファンディングがもたらす潜在的なリスクのうち、特に投資家保護に関するリスクは、グリーン・クラウドファンディングでは特に大きい傾向がある（Macchiavello & Siri（2022）163〜164頁）

がる可能性がある（Morgan（2022）60〜61頁）。

第四に、ロボアドバイザーに付随する問題である。Deloitte（2021）は、ロボアドバイザーの利用に伴うリスクとして、①規制上のリスク（人間が依然として最終的な受託者責任を負う場合に、規制当局がロボアドバイザーをどのように評価するか）、②ビジネスリスク（ロボアドバイザーが顧客のリスク選好を識別できず、不適切な推奨や手数料に基づく利益相反につながる可能性）、③オペレーショナル・リスク（顧客分類、事業継続計画、ITガバナンスに関連するリスク、アルゴリズムの変更や改ざんなどのリスク）、④技術リスク（IT管理環境のセキュリティなどに関するリスク）という4つを指摘している。

第五に、デジタル資産や暗号通貨に付随する問題である。まず、法的確実性の問題としては、そもそも暗号通貨の法的分類や規制上の扱いについて国家間で相違があり、不透明である。そのため、投資家保護のレベルや規制の裁定効果も国ごとに異なる（Macchiavello & Siri（2022）165〜166頁）。また、ブロックチェーン技術を用いて運用される決済システムが円滑かつ効率的に機能するかどうかという懸念もある。暗号通貨やステーブルコインの証券決済における利用には依然として多くの懸念があり、証券のトークン化が本格化するまでにはまだ時間がかかることが見込まれている（第1章参照）。

第六に、個人情報保護、犯罪やサイバーセキュリティに関するリスクである。ブロックチェーンは、過去の記録を保持するように設計されているため、経済活動や資産に関連した個人を特定しうるデータの記録は、永遠に残り続ける可能性がある[17]（HSBC & SDFA（2019）29頁）。また、デジタル金融サービスのユーザーは、フィッシング（電子メール等を通してユーザーの個人情報を窃取する行為）、ファーミング（偽サイトへの誘導等を通してユーザーの個人情報を窃取する行為）、スパイウェア（無断でコンピュータにインストールされ、個人情報を流出させるソフトウェア）、SIMスワップ（SIMカードの不正な複製を通して個人情報を窃取する行為）などのリスクにさらされる可能性があ

17　特に、EUの一般データ保護規則（GDPR）には「忘れられる権利」があり、個人は一定の状況下で、自分に関するデータを削除される権利を有している（HSBC & SDFA（2019）29頁）。この権利は、ブロックチェーンの性質と矛盾する可能性がある。

る（Morgan（2022）64頁）。

　第七に、システム上重要な企業が誕生する可能性である。現状では、フィンテックの規模は伝統的な金融システムに比べて小さい[18]。しかし、フィンテックの急激な成長、伝統的セクターとの相互接続性の増大、新しい重要な経済機能の登場などから、フィンテックやその担い手である企業はシステム上重要なものになる可能性がある。このような寡占化は、競争上の問題だけでなく、金融セクターのテクノロジー企業への依存度を高め、新たなかたちでのリスクの伝播を引き起こす可能性がある（Macchiavello & Siri（2022）161～162頁、Morgan（2022）60頁）。

　第八に、フィンテックに対する規制・監督上の困難である。上述のように、フィンテックは標準化と比較可能性を改善することにより、規制・監督体制を効率化する可能性をもっている（レグテック／スプテック）。他方で、ブロックチェーン技術のボーダーレスな性質から、それに対する規制・監督は本質的に困難である。また、技術の進展によりリスクや脅威は常に変化しているため、規制・監督当局は、継続的に規制状況を評価し、改善しなければならない（Morgan（2022）57～58頁）。さらに、アルゴリズムに対する規制や透明性の向上と著作権やイノベーションのインセンティブとのトレードオフに配慮しつつ、規制・監督を強化する必要がある（Macchiavello & Siri（2022）169～170頁）。

(2)　フィンテックが環境・社会・ガバナンスにもたらす悪影響

　最後に、フィンテックがESGに及ぼす影響について検討しよう。

　第一に、フィンテックの使用は環境に有害な影響を及ぼす可能性がある。まず、データセンターによるエネルギー消費は無視できない。世界のデータセンターの年間炭素排出量は少なくとも航空輸送部門と同程度であると推定

18　ナスダックとフランクフルト証券取引所に上場しているフィンテック企業75社を調査したFranco et al.（2020）の推計によると、これらのフィンテック企業は、米国の金融システムにおいてシステミック・リスクを約0.03％高めるにすぎず、欧州ではその割合はほぼ０％であった。

されており、スマートデバイスの使用量が増加することにより、データセンターの電力需要はますます増加することが予想されている（SDFA（2018）47～48頁）。特に、ブロックチェーンのコンセンサス・アルゴリズムとしてプルーフ・オブ・ワーク方式[19]が採用される場合には、データセンターにおいてきわめて高いレベルのエネルギー消費が求められる[20]（Macchiavello & Siri（2022）160頁）。また、デジタル技術は、ハードウェアやソフトウェアの生産、使用、廃棄を通じて環境に影響を及ぼす。ハードウェアの生産には、コバルトやリチウムなどの環境リスクの高い天然資源が必要であり、その採掘作業による生態系の劣化などの問題が指摘されている（SDFA（2018）47頁、Macchiavello & Siri（2022）160頁）。

　第二に、グリーン・フィンテックは、社会的な要因にも負の影響を及ぼす可能性がある。前項で扱ったフィンテックがもたらす消費者保護や犯罪のリスクの問題と関連するが、インターネットアクセスや金融リテラシーの差は、フィンテックが所得や富の格差を広げる可能性を生み出す。また、経験やスキル、技術へのアクセス、データの利用可能性の欠如、支店数の減少などの結果、高齢者などに対する金融排除につながるかもしれない。さらに、設計上の理由（たとえば、特定のマイノリティや性別に対する一般的な偏見）、または、最もリスクの高い特性をもつものを排除した結果から、アルゴリズムを通した信用分析、保険の引受け、その他の評価において、金融排除や差別が強化される可能性がある（Macchiavello & Siri（2022）161頁、Morgan

---

19　プルーフ・オブ・ワーク方式とは、複雑な数学的な問題を最初に解いた者がデータ承認の権限をもつ仕組みである。このような作業はマイニング（mining）と呼ばれ、マイニングを行うマイナーは一定の報酬を受け取るために競争している。各マイナーは可能な限り計算能力の高いコンピュータを用意しようとする。このようなコンピュータは消費電力が大きいことが問題となっている。このような懸念から、ネットワーク上の資産の保有量や保有期間に応じて、データ承認の権限を獲得しやすくする仕組み（プルーフ・オブ・ステーク方式）の導入が進められている。プルーフ・オブ・ステーク方式では、プルーフ・オブ・ワークに比べて電力消費量は大幅に削減されるが、その安全性については懸念も存在している。

20　イングランド銀行の前総裁であるマーク・カーニーは、ビットコインの採掘に最大52TWhという推定値示したが、これはスコットランドの電力消費の2倍に相当する（SDFA（2018））。

（2022）64頁）。加えて、フィンテックの利用は、低技能労働者などの雇用を減少させる可能性がある（Macchiavello & Siri（2022）160～161頁）。

6 おわりに

　本章では、グリーン・フィンテックの基本的な定義、分類、応用可能性、そしてリスクについて検討してきた。特に、その具体的な対象として、グリーンボンドの発行・流通プロセスへのブロックチェーン技術やそれに付随する技術の適用可能性について検討した。

　総じて、グリーン・フィンテックは、支払・会計、投資管理、データの収集・解析、クラウドファンディング等の資金調達、保険業におけるリスク分析、預金・融資、デジタル資産、そして、規制・監督のような幅広い部門に影響を及ぼす可能性がある。これにより、グリーン・ファイナンスの効率性や透明性の向上が期待されている。また、ブロックチェーン技術やスマートコントラクトの導入により、グリーンボンドの効率性と信頼性の向上につながる可能性がある。

　ただし、グリーン・ファイナンスに適用されるフィンテックを構成する技術やサービスには、依然として実現に向けた障壁、リスクや懸念点が存在している。また、本来の目的であるグリーンな社会、あるいは広く持続可能な社会への転換・移行の実現とは逆行する効果をもたらす可能性も指摘されている。このような懸念もあり、グリーンボンドへのブロックチェーン技術の適用など、グリーン・フィンテックに関連する金融サービスは、依然としてテスト段階にあるものも多い。グリーン・フィンテックの実現は、多様なリスクや懸念点をふまえ、徐々に進んでいかざるをえないであろう。

〈参考文献〉
有馬良行（2020）「ブロックチェーン技術を活用した世界銀行債券」鈴木淳一編『ブロックチェーン3.0―国内外特許からユースケースまで』（S&T出版）
石田周（2023）「サステナブル・ファイナンスの拡大に向けたEUの金融制度改革」蓮見雄・高屋定美編『欧州グリーンディールとEU経済の復興』（文眞堂）

中島真志 (2017)『アフタービットコイン─仮想通貨とブロックチェーンの次の覇者』（新潮社）

BBVA (2019) "BBVA issues the first blockchain-supported structured green bond for MAPFRE" February 19, 2019

Bank for International Settlements (BIS) Innovation Hub & Hong Kong Monetary Authority (HKMA) (2021a) "Project Genesis—Report 1: A vision for technology-driven green finance" November, 2021

Bank for International Settlements (BIS) Innovation Hub & Hong Kong Monetary Authority (HKMA) (2021b) "Project Genesis—Report 2: A prototype for green bond tokenisation by the Liberty Consortium" November, 2021

Bank for International Settlements (BIS) Innovation Hub & Hong Kong Monetary Authority (HKMA) (2021c) "Project Genesis—Report 3: A prototype for green bond tokenisation by Digital Asset and GFT" November, 2021

Bank for International Settlement (BIS) Innovation Hub & Hong Kong Monetary Authority (HKMA) (2022) "Project Genesis 2.0: Smart Contract-based Carbon Credits attached to Green Bonds" October, 2022

Dell'Erba, M. (2021) Sustainable Digital Finance and the Pursuit of Environmental Sustainability, In: Busch, D., Ferrarini, G. & Grünewald, S. (eds) *Sustainable Finance in Europe*, Springer, 2021

Deloitte (2021) "Robo-advising platforms carry new risks: Hands off—guard up" 2021

European Commission (2022) "2022 Strategic Foresight Report: Twinning the green and digital transitions in the new geopolitical context", COM (2022) 289 final, June 29, 2022

European Investment Bank (2023) "EIB issues its first ever digital Climate Awareness Bond and Swedish Krona transaction", 19 June

European Parliament (2023) "Shaping the digital transformation: EU strategy explained" Updated, March 22, 2023

Financial Stability Board (FSB) (2017) "Financial Stability Implications from FinTech: Supervisory and Regulatory Issues that Merit Authorities' Attention" June 27, 2017

Franco, L., García, A.L., Husetović, V. & Lassiter, J. (2020) Does Fintech Contribute to Systemic Risk? Evidence from the United States and Europe, In: Beirne, J. & Fernandez, D.G. (eds) *Macroeconomic Stabilization in the Digital Age*, Asian Development Bank

G20 Green Finance Study Group (2016) "G20 Green Finance Synthesis Report" 2016

Green Digital Finance Alliance (GDFA) & Swiss Green Fintech Network

(SGFN)（2022）"Green Fintech Classification" May 30, 2022

Gurbanov, S. & Suleymanli, F.（2022）Analytical Assessment of Green Digital Finance Progress in the Republic of Georgia, In: Taghizadeh-Hesary, F. & Hyun, S.（eds）*Green Digital Finance and Sustainable Development Goals. Economics, Law, and Institutions in Asia Pacific*, Springer, 2022

Hong Kong Monetary Authority（HKMA）（2023）"HKSAR Government's Inaugural Tokenised Green Bond Offering" *Press Release*, February 16, 2023

HSBC & Sustainable Digital Finance Alliance（SDFA）（2019）"Blockchain: Gateway for sustainability linked bonds" September, 2019

International Energy Agency（IEA）（2018）"World Energy Outlook 2018"

Macchiavello, E. & Siri, M.（2022）Sustainable Finance and Fintech: Can Technology Contribute to Achieving Environmental Goals? A Preliminary Assessment of 'Green Fintech' and 'Sustainable Digital Finance', *European Company and Financial Law Review*, 19(1), pp. 128-174. 2022

Morgan, P. J.（2022）Assessing the Risks Associated with Green Digital Finance and Policies for Coping with Them, In: Taghizadeh-Hesary, F. & Hyun, S.（eds）*Green Digital Finance and Sustainable Development Goals. Economics, Law, and Institutions in Asia Pacific*, Springer, 2022

Naderi, N. & Tian, Y.（2022）Leveraging Blockchain Technology and Tokenizing Green Assets to Fill the Green Finance Gap, *Energy RESEARCH LETTERS*, 3(3), 2022

Sustainable Digital Finance Alliance（SDFA）（2018）"Digital Technologies for Mobilizing Sustainable Finance Applications of Digital Technologies to Sustainable Finance" October

Sustainable Finance Study Group（SFSG）（2018）"Synthesis Report" July, 2018

Taghizadeh-Hesary, F. & Hyun, S.（eds）（2022）*Green Digital Finance and Sustainable Development Goals. Economics, Law, and Institutions in Asia Pacific*, Springer, 2022

United Nations Conference on Trade and Development（UNCTAD）（2014）"World Investment Report 2014"

United Nations Environment Programme（UNEP）（2016）"Definitions and Concepts: Background Note" *Inquiry Working Paper*（16/13）, September, 2016

第 6 章

北東欧の
クライメート・フィンテックと
新興企業向け株式市場

日本大学 商学部 准教授
簗田　優

1　はじめに

　世界的にフィンテックが発展を続けるなか、北東欧でも、新たなフィンテックのテクノロジーやフィンテック・スタートアップが次々に誕生している。近年では、環境問題に関連したフィンテックも登場するなどのイノベーションも生じている。その背景には、先見性をもってITという先端技術分野に集中的に国内投資し、そして世界市場を見据えたビジネスを展開するという、小国ならではの政策的な取組みがあり、それらが奏功して現在がある。このような成功プロセスは、北東欧という地域に限られるものではなく、日本も含め世界の多くの国と地域で模範とすることができるであろう。

　そこで本章では、北東欧におけるフィンテックを取り巻く現状、国のIT政策（デジタル化政策）、そしてフィンテックの資金調達手段としての新興企業向け株式市場、およびアドバイザーとしても重要なベンチャー・キャピタルについて検討する。検討には、各種のデータや文献に加え、筆者が2018年から2019年にかけてバルト3国の大学や中央銀行に滞在して研究していた際に得た知見や情報も、可能な限り反映させたい。

　なお、本章でいう"北東欧"とは、アイスランド、スウェーデン、デンマーク、ノルウェー、フィンランドの北欧5カ国と、エストニア、ラトビア、リトアニアのバルト3国を合わせた8カ国（国際分類のNB8：Nordic-Baltic 8）を指すものとする。

2　北東欧のフィンテック事情

(1)　北東欧のフィンテック概況

　北東欧ではフィンテックをはじめとするデジタル技術関連のスタートアップが次々に生まれている。そこで本節では、北東欧のフィンテックを取り巻く状況を概観していく。

① フィンテックの普及とキャッシュレス

　北東欧で普及しているフィンテックとしては、個人間送金（P2P）やスマートフォン・アプリを使ったキャッシュレス決済の普及があげられる。なかでもスウェーデンとノルウェーは、世界で最も進んだ国々となっており、近年において大きな注目を集めている。

　図表6−1は、北欧5カ国の現金流通高の対GDP比率を表したものである。これをみると、2021年末ではノルウェーが0.9％、スウェーデンが1.13％、アイスランドが2.5％、デンマークが3.1％、フィンランドが10.7％、となっており、これらの比率は世界の他の国や地域と比較しても低い。したがって、北欧は世界的にみてもキャッシュレスが進んだ国といえる。

　これについて、より詳しくみていこう。スウェーデンの中央銀行であるリクスバンクは、リテール層が過去30日に利用した決済手段について調査を行った。これについての公表資料によると、2022年では90％の人々がクレジットカードとバンクカード（銀行が発行するデビットカード）を利用したと回答した[1]。

　次に多いのはSwishで、82％である。現金はこれらよりずっと少ない34％

図表6−1　現金流通高の対名目GDP比率

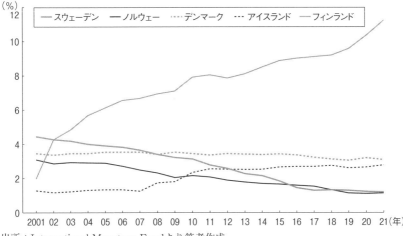

出所：International Monetary Fundより筆者作成

である。注目すべきは、現金での決済をしたと答えた人々の割合が急減したことで、2016年の79％から急低下している。その一方で、Swishが52％から82％へと大きく上昇した。このような背景から、スウェーデンでは現金の使用機会が失われつつあり、現金の取扱いをしてない銀行の支店が大多数を占める状態となっている。

　次に、フィンランドの現金流通高対GDP比率が高い理由について、山岡・加藤・長内（2020）を参考にみていこう。フィンランドで同比率が高い理由は、現金の退蔵需要の高まりが関係している。すなわち、2008年のリーマンショックや、その後のユーロ危機、そして近年のコロナ・パンデミックへの対応としてとられてきた一連の超低金利政策下では、人々は銀行に預金をしても金利収入がほとんど得られない。そのため、高額紙幣を中心に、一定額の現金を手元に置いておこうという退蔵需要が高まったということである。

　加えて、フィンランドの首都ヘルシンキにあるヴァンター空港におけるユーロの現金需要が背景にあるとも指摘されている。フィンランドは北欧で唯一のユーロ導入国である。そのため、ユーロ圏外の観光客やビジネスパーソンが、最初に降り立ったユーロ圏の空港であるヴァンター空港でユーロのキャッシュを手にするケースが多くなり、これもあってフィンランドでの現金流通比率が統計上高くなっているということである。

　ただし、フィンランドにおいても日々の決済の場面においてはキャッシュレス化が進展している。**図表6－2**は、フィンランド銀行が行った、フィンランド国内の決済手段の調査結果である。これをみると現金流通高が増えているフィンランドでも、決済の場面ではキャッシュレス化が進んでいることがわかる。

　また、アイスランドの現金流通高対GDP比率は2021年時点で3％程度である。しかし、過去には1％程度と北欧のなかでも最も低い比率であった。これは、フィンランド同様に現金の退蔵需要が高まったことに加え、アイスランドでの金融危機が関連していると考えられる。アイスランドで同比率が

1　Riksbank（2022）

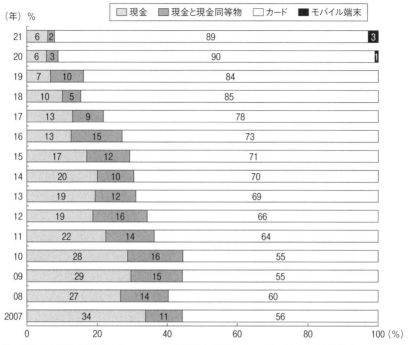

図表6－2　フィンランドにおける支払手段の内訳推移

（年）％

凡例：□現金　▨現金と現金同等物　□カード　■モバイル端末

年	現金	現金と現金同等物	カード	モバイル端末
21	6	2	89	3
20	6	3	90	1
19	7	10	84	
18	10	5	85	
17	13	9	78	
16	13	15	73	
15	17	12	71	
14	20	10	70	
13	19	12	69	
12	19	16	66	
11	22	14	64	
10	28	16	55	
09	29	15	55	
08	27	14	60	
2007	34	11	56	

0　　　20　　　40　　　60　　　80　　　100（％）

注：「現金と現金同等物」については具体的な記載はないが、現金と割引ポイント等をあわせて支払ったことなどを意味することが多い
出所：Bank of Finland（2021）17頁

上昇したのは2008年以降であるが、この時期はリーマンショックと重なる。アイスランドでは、リーマンショックに関連して金融危機が発生し、国内3大銀行がすべて経営破綻した。アイスランド危機と呼ばれるこの金融危機の際、一時的に資産を引き出せなくなったアイスランド国民はおおいに動揺した。この経験以降、アイスランドでは現金の退蔵需要が生じ、現金流通高（実際には退蔵された現金）が増加した。なお、退蔵は、2020年以降の新型コロナウイルス感染症拡大期にもみられた。

　次に、バルト3国の現金流通高の対GDP比率についてみてみると、3カ国とも同比率が北欧より大幅に高くなっている。エストニアが13％、ラトビアが16.7％、リトアニアが14.9％となっており[2]、先に述べた特殊事情のあ

るフィンランドよりも大幅に高い。これは、地方都市、特に農村部における現金使用率の高さが関係している。言い換えれば、地方農村部ではキャッシュレス決済の普及が進んでいないことが同比率を高めていると考えられる。ただし、バルト3国においても大都市や地方の観光地などではデジタル化が進んでおり、クレジットカードやデビットカードなどによる支払も普及している。北欧と同様に、現金での決済を受け付けない店舗も存在する。さらに、ビットコインやイーサリアムをはじめとする暗号資産での決済を受け付ける店舗も登場している。このように、バルト3国における金融デジタル化の進展およびフィンテックの普及は、大都市から地方の観光地、そして地方都市へと広がっていく過渡期にあるといえる。

　なお、現金流通高の対GDP比率とは別に、バルト3国でも個人部門のキャッシュレス決済比率は比較的高まっている。最も高いのはエストニアで、Bank of Estoniaは実店舗に訪問した消費者の90％がキャッシュレス決済を優先するとしている[3]。その他、ラトビアではキャッシュレス決済比率が67％（2022年）[4]、リトアニアでも同71％[5]となっている[6]。

　このようにキャッシュレス化の進む北東欧では、現金紙幣や硬貨の利用場面の減退から、銀行支店数やATM設置台数の減少が顕著となっている。**図表6－3**は北東欧の人口10万人当り銀行支店数の推移、**図表6－4**が同ATM設置台数の推移をみたものである。これらをみると、銀行支店数およびATM設置台数ともに以前から低い値ではあったものの、近年も減少を続けていることがわかる。なお、2021年末時点で日本の現金流通高対GDP比率は23.12％、ATM設置台数は人口10万人当り116.9台、銀行支店数は同34

2　International Monetary Fundのデータベースより。

3　Bank of Estoniaのウェブサイトによると、実店舗に訪問した顧客の86％がバンクカードを、4％がスマートフォンやスマートウォッチを優先するとしている。現金を優先するのは10％である（https://www.eestipank.ee/en/press/estonian-residents-have-high-opinion-local-payment-solutions-02112021）。

4　Bank of Latvia（2023）1頁より。

5　Bank of Lithuaniaのデータベースより筆者推計。

6　各国中銀によるデータであるが、統計のとり方が異なり単純な比較はできないため、これらは参考値である。

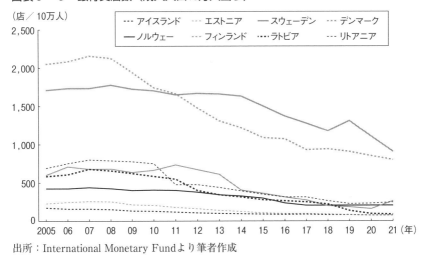

図表 6 − 3 　銀行支店数（成人人口10万人当り）

（店／10万人）

凡例：
- … アイスランド
- … エストニア
- — スウェーデン
- … デンマーク
- — ノルウェー
- … フィンランド
- … ラトビア
- … リトアニア

出所：International Monetary Fundより筆者作成

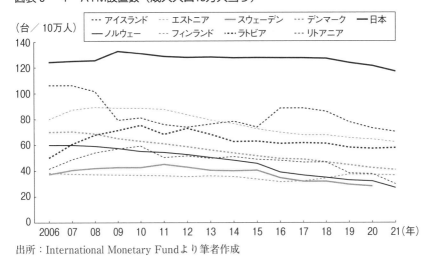

図表 6 − 4 　ATM設置数（成人人口10万人当り）

（台／10万人）

凡例：
- … アイスランド
- … エストニア
- — スウェーデン
- … デンマーク
- — 日本
- — ノルウェー
- … フィンランド
- … ラトビア
- … リトアニア

出所：International Monetary Fundより筆者作成

店となっており、すべてにおいて北東欧より著しく大きな値である[7]。

7 　データはすべてInternational Monetary Fundのデータベースより。

② 社会のデジタル化水準とIT政策

　北東欧において、フィンテックやキャッシュレス化など金融のデジタル化が進展している背景には、社会そのもののデジタル化が進展しているという事実がある。欧州委員会（European Commission）は、欧州諸国の経済および社会のデジタル化の進展度合いを、デジタル経済・社会インデックス（Digital Economy and Society Index：DESI）という指標で表している[8]。これについてみていこう。

　図表6-5は、2022年のDESIを高い順から示したものであるが、これをみると上位のほぼすべてを北欧が占めている。また、バルト3国もラトビア以外の2カ国はEU平均を超えている。特にエストニアは、公的サービスのデジタル化に関しては調査対象国のなかで最高の評価を得ている。すなわち、バルト3国も含め北東欧の社会のデジタル化は、欧州内で比較しても先進的な水準にあることがわかる。

　ところで、社会がデジタル化する前提として、市民がデジタル化されたサービス等を十分に使いこなすためのITスキルおよびITリテラシーが必要である。北東欧のITスキルについて、The Networked Readiness Index（NRI）を参考にみていこう。NRIは米国のPortulans Instituteが発表している指標で、企業の技術力（Technology）、国民のITスキル（People）、国のITガバナンス（Governance）、ITの経済への影響力（Impact）等を反映して、各国国民の総合的なITスキルを指標化したものである。北東欧におけるNRIの順位の推移をみると、北欧のNRIは順位が一桁台と非常に高いことがわかる（**図表6-6**）。

　バルト3国は、北欧4カ国より順位が下がるが、調査対象国が131カ国であることを考えれば、評価は高い部類に入る。

　さらに、上述したPeopleの項目はアイスランドを除き北欧の評価は高く、またバルト3国も（北欧ほどの評価を得ているわけではないが）低い評価ではない。すなわち、北東欧でデジタル化が進んでいる背景には、国家および国

---

[8]　European Commission（2022）

図表 6 − 5　デジタル経済・社会インデックス（DESI）（2022年）

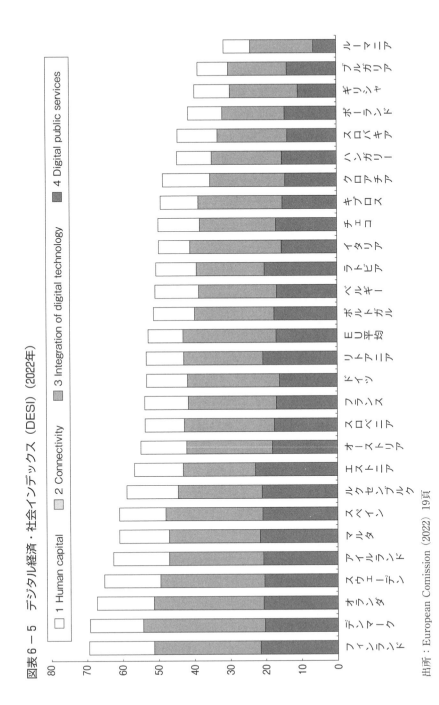

出所：European Comission（2022）19頁

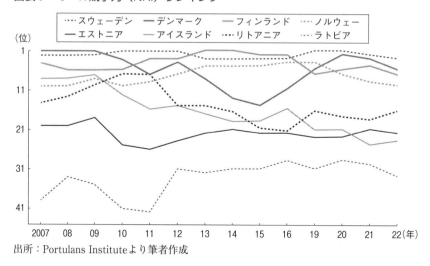

図表6－6　IT競争力（NRI）ランキング

凡例：
- ……スウェーデン　━デンマーク　──フィンランド　……ノルウェー
- ──エストニア　──アイスランド　···リトアニア　···ラトビア

（位）

縦軸目盛：1, 11, 21, 31, 41

横軸目盛：2007　08　09　10　11　12　13　14　15　16　19　20　21　22（年）

出所：Portulans Instituteより筆者作成

民のITレベルの高さという前提が整っていたといえる。

　この背景には、北東欧では政策的にITを進めてきたこと、また義務教育段階から積極的なIT教育およびITインフラの整備を進めてきたことなどがある。たとえば、スウェーデンでは1993年にヨーロッパ主要国のうちで最初に情報通信の自由化をほぼ達成し、国内IT企業の国際競争力強化と、国民へのIT普及を推進した。その結果、エリクソンなど世界最先端の技術をもつ情報通信会社がスウェーデンに育った。フィンランドでは、2016年から義務教育段階からプログラミング学習を導入し、またほぼすべての義務教育段階の学校で無料のWi-Fiを完備した。ノキアのような世界的なIT企業がフィンランドに生まれたのも、この結果かもしれない。またエストニアでは、旧ソ連から独立を宣言してから6年しかたっていない1997年の段階で、政府が主導して義務教育年代向けIT戦略および国家情報技術躍進プログラムである「The Tiger Leap program」を打ち出した。この政策のもとで、エストニアも義務教育段階の学校におけるITインフラの整備とIT教員の養成を開始した。その後もe-Estoniaを合言葉に数々の政策を打ち出してきたこともあり、WISEやSkypeを生み出すなど現在のIT分野における評価は世界的に

非常に高い。

このように、北東欧のITレベルの高さは、ITが世界に普及を始める早い段階から産業政策および教育政策のなかにITを取り込み、また重点政策に位置づけ推進してきたことが背景にある。近年になりその成果が大きく花開いたことで、北東欧のITおよびデジタル化は注目を集めるようになった。しかし、そのための準備は1990年代または2000年代の早い段階からすでに開始されていたのである。

(2) フィンテックおよびデジタル化推進の社会的背景

北東欧がデジタル化およびフィンテックを推進する背景には、一体何があるのだろうか。これについて、①労働力不足を補うためのデジタル化、そして②ソーシャル・インクルージョンまたはファイナンシャル・インクルージョンのためのフィンテックという2つの観点からみていきたい。

① 労働力不足を補うデジタル化

北東欧は、他の国々と比較すると人口の少ない国が多い。そのようななか、スウェーデンやデンマークなどでは経済発展に伴い人材の奪い合いが起こり、また成熟経済のもとで少子高齢化の進展も生じた。こうして労働力不足が社会問題化したいくつかの北欧諸国では、労働者に対する手厚い社会保障制度を整備し、また労働条件の男女差別の撤廃に早くから取り組み、女性の社会進出を積極的に支援してきた。さらに雇用流動性を高めるために、リスキリング（Reskilling）と呼ばれる再就職に向けた再教育システムも整備するなどして、労働者の維持増大に努めてきた。その結果、北欧は現在では世界でもトップレベルの労働参加率となっている[9]。

しかし、もともと人口の少ない北欧では、労働力不足の慢性化は続いた。そのため、これらの国々は移民（または難民）の積極的な受入れにより労働力を補ってきた。また、通常の経済移民も多く受け入れてきた。しかし、近

---

9 International Labor Organizationのデータベースによれば、北欧はG20で最高レベル、バルト3国も上位レベルの生産年齢人口の労働力化率である。

年ではスウェーデンやデンマークなどで、移民や難民の受入れ増加をめぐる社会問題の増加や国民感情の悪化から、移民政策の転換を余儀なくされている。こうして労働力不足問題が再燃する北欧では、既存の労働者の労働生産性を上げたり、人手に頼らない分野を増やしたり、また労働者の生産性が上がるツールを開発するなど社会および産業界においてデジタル化を積極的に推進することとなった。

　もちろん、労働生産性の向上はデジタル化によってのみ達成されるわけではなく、多方面での総合的な工夫が生産性向上に寄与する。先にみた、金融機関で店舗数（スタッフ数）を減らして可能な限りサービスをオンライン化したり、ATMや顧客対応窓口業務を他行と共同で設置したりすることも、これに寄与している。

　ところで、バルト3国でも近年は人手不足が問題となりつつあるが、これは北欧と事情が逆になる。もともと少ないバルト3国の人口および生産年齢人口であったが、バルト3国が2000年代に入りEUに加盟したことに加え、北欧や西欧が労働移民の受入れを積極的に行っていたこともあり、多くの若者がバルト3国からEUの高所得国に流出した。これを補い、労働生産性を維持し向上させ、また社会効率性を高めるための手段として、社会のデジタル化推進へのモチベーションが高まった。

② バルト3国における経済安全保障としてのフィンテック

　バルト3国は、ビジネスの効率化、新産業の育成と活性化、経済安全保障などの観点から新しいテクノロジー産業に注力しており、金融面ではフィンテックをはじめ各種のデジタル化を積極的に推進している。これは経済安全保障の観点からも進められている。

　バルト3国では、北欧に倣うようにフィンテック関連のスタートアップ企業が数多く生まれている。たとえば、エストニアのWiseやMonese、リトアニアのRevolut[10]は世界でも名の知れたフィンテック企業である。そしてフィ

10　Revolutは英国が拠点のフィンテックだが、リトアニアで銀行免許を取得し、その銀行免許で欧州市場にアクセスしている。また、それを前提としてリトアニア内にも拠点をもっていたことから、Revolutはリトアニア系英国企業ととらえられる。

ンテック以外のスタートアップもあわせると、バルト3国からは10社以上のユニコーンが誕生している。特にエストニアでは、2023年4月時点ですでに9社のユニコーンが誕生しており、国内人口の100万人当りユニコーン数でみれば、ヨーロッパで際立って多い7.7社となっている。

この背景には、先に述べた国をあげた産業政策に加え、世界中からアントレプレナーを誘致するために居住条件を緩和したe-Residency（エストニア）もしくはStartup Visa（リトアニア）の導入や、産学連携による充実したスタートアップ・エコシステムの構築などがある[11]。

特に、2014年にエストニアが導入したe-Residencyは、国内非居住者にデジタル空間上でのエストニア居住権を認め、行政サービスやスタートアップの設立などもオンライン上で完結する仕組みとして注目されている。これらStartup Visaやe-Residencyを利用する者の多くは、ロシア、トルコ、ウクライナ、アゼルバイジャン、そしてトルコの若者であるとされている[12]。しかし近年では、ブレグジット後のイギリスからも、産学官連携のスタートアップ・エコシステム、低い人件費、そしてバルト3国が欧州銀行同盟のメンバー国であるという利点を背景に、起業目的でバルト3国に来るイギリスの若者が増加している。

それではバルト3国のフィンテックについてみていく。バルト3国は、1990年代の初頭に旧ソ連から独立し、それ以降に民主主義および資本主義へと社会構造を変化させた。いまではEUやNATOに加盟し、通貨は3カ国ともユーロを導入している。しかし、旧ソ連に併合されていた時期には計画経済下の金融システムのなかにあり、独自の金融システムは有していなかった。そのため、独立後の経済体制移行期には多くの外資系金融機関に国内金融システムを頼らざるをえなかった。

そのような事情もあり、現在のバルト3国の金融市場では、外資系金融機関が圧倒的な地位を占めている[13]。

---

11 詳しくは簗田・田路（2019）および簗田（2020）を参照されたい。
12 Lithuanian National Radio and Televisionより（https://www.lrt.lt/en/news-in-english/19/1049918/lithuania-works-to-attract-foreign-start-ups）。

たとえば、エストニア銀行協会によれば[14]、エストニア国内の銀行資産280億ユーロのうち、Swedbank（スウェーデン）やSEB（スウェーデン）をはじめとするスカンジナビア系金融機関が65％超を占めている。自国内にはLuminor BankとLHVという2つの銀行が大手として存在するものの、国内金融資産のシェアは20％程度である。保険業に至っては、生命保険および損害保険ともに100％を外資系が占めている。ラトビアは、ラトビア銀行によれば国内銀行資産の60％弱がSwedbankとSEBに保有されている。国内系銀行最大手のCitadelは、23％程度である（しかも最大株主は米国の投資ファンドであるRipplewood Holdings）。そして生命保険、損害保険ともに、外資のシェアは90％弱となっている。リトアニアも、リトアニア銀行によればSwedbankとSEBが国内銀行資産の83％超を保有しており、生命保険・損害保険においても外資がほぼ100％のシェアをもっている[15]。このような点だけですべてを把握することができるわけではないが、しかし少なくともバルト3国の金融市場では、国内の金融機関よりスウェーデンをはじめとする外資系金融機関が圧倒的なシェアを占めている。

　この点について、一般的には、金融機関の国籍がどこであろうと国民資産が安全に運用され保護されていれば問題ないとみることもできる。しかし、バルト3国は旧ソ連に占領されていたり、それ以前もポーランドやスウェーデン領であった時期などもあったという歴史的な経緯もあり、経済の主要部分である金融部門が外国による支配的な状況に置かれていることは回避したいと考えている。その一方で、自国金融機関がスカンジナビア諸国をはじめとする先進諸国の金融機関と競争してもシェアを奪えないことも理解している。そこで、バルト3国はフィンテックを基礎としたデジタルバンキングを推進し、新しい形態の金融業において存在感を示そうとしている。これは、バルト3国にとっては独自の経済安全保障戦略（意識）ととらえられよう。

13　この点については、簗田（2020）、簗田・田路（2019）を参照されたい。
14　Bank of Estoniaのウェブサイトより（https://www.pangaliit.ee/banking-information/market-shares-of-estonian-banks）。
15　詳しくは簗田・田路（2019）を参照されたい。

3 北東欧の代表的なフィンテック企業

北東欧から数多くのフィンテックが登場したことはこれまで述べてきたとおりであるが、その事例として、ここではWise、Klarna、Pleoを取り上げてみていきたい。

(1) Wise（エストニア―英国）

Wiseは、2011年1月に創業された送金サービスを提供するフィンテックである。Wiseは、サービスの仕組みから「国境を越えない国際送金フィンテック」として順調に成長を続け、創業から10年後の2021年7月にロンドン証券取引所に上場した。そして2022年4月時点で56億ポンドの時価総額となり[16]、従業員数は世界で5,000人を超えている。またWiseの利用者も1,600万人を超え、取引額は月90億ポンドとなっている[17]。

Wiseは、創業時はTransferWiseという社名で、Kristo KäärmannとTaavet Hinrikusという2人のエストニア人起業家により創業された。創業のきっかけは、これもエストニアで創業されたSkypeの創業メンバーとしてロンドンで企業戦略ディレクターを務めていたHinrikusと、ロンドンのDeloitteでコンサルタントとして仕事をしていたKäärmannによる、個人間での資金清算の経験にあった。

Hinrikusは、いまでいうテレワークでロンドンに住みながらSkypeの仕事をしており、報酬はユーロで受け取っていた。一方、Käärmannは、ロンドンでコンサルタントをしていたため、報酬はポンドで受け取っていた。しかしKäärmannは、エストニアで住宅ローンを借りていたため、返済のためのユーロを必要としていた。そのため、当初Käärmannは、海外送金手数料と為替手数料を支払いながら返済をしていた。一方のHinrikusは、ロンドンで

---

16 時価総額が最大だったのは創業後の2011年9月で1,150億ポンド。
17 Wiseのウェブサイトより（https://www.wise.jobs/what-we-do/our-story/）。

生活をしていたため、ユーロで得た報酬をポンドに両替する必要があった（当然、手数料を支払う）。この時、友人だった2人はお互い必要な通貨が逆であることに気がつき、そこで2人はエストニアと英国の互いの銀行口座に必要な通貨建てで資金を送り合って必要な資金を準備するようになった。この経験が、2人の行っていたスキームが、国境を越えない国際送金フィンテックといわれるWiseのビジネス・シーズとなった。

　図表6−7は、Wiseの主要サービスの仕組みを簡略化したものである。たとえば、英国在住のAが、エストニア在住のBに100ユーロの送金をしたいとする。この場合、通常の銀行間送金であればSWIFTを使って送金するのだが、その場合は送金手数料や為替手数料が発生し、しかも銀行が送金依頼をするための事務処理時間が必要となる。しかし、Wiseを利用する場合はAからBへの送金は行わない。Aは英国内のWise口座に100ユーロ分のポンドを国内送金すると、Wiseはエストニア在住でCに100ポンド送金したいDを自動で見つけ、同じようにエストニア内のWise口座にDが送金した100ユーロをBに送金し、またAがWiseに送金した100ポンドをCに送金する。この一連の取引においては、国際送金を国内送金に実質的に置き換えてしまうため、国際送金や為替変換は必要とならない。また、国際送金に必要となることもある中継銀行への手数料や、受取銀行の受取手数料なども必要としない。そのため低コストでの資金受渡しが完了する。これが、Wiseの送金サービスの大まかな仕組みである。

　もちろん、現実的には同額の送受金の希望がWiseに届いていることが保証できないため、Wiseは必要な資金を自社で用意している。これに伴って両替の必要も生じるが、これについてはリアルタイムのインターバンク・レートにわずかなマージンを乗せた為替レートを適用しているため、利用者のコストは抑えられる仕組みになっている。

(2) Klarna（スウェーデン）

　Klarnaは、2005年にスウェーデンのストックホルムで創業された、主として消費者向けの後払いオンライン決済を提供するフィンテック企業であ

図表 6 - 7 Wiseの送金イメージ

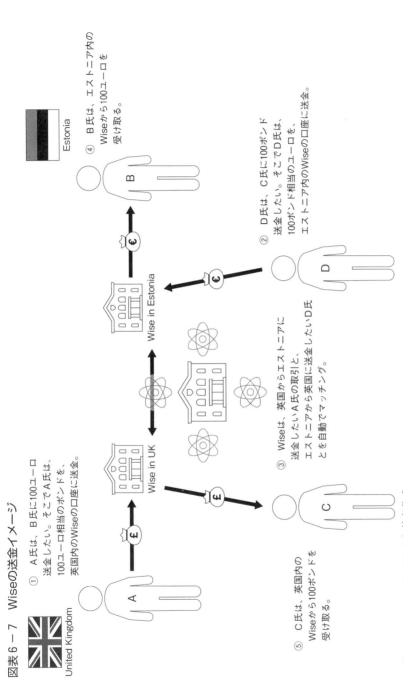

① A氏は、B氏に100ユーロ送金したい。そこでA氏は、100ユーロ相当のポンドを、英国内のWiseの口座に送金。

② D氏は、C氏に100ポンド送金したい。そこでD氏は、100ポンド相当のユーロを、エストニア内のWiseの口座に送金。

③ Wiseは、英国からエストニアに送金したいA氏の取引と、エストニアから英国に送金したいD氏とを自動でマッチング。

④ B氏は、エストニア内のWiseから100ユーロを受け取る。

⑤ C氏は、英国内のWiseから100ポンドを受け取る。

出所：Wiseのウェブサイトより筆者作成

第6章　北東欧のクライメート・フィンテックと新興企業向け株式市場　181

る。後払いオンライン決済はBNPL（Buy Now Pay Later）と呼ばれ、若い消費者に人気がある。Klarnaは欧米を中心に高い人気を得て成長を続け、Dealroomのデータベースによれば、企業価値は2023年4月時点で67億ドルとされている（非上場のため時価総額の公式データは存在しない）。そして、いまやWise、Spotify、そしてBoltなどと並び、スウェーデンを代表するテック系ユニコーン企業に数えられている。もっとも、企業価値が最大であった時期には、Klarnaは企業価値が100億ドルを超えるデカコーン企業であった。現在ではヨーロッパと北米を中心に世界21カ国でサービスを展開し、従業員数も5,000人を超えている。また、同社のウェブサイトによるとKlarnaのサービスを導入しているオンラインショップの総数は50万件を超え、エンドカスタマーが1.5億人、1日当りの取引件数は200万件となっている。

　このBNPLの巨大企業を創業したのは、ストックホルム経済大学の同窓生3人、Sebastian Siemiatkowski、Niklas Adalberth、Victor Jacobssonであった。彼らは在学中から決済に関連するビジネスアイデアをもっており、卒業後の2005年にKlarnaを立ち上げた。そしてエンジェル投資家からの資金を得てサービスを開始すると、創業当初は単純なオンライン決済サービスを提供していたが、その後にBNPLを基礎としたビジネスを始めた。現在の高い評価のもととなったBNPLは、創業後に実装した機能であった。

　その後の展開は急速で、2007年にはスウェーデンのベンチャー・キャピタルから投資を受けてスウェーデン以外の北欧にビジネスの場を広げ、2010年にはドイツやオランダにも進出した。また2011年にイスラエルのフィンテック企業であったAnalyzedを買収し、2013年にもドイツの銀行であるSOFORT Bankを買収した。さらに、2015年には米国でもサービスを開始した。資金調達とビジネス拡大はさらに続き、2020年には中国のアント・フィナンシャルから（金額未公開）、また2021年には日本のソフトバンク・グループから6.4億ドルの資金を調達し、事業の拡大を図った。そして2022年には、VISA Cardとの提携のもとでKlarna Cardの提供を始め、VISA Cardが利用できる場所であればKlarna Cardを用いてどこでも買い物ができるようになった。Klarna Cardは、現在はApple payにも登録可能となっている。

Klarnaの決済サービスを利用するメリットは、消費者が商品やサービスの購入において支払条件を柔軟に決めることができることである。後払い回数や手数料などは各国で異なるが、たとえば2023年現在の日本では、無利子での4回払い、30日後の一括後払い、6回から36回の有利子での分割払いが選択できる。また、Klarnaは、取引履歴をもとに法人向けマーケティングソリューションも提供している。Klarnaのビジネスモデルはシンプルで、オンラインショップと消費者の間を仲介し、オンラインショップと消費者の両方から取引手数料を得ることで収益をあげている。

ただし、ここ数年はアメリカのPayPal、Affirm、Square、またはオーストラリアのAfterpayなど同業フィンテックとの競合が激しくなっている。これにアメリカにおける利上げなど金融環境の悪化もあり、Klarnaは厳しい状況に陥っている。実際、2021年には時価総額456億ドルのピークを迎えたものの、収益の悪化からわずか1年後の2022年には時価総額前年比85%減の67億ドルとなった。そして、資金不足懸念も浮上し、2022年に8億ドルの資金調達を行った。ただし、取引件数は増加を続けており、収益性の改善がみられれば同社の今後のさらなる拡大も予想される。

(3) Pleo（デンマーク）

Pleoは、デンマークのコペンハーゲンに本社を置くフィンテックのユニコーンで、企業の支出管理を簡略化するサービスを提供している。同社は2015年に2人のデンマーク人起業家によって創業され、それ以降6回にわたり資金調達を行って規模拡大を続けた。そして、最近の資金調達を行った2021年12月までに総額4.3億ドルを調達した。Dealroomのデータベースによれば、2023年4月時点で47億ドルの企業価値となった（同社も非上場企業であるため、時価総額などの公式なデータは存在していない）。

創業したのは、Jeppe RindomとNiccolo Perraの2人のベテラン起業家で、彼らはアメリカのフィンテック・ユニコーンであるTradeshiftの早期メンバーであった。彼らが同社のプロジェクトに参加するなかで、企業にとって従業員の支出管理が大きな負担であることを痛感し、この経験をビジネス・

シーズにPleoを創業した。創業後は急速に会社を成長させ、現在までにロンドン、ベルリン、ストックホルム、そしてマドリードにオフィスを構え、約２万5,000社がPleoのサービスを利用している。また、従業員も1,000人を超えた。そして、サービスを展開する地域はデンマークから、イギリス、アイルランド、スペイン、ドイツ、フランス、イタリア、スウェーデン、ノルウェー、オランダと広げており、さらに今後はアジアなど他の地域にもビジネスを拡大することが検討されている。

　Pleoのサービスの仕組みであるが、PleoはPleo Cardを顧客に提供し、顧客はこのカードを用いてビジネスの際の支払を行う。これをPleoのシステムがオンラインかつリアルタイムで管理・監督する仕組みとなっている。また、Pleo Cardは世界的ブランドのMaster Cardと提携して発行されることから（プラスチックのカードのみならずスマートフォン・アプリでのオンラインカードも提供している）、Master Cardの使える場所であれば全世界的に利用できる。このMaster Cardとの提携は、顧客にとって便利であるだけでなく、Pleoにとっても大きな利点となっている。すなわち、他のフィンテックでは自社ブランドのカードを顧客に利用してもらうことが多いが、その場合は自社のサービスが認可されている国や地域、そして店舗にビジネス範囲が限られる。また、サービスを行う国々で、各種の免許や許可を得ることが必要となることもある。しかし、Master Cardとの提携により、こうした限界が取り除かれているのである。

　顧客企業がPleoを利用する利点としては、経費額の計算が自動で行われることに加え、経費精算のプロセス全体を自動化することができる点である。一般的に、企業の従業員は、ビジネスの場面で支払を行った後にレシートや領収書を担当部署に提出する。そして担当者が、金額や支払の適切性を確認した後に計算を行い、支出を行った者に現金または銀行振込等で清算する。しかし、このプロセスは企業の規模が大きくなればなるほど多大で煩雑となり、時間や人材などのコストが増加していく。この一連の流れをPleo CardとPleoのサービス・システムにより完全自動化し、管理者が最終的な確認と承認を行うだけで済むようになるというのが、Pleoのサービスである。

加えていうのであれば、従業員当りの使用経費額と営業成績、そして支払われている給与との比較も容易になり、従業員の実質的な生産性も容易に算出することができる。この点も、優良な人材を好条件で残し、そうでない人材は適宜レイオフする文化のある欧米企業にとっては、大きなメリットであろう。

4 北東欧の新興企業向け株式市場とベンチャー・キャピタル

　スタートアップの資金調達手段は多様だが、ベンチャー・キャピタルやエンジェル投資家等から資金調達したり、新興企業向け株式市場に上場したりすることが一般的に多い。北東欧には、NasdaqグループのNasdaq First Northと、Euronext グループのEuronext Growth Osloと呼ばれる新興市場があることが知られている。またドイツのBörse Stuttgart グループにも、Nordic Growth Marketと呼ばれる新興市場がある。さらに、小規模ではあるもののスウェーデンのSpotlight Stock Marketなどもある。これらの新興企業向け株式市場は、スタートアップの資金調達やイグジットなどの点で重要な役割を果たしている。そこで以下では、新興企業向け株式市場やベンチャー・キャピタルについてみていく。

(1) 北東欧の新興企業向け株式市場

　北東欧には、Nasdaqグループ傘下のNasdaq NordicとNasdaq Balticという、複数の国をまたぐ証券取引所の運営を行う部門がある。Nasdaq Nordicは、Nasdaq Stockholm、Nasdaq Copenhagen、Nasdaq Helsinki、Nasdaq Icelandの4つの取引所から構成されており、主に北欧の企業を対象としている（ノルウェーのオスロ証券取引所（Oslo Børs）はEuronextグループのため、Nasdaq Nordicに含まれない）。また、Nasdaq Balticは、Nasdaq Tallinn、Nasdaq Riga、Nasdaq Vilniusの3つの取引所から構成されており、主にバルト3国を対象としている。

2007年にNasdaq Stockholmのもとに設置された新興市場のNasdaq First North（以下「First North」という）は、Nasdaq NordicやNasdaq Balticの各市場にも対象範囲を拡大している。そしてヨーロッパに拠点を置く新興企業等の資金調達の場、そして投資家の運用の場となっている（株式だけでなく社債やワラント等も扱っている）。このFirst NorthはEU法に基づく規制市場ではなく、EUの第2次金融商品市場指令（MiFIDⅡ）に定義された多角的取引システム（Multilateral Trading Facility、以下「MTF」という）[18]である。またFirst Northは、欧州委員会が定めるEU SME Growth Marketとして登録されており、規制や監督は欧州証券市場監督機構（ESMA）によって行われている。またFirst Northは、Nasdaq Nordic市場を対象とするFirst North（以下「Nordic First North」という）と、Nasdaq Balticを対象とするFirst North（以下「Baltic First North」という）に分化されている。以下、それぞれについてみていく。

① Nordic First North

　Nordic First Northは、Nasdaq Nordicを構成する4つの取引所[19]のなかで中心的存在である、Nasdaq Stockholmのもとに設置されている新興市場である。そして、それぞれの取引所のもとに各国のFirst North（First North Sweden、First North Denmark、First North Finland、First North Iceland）が設置されており、それらがNasdaq Stockholmのもとに（概念的に）集合してNordic First Northが構成されている。

　Nordic First Northには株式と債券の市場があり、株式を扱うマーケットにはFirst North Growth MarketとFirst North Premier Growth Marketという2つのカテゴリーがある。First North Growth Marketは、対象地域内の新興企業または中小企業が株式を発行して資金調達を行う場である。First North Premier Growth Marketは、First North Growth Marketの1

18　MTFは、規制上は証券取引所ではないものの、電子取引によって証券売買を仲介する欧州で運用されている仕組み。日本のPTSや米国のATSと近いものである。

19　詳細はNasdaq Nordicのウェブサイトを参照されたい（https://www.nasdaqomxnordic.com/digitalAssets/110/110678_nasdaq-nordic-legal-structure-outline-jan-2021--incl-holdco-structure--web-.pdf）。

図表 6 - 8　Nordic First Northの緩やかな上場基準

	First North Growth Market	First North Premier Growth Market	Nasdaq Main Market
浮動株比率	10%	25%	25%
時価評価額	基準なし	1,000万ユーロ以上	100万ユーロ以上
上場書類	目論見書または会社概要	目論見書または会社概要	目論見書
財務報告	国内会計基準	IFRS	IFRS
開示情報	市場濫用規則とFirst North規則	市場濫用規則とFirst North規則	市場濫用規則とFirst North規則
コーポレート・ガバナンスコード	指定なし	遵守義務あり	遵守義務あり
認定アドバイザー	必要	必要	指定なし
株主数	300名の適格株主	300名の適格株主または100名のLimited Partner	500名の適格株主または300名のLimited Partner

出所：Nasdaq（2022）8頁より筆者作成

つ上のカテゴリーで、Nasdaqのメイン市場（北欧のNasdaq StockholmなどではなくアメリカのNasdaq）への上場を目指す企業を支援するための市場とされている。そのため、First North Growth Marketより規模等が大きく、また厳しい基準をクリアした新興企業が株式発行を行う場として 2009年に設置された。

　Nordic First Northは、各国のメイン市場へ上場するための基準には満たないものの、株式発行により資金調達を行おうとする設立間もない企業向けの代替市場として、重要な役割を果たしている。そのため、ここで株式発行を行う際の基準は、メイン市場と比べて緩やかなものとなっている（**図表6-8**）。

　そして緩やかとなっているルールのもと、取扱銘柄数および取引額も、着

実に増加を続けている。

　具体的にみてみると（**図表6−9**）、Nordic First Northの市場価値（Market Capitalization）は2022年末時点で300億ユーロ超となっており、2015年には100億ユーロ以下であったことを考えれば伸びが急速である。

図表6−9　First North Growth Marketの時価総額推移（2022年末）

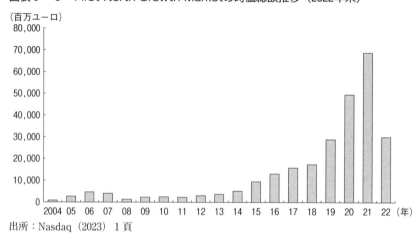

出所：Nasdaq（2023）1頁

図表6−10　First North Growth Marketの新規取扱銘柄数（2022年末）

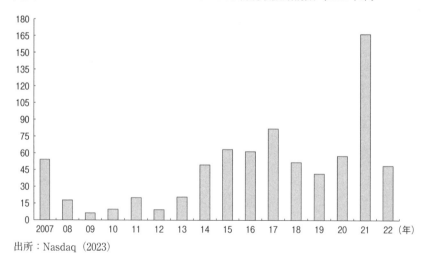

出所：Nasdaq（2023）

図表6−11　First North Growth Market取扱銘柄数と内訳（2023年3月末時点）

	Stockholm	Helsinki	Copenhagen	Iceland	合計	Stockholm	Helsinki	Copenhagen
テクノロジー	87	12	22	1	122	17		3
電気通信	16				16	2		
ヘルスケア	103	8	5		116	10	1	
金融	18	3	1		22	2		
不動産	17	2	3	1	23	5		
一般消費財	60	2	5	3	70	10		
生活必需品	16	2	1	1	20	2		
製造業	66	20	13		99	9		
基礎素材	26			1	27	5		
エネルギー	18				18	6		
公共事業	4	1	1		6		1	1
合計	431	50	51	7	539	68	2	4

注：右の3列は、うちPremier Marketでの取扱銘柄数
出所：Nasdaq Nordicウェブサイトより筆者作成

　また、First Northの1日当り平均取引額は2022年末時点で6,400万ユーロであり、2016年末に約2,000万ユーロであったことを考えると、これも伸びが急速である。そして、2022年には新規に取扱いの始まった銘柄が50銘柄あった（**図表6−10**）。

　したがって、Nordic First Northは、（2020年からのコロナ・パンデミックや、2022年からの世界的な金融引締めによる悪影響を強く受けたものの）急速に拡大しており、地域のスタートアップおよび中小企業の資金調達の場、またはイグジットの場として存在感を増し続けている。

　次に、Nordic First Northの取扱銘柄について詳しくみていこう。**図表6−11**は、2023年3月末時点における取扱銘柄についてみたものである[20]。

　これをみると、Nordic First Northの銘柄数は539社となっており、そのうち74社がFirst North Premier Growth Marketでの取扱いとなっている。

20　Nasdaq Nordicウェブサイトよりダウンロード可能なExcelファイルのうち、シート名がNo. of companies − FNGMのものを参照されたい（https://www.nasdaqomxnordic.com/digitalAssets/111/111615_the-nordic-list-2023-03- 31.xlsx）。

これを国別に分類してみると、Nasdaq Stockholmが431社と最も多く、全体の約80％を占める。発行の際の通貨でみてみると、デンマーク・クローネが4社とユーロが2社あるほかは、すべてスウェーデン・クローナとなっている[21]。

さらに産業分野別にみると、First North Growth Marketで最も多いのがテクノロジーの122社（First North Premier Growth Marketも20社で最多）、次に多いのがヘルスケアの116社（同11社）、そして製造業の99社（同9社）、一般消費財の70社（同10社）と続く。この4つの分野で、全体の7割超となっている。

② Baltic First North

バルト3国にある新興市場のBaltic First Northには、中心市場のBaltic First North Marketと、これとは別にBaltic First North Foreign Sharesという2つのカテゴリーがある。後者は、リトアニアの証券取引所であるNasdaq Vilniusにより運営されている市場で、すでに他の欧州経済領域（EEA）の規制市場や代替市場で取引されている銘柄が取引される市場である。すでに他国での取引や情報公開が行われている銘柄は、透明性などの面で信頼性があり、また流動性も確保されることを理由として設置した市場である[22]。

なお、First Northには社債市場もある。Nasdaq First North Bond Marketと名付けられた社債市場は、First Northと同様にMTFであり、First North Stockholm、First North Copenhagen、First North Helsinki、により共同運営されている。First North Icelandは独自のルールを設けているため、First North Bond Marketの運営には加わっていない。ただし、Nordic First Northのメンバーではあるため、First North Icelandの独自ルールのもと、First North Bond Marketでの社債発行や取引については可能となっている。

21　Nasdaq Nordicウェブサイトより（https://www.nasdaqomxnordic.com/shares/listed-companies/first-north）。

22　ただし、2023年4月20日時点ではエストニアの企業1社のみ取扱いがされている。

なお、2023年４月時点では、First North株式市場ほどは大きな市場とはなっていない。ここで取引可能な社債の数は、2023年４月時点において24銘柄であり、スウェーデンの12社から17銘柄、デンマークの１社から１銘柄、フィンランドの１社から１銘柄、アイスランドの４社から４銘柄となっている。また、Baltic First NorthにもFirst North Corporate Bondsという社債市場があり、取扱いは24銘柄（Tallinから５社、Rigaから14社、Vilniusから５社で、各社１銘柄ずつ）となっている。取引額件数や取引額がゼロである日も多く、活発な市場とはいえない状況である。

(2)　ベンチャー・キャピタルとクライメート・フィンテック

　急成長する北東欧のフィンテック企業やスタートアップを支える主体の一つに、ベンチャー・キャピタル（以下「VC」という）がある。そして、近年のVCは、環境問題への取組みとフィンテックがあわさったクライメート・フィンテックへの投資を拡大させている。そこで以下では、北東欧の独立系VCに注目してみていく。

①　北欧のベンチャー・キャピタルとクライメート・フィンテック

　北欧のVCについて、Dealroom（2023b）を参考にみていく。**図表６－12**は、2010年から2022年までの間に、北欧のスタートアップがVCから資金調達した金額の推移である。これをみると、2010年以降、資金調達額は急速に増加を続けてきたことがわかる。そして2022年には117億ドルの資金調達が行われた。

　特徴的なこととして、2021年の資金調達額が184億ドルと突出して多くなっており、その額は2020年の２倍以上になっていることがあげられる。この要因を内訳からみると、１億ドル以上のメガラウンド[23]の件数が多かったこと、特に2.5億ドル以上の大規模メガラウンドが前年比で急増したことが理由であることがわかる。その反面、翌2022年の調達額は、2021年と比べて

23　メガラウンドとは１件当り１億ドル以上の大規模調達のことをいう。ここではメガラウンドのうち2.5億ドル以上の資金調達があった件数も内訳に出ており、そこで2.5億ドル以上のラウンドを"大規模メガラウンド"とした。

図表 6 −12　北欧スタートアップのVCからの資金調達額推移

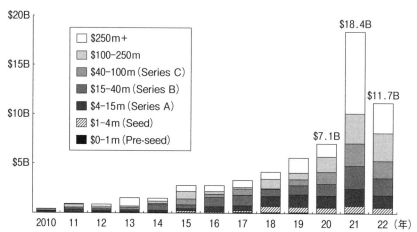

注：Pre-Seedは創業直後（または創業準備段階）、Seedは創業から収益化開始まで、
　　SeriesAは最初の事業拡大期、同BおよびCはさらに事業を拡大した時期の資金調達ラウ
　　ンドを意味する
出所：Dealroom（2023b）5頁より筆者作成

40％近く減っている。これは、全体的に金額が縮小していることに加え、特
に大規模メガラウンドの件数が急減したためである。

　ただし、この傾向は北欧に限ったことではなく、むしろ世界的な傾向とい
える。たとえば、世界におけるAIスタートアップへの投資額は、2022年に
は前年比で34％減少したとされており[24]、北欧で40％近く減ったこととも整
合的である。ただし図表 6 −12をみると、2021年の資金調達額が他の年に比
べ特別多いだけであり、むしろ2022年はパンデミック以前の増加ペースに
戻っただけととらえることもできるかもしれない。

　なお、2022年のスタートアップの資金投資額を各国別にみると、スウェー
デンが57億ドルで最も多く、それにフィンランドが20億ドル、ノルウェーが
19億ドル、デンマークが17億ドル、アイスランドが400億ドルと続く[25]。し

24　日本経済新聞（2022）より。
25　Dealroom（2023b）9頁より。

図表 6 −13　2022年にベンチャー・キャピタルが投資したスタートアップの業種

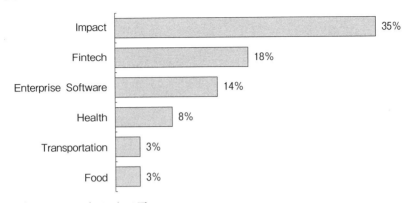

出所：Dealroom（2023b）4 頁

たがって、スウェーデンの調達額が北欧では突出して大きいことがわかる。また、過去 5 年の変化率をみると、北欧は 5 年前と比較して3.5倍の金額に増加しており、これは欧州主要先進諸国と比較しても大きな倍率となっている[26]。ただしバルト 3 国は同8.8倍となっており、調達規模は異なるものの、増加のスピードではバルト 3 国が圧倒的に速いのである。

　また、近年になり北欧以外からのVC投資が増えていることも特徴的である。たとえば、2017年時点で北欧のスタートアップに投資するVCの約50％が北欧のVCで、また同20％強がその他のヨーロッパからであった[27]。しかし、2022年には北欧のVCの割合が25％程度に半減し、その他のヨーロッパのVCの割合が30％前後に増加している。さらに2017年には10％程度であったアメリカのVCの割合が25％程度に増加し、またわずかながらアジアのVCの割合も増加している。

　ところで、北欧ではどの分野のスタートアップに投資が集まっているのだろうか。図表 6 −13は、2022年におけるVCの投資先を示したものである。これをみると、最も多いのは全体の35％を占めるインパクト企業である[28]。

26　Dealroom（2023b）11頁より。
27　Dealroom（2023b）15頁より。

フィンテックも全体の18％を集めているが、その２倍近い割合をインパクト企業が占めている。"インパクト企業"とは、近年に登場して急速に注目度が高まっている分野で、SDGsやESGなどの概念をベースに、社会問題解決と社会の持続可能性の維持を目的とした事業を行う企業（スタートアップ）である。たとえば、環境関連のクライメート・テック（Climate Tech）といった、気候変動対策を事業化したスタートアップなどがこれに当たる。そして、インパクト企業のなかにはクライメート・テックとフィンテックが融合したクライメート・フィンテック（Climate Fintech）と呼ばれるハイブリッド企業も含まれている。このインパクト系スタートアップが全体の35％と群を抜いて多く、それにもフィンテックが含まれている可能性を考えると、北欧でのフィンテックへの投資は**図表6－13**でみるより多い可能性もある。

　クライメート・フィンテックには、気候変動問題や脱炭素社会への取組みに着目した、テクノロジーとフィンテックが融合したテクノロジーまたはスタートアップが多い。たとえば、各経済主体の行動に伴って排出される二酸化炭素排出量を可視化してESGファイナンスの融資条件やグリーンボンドの起債条件に反映させるといった、社会的な取組みを行うテクノロジー分野である。北欧のクライメート・フィンテック・スタートアップの例としては、Stripe（スウェーデン）、Watty（スウェーデン）、Trine（スウェーデン）、Ducky（スウェーデン）、ClimateView（スウェーデン）などがあげられる（**図表6－14**）。バルト3国には、まだ注目度の高いとされるクライメート・フィンテックは現れてはいない。

　このクライメート・フィンテックは、社会におけるサステナブル・ファイナンスへの取組みの活発化もあり、ここ数年で急速に注目度を高めている。2020年には、クライメート・フィンテックがVCから調達した資金額が前年比で88％増となった。これは、2019年と比較すると10倍の調達額である[29]。

28　ただし、Dealroom（2023c）の10頁を読むと、全世界的にみればフィンテック・スタートアップへの投資額が最も大きいことがわかる。

29　Dealroom（2023a）26〜27頁より。

企業名	国	事業内容
Stripe	スウェーデン	炭素排出量の削減に向けた事業への寄付を受け付け、その企業の事業遂行支援を行うツールを提供している。
Watty	スウェーデン	スマートメーターのデータを活用し、住宅の電力使用量を分析し、省エネと省コストを達成することを促進。
Trine	スウェーデン	太陽光発電、風力発電などの再生可能エネルギーに投資するためのオンライン投資プラットフォームを提供している。
Ducky	スウェーデン	再生可能エネルギー、エネルギー効率化、また環境配慮型ビジネスに特化した融資を提供している。
ClimateView	スウェーデン	脱炭素化などの環境配慮の状況をデジタルツイン技術でサポートするクラウドサービスを提供している。
Treepoints	イギリス	ヨーロッパの炭素市場でカーボンクレジットの販売（および取次）を行い、炭素オフセットのための資金調達を支援している。
Clim8 Invest	イギリス	グリーンテクノロジーへの投資を支援するために、スマートフォン・アプリを提供。投資家の環境問題への貢献することを仲介している。
Carbon Delta	スイス	企業価値（時価総額）や債券価値に炭素リスクを反映させ、それにより環境負荷を評価することを支援している。

出所：各社のウェブサイトより筆者作成

　2022年は、アメリカでの利上げやロシアのウクライナ侵攻問題もありビジネス環境が非常に厳しくなった年であった。特に新興のテクノロジー産業など、いわゆるリスクマネーが向かう先への投資額は世界的にみても急減した。当然ながら、リスクのより高いスタートアップへの投資環境の悪化はいっそう深刻で、フィンテック企業のVCからの調達額も平均で38％減

少した[30]。

　しかし、このような悪環境下でもクライメート・フィンテックへと資金が集まっていることは、同分野に対する注目の高さと将来への期待を示しているといえよう。

　なお、クライメート・フィンテックの種類としては、脱炭素会計（Carbon Accounting）、気候変動リスク管理が大きいが、最近ではカーボンクレジット取引、ESGレポーティング、インパクト投資などの分野にも広がっている。気候変動問題等とフィンテックは、一見すると関連が薄いように思われる。しかし、気候変動問題への取組みは企業や自治体の通常活動のなかでも強く求められるようになっている。また近年では、そのような主体が資金調達する際にも、気候変動問題への取組みが要素の一つとされて発行金利や融資条件などが決定されることもある（たとえば、サステナブル・リンク・ボンドなど）。したがって、両者はいまや遠い存在ではなくなっている。

　一例をあげよう。スウェーデンのクライメート・フィンテック企業であるClimateViewは、ClimateOSという地域の脱炭素化をデジタルツイン技術でサポートするクラウドサービスを提供している。このシステムにより、企業のプロジェクトや国および地方自治体のプロジェクトにおいて、気候変動への対策の適切性を算出することができる。この結果は、金融機関や投資家に明示することができるようになり、たとえば金融機関からの借入れやグリーンボンド起債の際に支援材料として提示することが可能となる。また、気候変動対策と経済効率性のバランスを計測することもできるようになり、これも投資家やステークホルダーへのアピール材料となる。こういった取組みは北欧に限らず世界的に広がっており、ClimateOSを導入している都市は2023年4月時点で世界44都市を超えている（ClimateViewのウェブサイトより）。また、導入企業数は明らかになっていないが、企業への導入例も増加しているとされている。ESGやSDGsへの取組みがますます求められる今後は、さまざまな場面でクライメート・フィンテックが注目されることになるだろう。

30　Dealroom（2023a）8頁より。

② バルト3国のベンチャー・キャピタル

バルト3国では多くのスタートアップが生まれている。そのような状況下、バルト3国でもVCの投資活動が活発化している。以下、エストニアのVCであるChange Venturesが公表しているレポート[31]を参考に、バルト3国のVCについてみていく。なお、Change Venturesは、北東欧のVCを検討した際にみたDealroomと統計のとり方が異なる。そのため、北欧に比べてバルト3国の金額データが非常に小さくみえる。もちろん北欧に比べてバルト3国におけるVC投資額（スタートアップの資金調達額）は小さいが、ただし両レポートのデータは直接的に関連していないため、単純な数字の比較はできないことには注意が必要である。

図表6−15は、バルト3国のスタートアップが2020年から2022年に調達した金額を半期ごとにみたものである。

これをみると、北欧と同様に2022年の調達額が非常に大きな金額となって

図表6−15　バルト3国のスタートアップの資金調達額推移

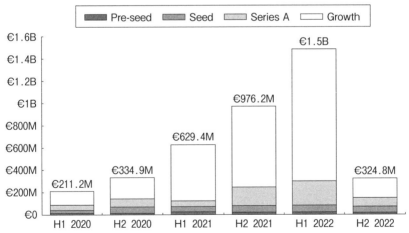

注：Pre-seedは創業直後（または創業準備段階）、Seedは創業から収益化開始まで、Series Aは最初の事業拡大期、Growthは急成長期の資金調達ラウンドを意味する
出所：Change Venturesウェブサイト

いる。2020年には上期と下期あわせて約5.5億ユーロであった資金調達額は、2022年には18億ユーロと3倍以上となった。特にグロースと呼ばれる拡大期に入ったスタートアップの調達額が全体の伸びを牽引している。すなわち、2022年の上期は総額15億ユーロの調達額であったが、そのうち80％に当たる12億ユーロがグロース段階のスタートアップによる調達額であった。

ただし、2022年の下期は大きく減少している。2022年の下期は3.2億ユーロの調達額となっており、この金額は前期比で50％近くにまで減少している。この理由も、前述したような世界的な金融引締めの影響であると考えられる。

加えてChange Venturesでは、この2022年下期の状況について、スタートアップ側からの要因も指摘している。すなわち、市中金利やVCなどからの調達金利の上昇で資金調達条件が不利になっており、そのようななかで多くのスタートアップが自ら調達を見送ったという指摘である。スタートアップは常に資金を必要としているため、通常であれば資金調達のチャンスがあれば前向きにこれに応じるし、また投資のオファーに対しては積極的に応じるものの、2022年下期からは積極的に調達を求めなくなったということである。逆にこのことが、VCにとって投資に値する企業とそうでない企業を厳しく選別することにつながったとも指摘しており、必ずしも投資額の低下がネガティブなものとはとらえていないようである。

5 おわりに

本章では、北東欧のフィンテックおよびキャッシュレスの普及状況と、その背景にある高度な社会のデジタル化、そしてそれを進めるための政府の政策について検討した。さらに北欧とバルト3国特有の事情についても、労働力不足と経済安全保障という観点から検討した。また近年になりVCからの投資が拡大するなど注目の集まっているクライメート・フィンテックについても検討を行った。最後に、フィンテックをはじめとするスタートアップを資金調達面やビジネス展開の面で支えるVCについても検討した。ここで一

度全体を振り返り、その後、今後に関する見解を述べることでまとめとする。

　北東欧では、スウェーデンやエストニアを中心に、数々のフィンテック・スタートアップが登場し、そのなかからユニコーンも登場している。このようにフィンテックが活発化する背景には、高い水準での社会のデジタル化があった。その一環でもあるキャッシュレス化が普及してきたのも、国民の高いITリテラシーの存在があった。また、近年の北東欧でVCは急速に投資額を増やしているものの、2022年からは金融環境の変化などで厳しい環境に陥っている。その一方で、最近急速に注目を集めているのがクライメート・フィンテックであり、今後はこの分野への注目がさらに高まる可能性がある。

　本章による分析で重要だと思われる点は次のようなものである。近年になって、北東欧の多くの国々がフィンテックやデジタル化、そしてキャッシュレス化において世界最先端を走っていることが注目されているが、こうした状況は突如として始まったことではなく、1990年代からITを中心に据えた国の産業政策が背景にあった。また、このような産業政策と並行して、義務教育段階などからIT教育を積極的に行っていたことも、デジタル化社会の推進の背景にあった。そして、これらの要素が重なり合ってIT立国としての北東欧の現在がある。このように考えると、引き続き産業政策と教育政策でITを重要視している北東欧は、今後もIT分野を中心にユニークなスタートアップやテクノロジーを輩出することが期待できる。また、フィンテックにおいても、北東欧からユニコーンやデカコーンが登場することも十分に期待できる。

　加えて、このような成功プロセスは北東欧特有のものではなく、日本も含め他の諸国でも参考にすることができよう。特に、金融のデジタル化やキャッシュレス化、そしてそれを支えるフィンテックをより推進していこうとする場合には、北東欧の成功プロセスから有益な示唆を得ることができると考えられるだろう。

〈参考文献〉

簗田優（2020）「バルト三国のベンチャー・キャピタルと新興株式市場の現状と課題」日本証券経済研究所、証研レポート1722号、2020年10月

簗田優・田路則子（2019）「東欧リトアニアのスタートアップ・エコシステム」グローバルビジネスリサーチセンター、赤門マネジメント・レビュー192号、2020年4月

山岡浩巳・加藤出・長内智（2020）中曽宏監修『デジタル化する世界と金融―北欧のIT政策とポストコロナの日本への教訓』（金融財政事情研究会）

日本経済新聞（2022）「AIスタートアップ投資、3四半期連続で減少　4～6月」日本経済新聞電子版、2022年8月26日

Bank of Latvia (2023) "Payment Radar spring 2023" February, 2023

Bank of Finland (2021) "Bank of Finland Bulletin 2・2021" May, 2021

Dealroom (2023a) "Fintech 2022 REPORT" January, 2023

—— (2023b) "Startups & venture capital in the Nordics" February 2023

—— (2023c) "Marketplace startups and venture capital" February 2023

Deloitte (2022) "Baltic Private Equity and Venture Capital Market Overview 2021" May 2022

European Central Bank (2022) "Study on the payment attitudes of consumers in the euro area (SPACE)" December 2020

European Commission (2022) "Digital Economy and Society Index (DESI) 2022" February, 2022

Nasdaq (2022) NASDAQ EUROPEAN MARKET-with focus on Nasdaq First North Growth Market (https://www.nasdaq.com/docs/2022/08/18/Nasdaq-First-North-GM-Introduction.pdf), August 2022

Nasdaq (2023) NASDAQ FIRST NORTH GROQTH MARKET Fact and Figures 2022 Q4, (https://www.nasdaq.com/docs/2023/02/01/First-North-Facts-and-Figures-Q4-2022.pdf), February, 2022

Portulans Institute (2022) The Network Readiness Index 2022

Riksbank (2022) "Payment Report 2 2022" December, 2022

The Economist (2015) "The fintech revolution: A wave of start-ups is changing finance—for the better" May, 2015

Bank of Estonia, "Estonian banking sector 1Q 2020", https://www.pangaliit.ee/banking- information/market-shares-of-estonian-banks

Change Ventures, "Baltic Startup Funding Report," access in April 2023, https://www.changeventures.com/baltic-startup-funding-report

第 7 章

デジタル化と証券業界の構造変化

駒澤大学 経済学部 教授

深見　泰孝

1 はじめに

　米国でディスカウントブローカーが誕生し、約半世紀がたった。この50年を振り返ってみると、デジタル化によって証券業界の構造は大きく変化してきた。ディスカウントブローカーは、ターゲット顧客を自ら投資先を決められる投資家に絞り、営業職員による投資アドバイスを排除し、業務は電話で投資家から受けた売買注文を執行するだけにとどめた。そのかわりに格安な手数料を提示し、薄利多売のビジネスモデルでシェアを伸ばしていった。

　その後、1990年代に入ってインターネットの商用利用が始まると、証券業によるITの利用が大きく変化する。すなわち、それまで証券業によるITの利用は、主としてバックオフィス業務での利用にとどまっていたが、1994年にK.Aufhauser & Companyが世界で初めてのインターネット取引（以下「ネット取引」という）を開始すると、フロント業務でのITの活用が本格化していく。そして、1996年にはE*TradeやCharles Schwab（以下「シュワブ」という）などがそれに参入し、インターネット証券業者（以下「ネット証券」という）の乱立による株式の委託売買手数料（以下「委託手数料」という）の引下げ競争が起きたのであった。

　日本でも1990年代に入ると、1996年4月に大和証券がミニ株のネット取引を開始し、1998年に松井証券が本格的なネット取引を開始するまでに、日興証券、今川証券など10社がネット取引を開始していた。そして、日本では同じ時期に、証券業の登録制への移行や株式委託手数料が自由化されたこともあり、IT企業など異業種からの証券業への参入が進み、米国同様に手数料引下げ競争が本格化していく。

　そして、スマートフォンやタブレットの普及とそれらの性能向上によって、2010年代にはモバイルシフトが進む一方、サーバやコンピュータなどの性能の進化がビッグデータの分析やAI技術を発展させた。これらを背景にして、Robinhood Markets（以下「ロビンフッド」という）に代表されるスマホ専業証券（以下「スマホ証券」という）の参入が始まり[1]、他方ではオンラ

イン上で投資助言、投資一任サービスを行うロボアドバイザーが登場する。

　新規参入者は市場シェアを獲得するため、再び価格競争を仕掛ける。米国ではロビンフッドが2015年に株式などの委託手数料を無料にして以降、2019年にはシュワブやE*Trade、TDアメリトレードなども追随し、現在では11社が委託手数料を無料にしている。日本でも、米国に追随して2018年にスマートプラスが株式委託手数料を無料化したことを皮切りに、それの無料化に向けた動きが強まっている。

　こうしたデジタル化、手数料引下げ競争の結果、従来、株式委託手数料に大部分を依存していた証券業の収益構造は大きく変化している。このことをふまえ、まず日本における証券業のデジタル化の歴史をみていく。次に、ネット証券登場以降に参入した新たなプレーヤーが、日本と米国の証券業の構造にどのような変化をもたらしたかを論じたい。

2 日本における証券業務のデジタル化の歴史

　金融業はITとの親和性が高く、昨今話題になっているフィンテックが登場する前から、それの活用が始まっていた。まず、その歴史についてみていこう。日本での証券業務のデジタル化は、その背景から大きく4つのフェーズに分けることができるだろう。すなわち、第1段階は出来高の増加である。そして、第2段階が国債の大量発行、金融自由化、日本市場の地位向上である。第3段階はインターネットの商用利用開始と金融ビッグバンの実施、最後が、フィンテックの登場である。以下、この4つの段階に分けて、日本における証券業のデジタル化の歴史をみていこう。

(1) 出来高の増加に対応した機械化（戦後〜1960年代）

　日本における証券業へのITの導入は、証券取引の急速な拡大が、業務効

1　携帯電話を使った証券取引自体は、決して2010年代に始まったものではなく、大和証券や日興証券が1999年にｉモードを利用したサービスを開始していた。

率化を要求したことによって始まった。戦後、証券取引における注文発注、執行、清算事務はすべて手作業で行われていた。ところが、1950年の朝鮮戦争を契機とする株式取引の急増は、人手による事務処理に人件費、作業効率の面から限界を露呈させた。そこで、東京証券取引所が主導して、証券業務の機械化を始める[2]。

そして、同時期に全国に支店網を設けていた大手証券会社も、注文発注、約定報告へのテレックスの利用を始めるとともに、パンチカードシステムによる代金計算や帳票、報告書作成などの機械化を始めた。こうして事務処理の機械化による業務の効率化が始まった。ただ、当時は各支店に入出力装置が設置されておらず、事務処理が機械化できる範囲は制約されていた[3]。さらに、その後も続く出来高の増加に、パンチカードシステムでは対応しきれなくなったことや、ハードウェア、ソフトウェアの性能も向上し、第1次オンラインシステムが構築された[4]。

第1次オンラインでは、各支店に入出力装置を配備し、それを本部にあるホストコンピュータと直結させて事務処理を行うことで、注文発注、約定報告の効率化が目指された。具体的には、各支店にある入出力端末で売買注文を入力すれば、即座に取引所内のブースに注文内容を通知でき、逆に取引所内のブースで約定情報を入力すれば、それが支店に即座に伝わるとともに、取引報告書などを出力できた。

これによって証券会社は、その後も続く出来高の拡大に、バックオフィス人材の再配置などで対応し、人件費の増加を抑制できた。また、大手証券は第1次オンラインのノウハウを用いて、地場証券向けの共同利用オンラインシステムを開発し、安価でそれを提供することで、系列関係の強化、固定化を進めていった[5]。

---

2 東京証券取引所（2002）212〜215頁、300〜301頁
3 深見・二上（2017a）99〜102頁
4 深見・二上（2017a）104〜106頁

⑵ 国債の大量発行、金融自由化、日本市場の地位向上による オンライン化 (1970年代～1980年代)

　第1次オンラインでは、バックオフィス業務を中心とする業務効率化が図られた。しかし、その後も日本経済の高度成長を背景に出来高は増え続け、外国人からの日本株投資も増えていった[6]。

　外国人投資家の日本株投資の増加は、海外からの注文発注、約定報告の効率化はもちろん、注文受注のため、市場情報を迅速、正確に伝える必要も生じた[7]。

　また、国債大量発行によって国債の売却制限が緩和され、国債流通市場が生まれる。それに伴って、金融機関には金利変動や売却による債券ポートフォリオの時価評価、損益管理の把握、ポートフォリオ診断、見直しなどのニーズが生まれた。他方で、債券の売買は証券会社との相対取引となるため、債券の在庫把握、迅速な単価設定が証券会社の債券売買における競争力となる。さらに、国債流通市場の誕生は金利の自由化をもたらし、銀行と証券会社の間で高利回り商品の開発競争が起きた。証券会社は中期国債ファンドなどの金融革命の代名詞となった高利回りの金融商品をつくりだすが、こうした商品は利回り計算や管理事務、清算事務が煩雑で、顧客口座の管理などをシステムで行う必要が生じた。

　これらを背景に、大手証券では第1次オンライン以降、顧客情報管理や保護預り業務、投資信託募集業務、債券在庫管理や公社債売買、国際業務、投資情報提供などがオンライン化されていく。そして、第2次オンラインでは各社で若干の違いはあるものの、営業職員が使う営業端末と取引所内のブースをオンラインで直結し、営業職員自身による株式の売買注文の発注を可能

5　地場証券の立場からは、取次母店への顧客注文の再委託を電話で行っていた場合は、店舗ごとに取次先を変えるなどして、複数の業者を再委託先にすることは容易にできた。しかし、システムを利用すると、利用料も考慮すれば再委託先は1社にせざるをえず、委託先を変えるにもシステム移転に伴うコストが制約となり、それはむずかしかった（深見・二上（2019a）228～294頁、352～356頁、641～642頁、658頁）。

6　東京証券取引所（1982）59頁、東京証券取引所（1990）94頁

7　深見・二上（2017a）116～117頁

図表7－1　システムコストの販管費に占める比率

（単位：％）

	1984〜88年度	90〜94年度	95〜99年度	2000〜04年度	05〜09年度
大手4社	8.1	17.3	16.0	27.3	21.2
準大手12社	6.3	12.6	12.7	14.0	18.2
中堅27社	3.4	6.6	7.6	10.7	12.4
大手5社	—	—	—	17.1	20.8
準大手4社	—	—	—	11.4	14.5
中堅24社	—	—	—	10.8	12.5

出所：各社「有価証券報告書」より筆者作成

にした。さらに、公社債在庫のリアルタイム管理や清算事務の効率化、ATMの導入などが行われた。

　その後も金融のグローバリゼーションへの対応、顧客サービス拡充などの視点から、証券業務のシステム化は続けられ、注文執行、約定報告などを行う業務系システムとリテール営業を支援する情報提供などを行う情報系システムの統合、口座情報の商品別管理から顧客別管理への変更などとともに、トレーディング機能の充実などが第3次オンラインでは行われた。このほかにも、投資情報、投資支援システムや投資理論をベースに最適なポートフォリオを組んで運用するシステム運用など、幅広い業務でITが活用されていく[8]。

　このように第2段階では、第1次オンラインで目指された業務の効率化のみならず、顧客サービスや営業支援を通じた競争力確保にもIT利用の目的が広がった。その結果、幅広い業務をシステム化したことにより、合理化効果もあったとされるが[9]、システムコスト[10]は**図表7－1**に示すように拡大していく。こうして証券業は装置産業化していくわけだが、それに伴ってシ

8　野村証券（1986）283〜320頁、大和証券（2003）447〜452頁、495〜496頁、566〜571頁、642頁、657〜660頁、深見・二上（2018）121〜125頁、深見・二上（2019b）74〜82頁
9　深見・二上（2017a）122〜123頁、深見・二上（2018）118〜119頁

ステムの開発費用は拡大を続け、システム関連投資額は人件費や不動産費と並ぶ[11]支出項目となっていく。

(3) インターネットの利用開始と金融ビッグバンによるフロント業務のIT化（1990年代〜2000年代）

第2段階では、システム導入の目的が業務の効率化のみならず、顧客サービスや営業支援を通じた競争力確保も追加されたわけだが、1990年代に入ってインターネットの商用利用が始まると、フロント業務のシステム化が本格化していく。

ただ、フロント業務のシステム化自体は、1990年代になって突然始まったわけではない。1984年に日興証券が電話回線を利用した自動売買システム（ホームトレード）を開発したことを契機に、各社がこれに参入する[12]。この目的は営業職員の人件費増加の抑制にあったが、日本では株式委託手数料の自由化前でもあり、顧客はどのチャネルで取引しようとも、手数料は同じであったため、ホームトレードは積極的に利用されたチャネルとは言いがたかった。

しかし、インターネットの商用利用開始が事態を一変させた。ネット取引は、対面営業はもちろんホームトレードよりもフロント業務を圧倒的に効率化でき[13]、米国でも1994年にK.Aufhauser & Companyがネット取引を始めて以降、複数の会社が参入していた。日本では、金融ビッグバンがインターネットの商用利用開始とほぼ同時期に行われたこともあり、外資系証券、銀

10　システムコストは、システム処理を業務委託すれば事務委託費、サーバやソフトウェアを購入すれば減価償却費にその費用が計上されるが、有価証券報告書では子細にその内訳が書かれていないため、事務委託費と減価償却費のうち建物、電話関係を除いたものとした。

11　「金融業界、電算投資に明暗」日経金融新聞、1992年4月27日

12　1980年代の日本ではTVゲームにネットワークアダプターを接続し、電話回線を通じて証券取引が可能なファミコントレードや、1986年には大和証券がパソコンに通信アダプターを接続して電話回線につなぎ、株式などの売買ができるパソコントレードを開始し、各社も相次いでそれを開始した。また、米国でもシュワブが1984年に「イコライザー」というパソコントレードを開始していた。

行、生保、IT企業などの異業種企業が相次いで証券業に参入した。

　従来、委託売買業務とは、投資助言による売買取引に対する需要の喚起、売買注文の受注、執行の一体的なサービスであったが、新規参入した会社は投資助言を行わずに、サービスを注文受注、執行だけに限定し、そのかわりに注文の受注は24時間サービスを提供し、株式委託手数料を大幅に割り引いた。このように、新規参入企業は競争源泉を利便性と手数料の安さに求めた。そして、そのことがリテール証券ビジネスにおける競争構造を一変させた。

　こうした競争構造の変化は、一足先に株式委託手数料が自由化されていた米国でも起きていた。米国では1975年の株式委託手数料自由化後に、投資助言はせずに電話で注文を受注し、それを安価な委託手数料で執行するディスカウントブローカーが参入しており、以後、約20年の間に対面証券会社は株式委託売買業務以外に活路を求め、株式委託手数料への依存を低下させていた[14]。それでも、1996年にE*Tradeなどのネット証券が参入すると、さらなる株式委託手数料の引下げが行われ、既存証券会社のそれへの依存はさらに低下する状況にあった。

　これに対し、インターネットの利用開始と株式委託手数料の自由化がほぼ同時に起きた日本では、米国以上に対面証券会社に与えた影響は大きかった。**図表7－2**に示したように、1999年の株式委託手数料の完全自由化前

13　大下（2000）によれば、大手証券のネット取引のシステムは、発注審査などを人間（営業店、営業職員）が行うことを前提に組まれ、ネット専業証券が効率化できる部分が残されていた（128～132頁）。また、米国でも、シュワブがコンピュータ取引を行っていたが、ソフトウェアや通信費用を負担しており、インターネットを介する取引よりもコストがかかっており、ネット取引ほど手数料を引き下げてはいなかった（シュワブ（2020）285～286頁）。

14　米国の証券会社の収入に占める委託手数料の割合は、1974年には約49％であったが、ディスカウントブローカーの参入後、既存の証券会社は業務を多角化させ、リテール業務では投資信託の販売、資産管理業務による収入の割合を高め、ホールセール業務ではM&Aアドバイザリーや資金取引に伴う配当、利子収入などで構成されるその他証券関連取引の割合を高めていた。これによって1994年の収入に占める委託手数料の割合は約19％へと低下し、さらにネット証券の参入による手数料引下げ競争の結果、1995年以降、証券会社の収入に占める委託手数料の比率は、8～16％で推移していた（SIA "Securities Industry Fact Book"）。

図表７－２　東証売買代金と委託手数料収入の推移

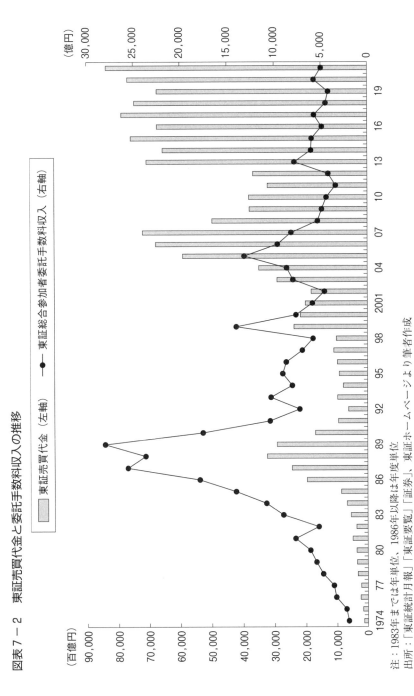

注：1983年までは年単位、1986年以降は年度単位
出所：「東証統計月報」「東証要覧」「証券」、東証ホームページより筆者作成

は、東証の売買代金と証券会社の委託手数料収入はパラレルな関係にあったが、現在の売買代金はバブル期の2倍以上に増加しているものの、委託手数料収入はバブル期の20%を下回る水準へと低下している。その結果、証券会社の収入に占める委託手数料の割合も、1999年度には44.8%を占めていたが、2021年度には15.1%へと低下している[15]。

さて、手数料引下げを主導したネット証券は、採算を無視した価格破壊[16]を繰り広げて顧客を獲得していくと同時に、無期限信用取引や逆指値注文などターゲット顧客のニーズに応えたサービスを提供し、特定顧客に依存しながらも、売買高が準大手証券を上回るようになる[17]。一方で、既存の対面証券会社は、営業職員チャネルとのコンフリクトをおそれてネット取引を積極化できず、それを対面営業の補完と位置づけたため[18]、株式委託手数料もネット証券のようには引き下げられなかった。その結果、それまでのリテールビジネスにおける株式委託売買業務の競争構造は、売買高の多寡が店舗や営業職員の数とほぼ比例していたが、ネット証券の参入後は、店舗や営業職員の数から、手数料の安さへと競争の軸が変化していく。

こうして、第3段階では薄利多売のビジネスモデルで証券業に参入したネット証券によって、フロント業務のIT化が本格化するとともに株式委託売買業務はアンバンドリングされ、競争構造も一変する。特に、日本の証券会社の経営は、株式委託売買業務に強く依存していたため、ネット証券の参入が米国以上に強い影響を与えた。これ以後、日本の対面証券会社も米国の経験に倣って、投資信託やラップ口座を通じた資産管理型営業（米国では資産管理業務という）へとビジネスモデルの転換が図られていく[19]。

---

15 日本証券業協会ホームページ（https://www.jsda.or.jp/shiryoshitsu/toukei/kessan/index.html）

16 米国のネット証券の手数料は、預り資産と売買回数の組合せによって手数料が設定されていたのに対して、日本は預り資産も考慮せず、かつ委託売買による採算を無視して手数料を設定していたとされる（佐賀（2002）87〜88頁、佐賀（2007）24〜25頁）。

17 「現代の肖像　松井道男　松井証券」AERA2001年9月24日号

18 対面証券会社は営業店とオンラインの両方使える利便性や高い情報提供力を、価格差を正当化する理由にあげたが、調査能力が大手に劣る準大手、中堅証券では顧客の流出がみられ、経営を圧迫する要因となった。

(4) フィンテックの登場（2010年代〜）

2010年代になるとIT系スタートアップ企業によって、新たな金融サービス（フィンテック）の提供が始まる。この時期にフィンテックが生まれた背景には、いくつかの要因がある。まず、リーマンショックである。これにより、金融機関に勤めていた人材がIT系スタートアップ企業へ転職し、彼らによる新たな金融サービスの提供を可能にした。次に、サーバやコンピュータの性能の進化である。大容量化したストレージ、処理速度の高速化した安価な計算機の登場で、ビッグデータの保存や分析が可能になり、AIの急速な発展をもたらした。さらに、クラウドコンピューティングの登場で、ウェブアプリケーションの構築も安価でできるようになった。その一方で、スマートフォンの普及が進み、デジタルネイティブ世代がそれを日常的に使っていることもあり、スマートフォンを活用した新たなサービスの提供が始まった。

IT系スタートアップ企業によって新たに提供されたサービスは、決済、送金、融資、投資・資産管理など多岐にわたる。ただ、その多くが銀行業務にかかわるものであり、米国でのディスカウントブローカーの登場以来、株式委託売買業務のアンバンドリングが進んでいた証券業に関するものは、投資・資産管理（ロボアドバイザー、スマホ証券）にとどまり、かつ、そのサービスが革新的といえるかには若干の留意が必要であろう。

まず、ロボアドバイザーであるが、利用開始時に利用者の年齢や年収、保有金融資産、運用目的、リスクに対する考えなどの情報を収集し、それをもとにAIが利用者に応じたポートフォリオを作成するものである。こうしたサービスは、1980年代のシステム運用に類似している。システム運用が始まった1980年代は、第2次AIブームの真っただ中であった。米国ではそれをバッテリーマーチ、サンフォード・バーンスタイン、バー・ローゼンバー

---

19 日本では1990年代に資産管理型営業への移行が叫ばれ、現在も移行途中であるが、米国でも株式委託手数料自由化後の20年程度は、現在のようなゴールベースでの資産管理が主として行われていたわけではなく、ラップ口座による預り資産は全体の5％以下であったとされる（奥田編（2023）47頁）。

グなどが行い[20]、日本でも大手証券が行っていた。日興証券はバー・ローゼンバーグとポートフォリオ理論の実用化モデル（日興・バーラ・モデル）を共同開発し、野村證券や山一証券はファジー理論などを用いたモデルをつくり、それをトレーディングや投資信託の組成に加え、機関投資家の保有ポートフォリオの分析、最適ポートフォリオの提案といった営業支援ツールとして用いていた。

　一方のスマホ証券も後で詳述するが、米国ではロビンフッドが委託手数料を無料にし、顧客を一気に拡大させた。ロビンフッドが委託手数料を無料にできたのは、ペイメント・フォー・オーダーフロー（以下「PFOF」という）と信用取引の金利を代替収入にできたからである。PFOFとはマーケットメイカーなどが注文回送のかわりに支払うリベートのことである。これは、米国では1975年の市場集中義務の撤廃以来続く慣行で、1990年代に登場したネット証券が格安な手数料を提示できたのは、これと信用取引の金利を代替収入にできたからである[21]。つまり、委託手数料の引下げを可能にしたスキームは、まったく同じなのである。

　このことから、ロボアドバイザーやスマホ証券の委託手数料引下げの基本的なスキーム自体は1980年代から1990年代につくられており、ハードウェアやネットワークの発展に伴ってそれらを進展させたものと考えることが妥当であろう。では、革新性がどこにあるかといえば、演算処理能力の高いハードウェアや、広帯域のネットワークを安価で利用できるようになり、AIを利用した最適ポートフォリオの提案やモバイルアプリの開発コストが格段に低下し、損益分岐点の引下げを可能にした。その結果、従来、機関投資家や富裕層にしか提供されなかったサービスを一般のリテール顧客に提供することが可能となり、ここにフィンテック業者の提供したサービスの革新性があるといえよう。このように、フィンテック業者がロボアドバイザーを一般化させたことにより、第3段階で切り離された投資助言がブローカー業務にリ

20　「投資顧問、米国流の直輸入は疑問」日本経済新聞、1986年11月29日朝刊
21　伊豆（1997）89〜91頁

バンドルされていったのである。

さて、ネット証券やスマホ証券、ロボアドバイザーの誕生は、証券業にどのような影響を与えたのだろう。先行する米国では、2015年にロビンフッドの打ち出した委託手数料の無料化にネット証券も追随し、その後の再編へとつながる。そこで、次に米国のスマホ証券、ネット証券のビジネスモデルをみていこう。

3　米国のスマホ証券、ネット証券のビジネスモデル

(1)　ロビンフッド

米国では、2015年にロビンフッドが株式、ETF、オプションの委託手数料を無償化して以来、委託手数料無料化の流れが起きた。これに先鞭をつけたロビンフッドは、2013年に「金融の民主化」を標榜して設立された会社である。ロビンフッドは、株式などの委託手数料の無料化に加え、使いやすいアプリ、端株取引なども行え、残高がなくても同社の口座を開設できる。こうした無料のサービスや小口投資の提供によって、これまで大手金融機関から相手にされてこなかった若者を中心とする小口投資家を取り込んでいった。

上場申請書類などによれば、同社のユーザー数は設立から10年弱で2,290万人（2022年第2四半期[22]）にのぼり、キャッシュマネジメント[23]、端株取引の利用者はそれぞれ330万人と1,100万人を数える。顧客の年齢は31歳が中央値とされ、預り資産の70％が18歳から40歳の顧客からであり、若者を中心に顧客を開拓していることがわかる[24]。

22　Statistaホームページ（https://www.statista.com/statistics/822176/number-of-users-robinhood/）
23　キャッシュマネジメントでは、提携先銀行の口座開設、口座維持手数料なしに預金口座の開設ができ、それへの預金金額に対する少し高めの金利付与、デビットカード発行、ATM利用手数料無料、外貨手数料無料などのサービスが受けられる。
24　Robinhood Financial "Form S-1 REGISTRATION STATEMENT"（https://www.sec.gov/Archives/edgar/data/1783879/000162828021013318/robinhoods-1.htm）

図表 7 － 3　ロビンフッドの収入構成

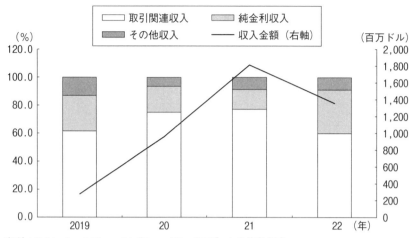

出所：Robinnhood Financial "Form S-1、10-K" より筆者作成

　同社が取り扱うのは、株式、ETF、オプションだけではなく、暗号資産
（コインの一部を 1 ドルから買える）の取引、積立投資、端株取引、キャッシュ
マネジメント、サブスクリプションサービスであるロビンフッドゴールド
（預金金利の上乗せや信用取引金利の割引、モーニングスターの調査レポートの購
読、Nasdaqレベル 2 の市場データへのアクセス、口座入金額の即時利用額が大き
い[25]）などである。2022年の営業収益は 1 億3,580万ドルであり、収入は主
として取引関連収入で得ていた（**図表 7 － 3**）。この取引関連収入とは、顧客
からの株式、オプション、暗号資産の委託注文の注文回送先から支払われる
PFOFのことである[26]。
　そこで、取引関連収入の内訳を**図表 7 － 4**に示したが、ロビンフッドの

25　通常の証券口座では、それに入金した現金をすぐ証券の購入には使えないが、ロビン
　　フッドの通常口座では最大1,000ドルは証券の購入に利用でき、ゴールドの加入者はそ
　　の金額が最大 5 万ドルまで利用することができる。
26　ロビンフッドの回送ルールでは、株式やオプションは最良価格の可能性が最も高い
　　マーケットメイカーに対して注文を回送し、暗号資産は価格に加えて暗号通貨の入手可
　　能性をもとにマーケットメイカーに対してそれが回送される。その注文回送先から払わ
　　れるPFOFが取引関連収入である。

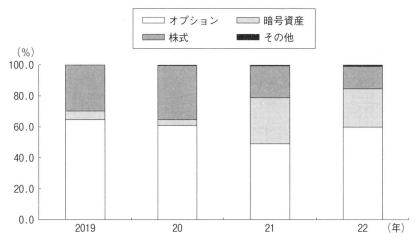

図表7－4　ロビンフッドの取引関連収入の内訳

凡例：オプション　暗号資産　株式　その他

（％）

出所：Robinnhood Financial "Form S-1、10-K" より筆者作成

PFOF収入は、主としてオプション取引によるものである。2021年は49.1％と低下しているが、それ以外の年は60％を占めている。一方、株式のそれは2020年までは30％前後を占めていたが、2021年以降は一転してその割合を下げて2022年は14.4％となっているのに対し、暗号資産が割合を高めている。これにより、収入に占めるオプションと暗号資産によるPFOFの割合は、2020年以外は70％を超えており、2022年は84.8％になっている。

　図表7－3に戻って、もう一つの収入源である純金利収入をみておこう。2020年以降、純金利収入の収入に占める割合は20％を下回っていたが、2022年はFRBの政策金利引上げを受けて、純金利収入が大幅に増加し、その割合も30％を超えている。この収入の内訳は、主として信用取引に伴う収入であり、2020年、2021年は90％以上を占めている。2022年は約63％に低下しているが、金額自体に大きな相違はない。むしろFRBの政策金利引上げの影響によって、他の金利収入が増えたことによって、相対的に比重が下がっているだけである。

　FRBの政策金利引上げは、ロビンフッド自身の預金（清算機関などへの預金）、投資利子やキャッシュ・スイープ契約に伴う手数料、キャッシュ・ス

イープ契約をしていない顧客の待機資金の預金利子を拡大させた。ここに出てきたキャッシュ・スイープとは、顧客が証券口座を開設するときに、提携先銀行の預金口座も開設し、証券口座における待機資金を銀行の預金口座に回送する仕組みであり、提携先銀行から顧客は変動金利の利子（ロビンフッドゴールド加入者は年利4.65％、未加入者は1.5％）を、ロビンフッドは手数料を受け取る。他方、キャッシュ・スイープ契約していない顧客の待機資金も、ロビンフッドが銀行へ預金して利子を得ている。

FRBの政策金利引上げによって、ロビンフッドが預金から得る利鞘は2021年の0.06％が2022年には1.59％へ上昇しており、預金額が年間平均で100億ドル程度あるので、トータルで金利収入を1億5,200万ドル増加させた。これに加えて、キャッシュ・スイープの元本も年間平均で19億ドルから39億ドルへと倍増し、それに伴って手数料収入も1,900万ドル増加している[27]。

次に、預り資産をみると、オプションの割合はわずか3％であり、株式が70％以上を占めている。この数字は昨年末時点のものであるため、期中のそれは不明だが、ロビンフッドの顧客はオプションや信用取引といった短期取引を繰り返すデイトレーダーのような層で、かつボラティリティの大きな取引を選好していることがわかる[28]。

つまり、初期のネット証券のビジネスモデルに酷似しており、こうした投資家が短期高回転の取引をすることに伴い入ってくるPFOFや信用取引金利、さらには預金金利を代替収入にすることによって、委託手数料を無料にしているのである。

ところが、ロビンフッドは昨年来、これまでの顧客ターゲットとは異なる層に向けたサービスを開始した。それが、401kなどに加入していないギグワーカーや自営業者などに向けたIRA口座の提供である。この口座は、投資家が提携先銀行の口座から拠出した掛け金の1％相当額を、ロビンフッドが

27　Robinhood Financial "Form 10-K"
28　米国では0 DTEという安価で取引ができる超短期オプションなど、2020年頃からオプション取引が増えている（「日本経済新聞」2023年2月17日）。

マッチング拠出するものである。ただし、これを除いた拠出金を5年以上保有せずに引き出し、残額が自身の支払った拠出金額を下回るとマッチング拠出額と同等の早期解約料が請求される。また、この口座ではETFの推奨ポートフォリオを提案する機能もあり、今後、ETFや投資信託の販売により、信託報酬の拡大を企図しているものと思われ、これまでターゲットとしなかった長期投資を行う投資家の取込みが目指されているといえよう。

(2) 大手ネット証券（シュワブ、E*Trade、TDアメリトレード）

先にも述べたように、大手ネット証券は1990年代半ばに格安な株式委託手数料を武器に、証券業に参入してきた。当初は短期売買志向の投資家に対するサービス提供を主としていた。しかし、その後シュワブは売買仲介からRIA（Registered Investment Advisor）を組織化した資産管理業務へ、E*Tradeも2000年のテレバンク買収後は銀行業務からの収益を急増させたのに対し、TDアメリトレードはデイトレーダーへの売買仲介業務を主軸にし続けており、3社は独自の戦略を打ち出していった[29]。

その後の3社の収入構造を確認しておこう。**図表7－5、7－6、7－7**に3社の収入の推移をまとめた。まず、シュワブからみていこう。シュワブは、2008年には資産運用・管理手数料の比率が45.7％と最も高く、純金利収入が32.7％、手数料および取引手数料が21％という収入構成であった。**図表7－5**から一目瞭然であるように、その後シュワブは、資産運用・管理手数料、手数料および取引手数料の割合を下げる一方、純金利収入の比率を高めている。また、2008年の収入金額は約51億ドルであったが、2019年にTDアメリトレードを買収したこともあって2022年には約208億ドルとなっており、15年間で約4倍増加している。

シュワブの委託手数料収入は無償化に関係なく、2003年以降減少傾向にあった。2008年には委託手数料が収入に占める割合は21％を占めていたが、2022年には8.6％まで低下させている。一方で、1990年代にネット証券が格

---

29 証券経営研究会（2008）31～42頁

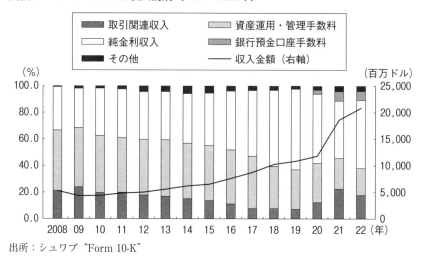

図表7－5　シュワブの収入構成（2008～2022年）

凡例：
- 取引関連収入
- 資産運用・管理手数料
- 純金利収入
- 銀行預金口座手数料
- その他
- 収入金額（右軸）

出所：シュワブ“Form 10-K”

安手数料を提示できた背景として、先に述べたようにPFOFが指摘されていたが、決算書上でそれが明らかになる2019年以降の収入に占める割合は、おおよそ5％から10％程度にとどまっている[30]。

　一方、シュワブでは1987年のブラック・マンデー以降は注文件数が減少し、新たなサービスを必要とした。そこで、1992年に投資信託の販売手数料を無料にした投信スーパーマーケット（ワンソース）を始める。ワンソースを始めると、投資信託の預り資産が急増する。それを支えたのがIFA（Independent Financial Advisor）であった[31]。その後、シュワブはRIAをネットワーク化し、低コストで投資助言を受けられるようにした。1990年代には相次ぐ株式委託手数料の引下げによって、シュワブの委託手数料収入は減少するが、それに代替する収益源となったのが資産運用・管理手数料であった。

　資産運用・管理手数料は、投資信託やETFなどのサービス手数料、アド

30　SECのブローカーディーラー14社を対象にした調査でも、業者の得ていたPFOFはおおむね10％以下であった（https://www.sec.gov/rules/proposed/2022/34-96495.pdf）。

31　チャールズ・シュワブ（2020）245～247頁、255～266頁。なお、ワンソースでは運用会社から0.25％の費用を受け取るかわりに、顧客への投資信託の販売手数料は無料であった。

バイスソリューション、その他に分けられる。2000年代初頭のそれらの資産運用・管理手数料に占める割合は、投資信託関連収入が60〜70％、アドバイスソリューションが15〜25％、残りがその他であったが、現在は投資信託関連収入とアドバイスソリューションが大体同じである。また、金額ベースの資産運用・管理手数料は、2010年以降も金額ベースではほぼ一貫して増加しているが、収入に占める割合は2008年の45.7％が、2022年には20.3％へと半減している。特に2018年以降は比重を下げている（**図表7−5**）。

　その理由は純金利収入の増加が著しいためである。これは2008年には16億8,200万ドルだったのが、2022年には106億8,200万ドルと約6.4倍増加している。特に、2016年以降の伸びが激しく、2015年のそれは25億1,200万ドルだったので、以後7年間で約4倍の増加をみた。

　シュワブの純金利収入は、その多くが銀行預金にスイープさせた資金を、有価証券で運用して得た利鞘である。シュワブは2003年にシュワブ・バンクを設立している。こうした証券会社による銀行サービスは2000年前後に大手証券会社から始まったとされる。それまで総合口座の待機資金はMMF（Money Market Fund）に投資されていたが、それを系列銀行が提供する預金口座へスイープさせるようになった。その理由は、資産管理業務の強化にあり、富裕層に対するサービス強化のためであった。MMFは運用益を投資額に応じて平等に分配せねばならないが、預金金利は銀行が設定できるため、預金額に応じた金利設定が可能となる。つまり、大口預金者の差別化が可能となるからである[32]。

　シュワブは口座開設者に、シュワブ・バンクなどのなかから銀行を選ばせて預金口座を開設させる。この預金口座は口座維持手数料が不要で、預金最低額もなく、デビットカードの付与やATMも無料で利用でき、FDICの保険対象でもあるため、利用者にもメリットがある。この口座に証券口座の待機資金をスイープさせるのである。これに対する付利金利は、現在は預金額に関係なく0.48％である[33]。

32　沼田（2002）71〜74頁

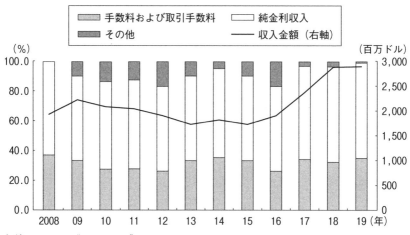

図表 7 － 6　E*Tradeの収入構成（2008～2019年）

出所：E*Trade "Form 10-K"

　2022年の借入金なども含めた調達額は5,937億7,200万ドル、それに対する平均金利が0.26％、一方でそれを運用したことによって得た平均利回りは2.04％であり、これから生じる利鞘が106億8,200億ドルであった。シュワブの調達金額に占める銀行預金の比率は71.4％を占め、その平均調達金利が0.17％であるため、スイープ預金が純金利収入に大きく貢献していることがわかる。しかも、シュワブの銀行預金は、2016年以降、一貫して増加しており、2015年と2022年のそれを比較すると3.7倍もの増加をみている。これによって生じる純金利収入の増加と軌を一にして、収入金額も増加しているのである。

　同様のことはE*TradeやTDアメリトレードでもみられ、E*Tradeは2000年にテレバンクを買収して銀行サービスを提供している。2008年時点でも純金利収入の比率が3分の2を占めており、その比率はその後も6割前後で推移していたが、2017年以降再び上昇を始め、2019年には64.2％を占めている（**図表7－6**）。ただ、E*Tradeの純金利収入は18億5,200万ドル（2019年）に

33　シュワブホームページ（https://www.schwab.com/cash-investments）

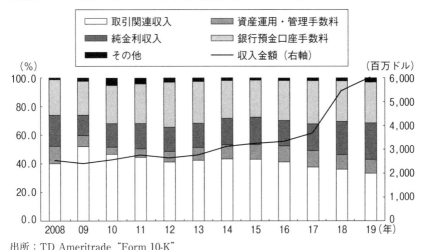

図表 7 - 7　TDアメリトレードの収入構成（2008〜2019年）

凡例：
- 取引関連収入
- 純金利収入
- その他
- 資産運用・管理手数料
- 銀行預金口座手数料
- 収入金額（右軸）

（%）　　　　　　　　　　　　　　　　　（百万ドル）

出所：TD Ameritrade "Form 10-K"

とどまり、同年のシュワブのそれに比べると 4 分の 1 にすぎなかった。

　一方、TDアメリトレードは、デイトレーダーへの売買仲介業務を主としていたこともあり、取引関連収入の割合がこの 3 社のなかで最も高い。また、同社の純金利収入は主として信用取引に伴うものであり、取引関連収入にこれを加えた金額の収入に占める比率は60％前後で推移していた。同社はPFOFを2012年から開示しているが、それによるとPFOFは収入の 7 〜10％で推移し、シュワブ同様それほど大きな割合を占めていたわけではなかった。

　同社の取引関連収入に次ぐ収入は銀行預金口座手数料であり、同社もシュワブやE*Tradeが提供している銀行へのスイープ預金を提供していた。すなわち、第三者銀行と提携して同様のサービスを提供しており、その対価として銀行預金口座手数料を得ていた。同社の収入構成をみると、銀行預金口座手数料が約30％あり、やはりキャッシュ・スイープによる収入が意味をもっていたことがわかる。

　さて、2015年にロビンフッドが委託手数料を無償化すると、若者中心にロビンフッドの利用が増え始める。一方、大手ネット証券はベビーブーマー層

を主要顧客としており、顧客の高齢化に伴って次世代顧客の開拓が必要であった。そこで、2017年から委託手数料の引下げを始め、手数料引下げ競争が再燃した。2019年10月にはシュワブも委託手数料を無料にし、これにE*TradeやTDアメリトレードも追随した。

しかし、E*TradeやTDアメリトレードは、取引関連収入への依存がシュワブに比べて高く、この無償化は打撃となる。とはいえ、引き下げなければ顧客の流出を招くおそれがあり、そのことが無償化を決断させたと思われるが、無償化を決めた翌月にはTDアメリトレードはシュワブへ、E*Tradeもモルガンスタンレーへの売却を決めている[34]。

さて、ここまでロビンフッド、大手ネット証券のビジネスモデルをみてきたが、委託手数料を引き下げる代替収入に、ロビンフッドは主としてPFOF、ネット証券は主として純金利収入を充てていた。しかし、ここにきてロビンフッドも金利収入や信託報酬の拡大を目指しており、今後ネット証券のビジネスモデルに同質化していくことが考えられる。

ただ、委託手数料無償化の代替収入であるPFOF、キャッシュ・スイープが今後も安定的に収入が得られるかといえば疑問も残る。すなわち、前者は利益相反の可能性が指摘されている。つまり、注文回送先を価格ではなくリベートの多さで決め、最良執行が犠牲にされているのではないかとの指摘がある。SECのゲンスラー委員長もこのことを批判[35]し、顧客注文をオークションによって執行することを求めるルール案を提案している。今年の3月31日までパブリックコメントを集めているが、証券業者や機関投資家は反対

34　モルガンがE*Tradeを買収した目的の一つに、E*Tradeのもつ銀行預金がねらいともいわれていた（https://www.washingtonpost.com/business/2020/02/20/morgann-stanley-etrade/）。大手証券も収入に占める金利収入の割合は高く、モルガンスタンレーも2009年以降の金利収入が増加を続けていた。

35　これに関連して、フィデリティは株式取引に伴うPFOFを受け入れないことを表明し、シュワブが顧客を犠牲にしてPFOFの支払を受けていると批判した。一方のシュワブのベッティンガーCEOは、フィデリティがオプション取引ではPFOFを受け入れていること、フィデリティが管理する取引の場で顧客注文を機関投資家のそれと付け合わせていると批判している（S&P Global Market Intelligenceホームページ）。また、こうした批判に対し、シュワブやシタデルなどは、PFOFによって投資家がより良い価格改善を受けているとも表明している。

する一方、個人投資家からも1,300を超えるコメントが出され、その多くが支持を表明しているとされる[36]。このルール改変いかんでは、PFOFに依存した委託手数料無償化のスキームが維持できなくなることも考えられる。

　また、後者は口座維持手数料が不要なことなど投資家にも利点がある反面、シュワブの場合、MMFに預けていれば５％近い利回りを得られるにもかかわらず、スイープ預金では0.48％しか金利が付利されない。つまり、投資家がより高い利回りを得る機会を逸しており、「隠れた手数料」であるとの批判がされている[37]。FRBの政策金利引上げにより、2023年１月から３月の３カ月間でシュワブでは預金が410億ドル流出し、MMFに800億ドルの資金流入がみられ、預金からMMFへ資金がシフトしている。シュワブのビジネスモデルは一定の預金の存在が前提であり、預金の流出はその前提を崩すものである。加えて、FRBの金利引締めによって、シュワブが購入した債券には含み損（290億ドル）がある[38]とされ、預金の払戻しに保有債券の売却ではなく、連邦住宅融資銀行からの借入れを充てたとみられ、資金調達コストの上昇、利鞘の縮少を招いている。このように委託手数料無償化を支えるスキームが今後も維持できるかには疑問も残る。

4　日本のスマホ証券、ネット証券のビジネスモデル

　日本でも、2018年にスマートプラスが国内株の売買に伴う委託手数料を無料にした[39]。その後、米国でシュワブが委託手数料を無料にしたことを受け、日本の証券会社でもそれに追随する動きが起きた。ただ、日本では手数料を無料にしても、それをいきなり全面的に行うのではなく、なんらかの別の収

36　Financial POSTホームページ（https://financialpost.com/pmn/business-pmn/main-street-investors-pressure-sec-confront-wall-street-on-stock-plan）

37　ウォールストリートジャーナル（https://www.wsj.com/articles/how-your-brokers-can-make-10-times-more-on-your-cash-than-you-do-1533309013）

38　Bloombergホームページ（https://www.bloomberg.com/news/articles/2023-03-27/schwab-s-7-trillion-empire-built-on-low-rates-is-showing-cracks）

39　それ以前にも2006年には松井証券が信用取引に伴う委託手数料を無料にするなど、単発的な無料化は行われていた。

益が得られる信用取引に伴う委託手数料や、投資信託の販売手数料が無料化された。その後も各社が国内株の委託手数料を無料にする範囲を拡大し、2023年9月までにSBI証券がそれを完全に無料化すると発表しており、段階的に無料化が進んでいる。

　先にも述べたようにネット証券が参入した頃、彼らのビジネスモデルはデイトレーダーをターゲット顧客とし、彼らに依存しながら薄利多売のビジネスを行っていた。つまり、手数料を引き下げることによって利用者を獲得し、彼らが頻繁に取引してくれることで手数料収入を拡大させるというモデルであった。また、彼らの多くが信用取引も利用しており、金利収入も期待できた。

　ところが、こうした顧客は、手数料の安い会社へ簡単に乗り換える傾向が強く、手数料の割引競争が起こった。2006年3月時点で、イー・トレード証券では手数料率を0.05％まで下げており[40]、このあたりからこのビジネスモデルは限界を迎えたのではないかといわれ始めた。そのため、ネット証券は次に主要顧客であるデイトレーダーが好む頻繁な価格変動を伴うFXやCFD取引（差金決済取引）を新たな収益源と位置づけ、商品ラインアップを拡充させていく。

　一方の対面証券会社は、ネット証券の登場で国内株の委託売買業務では収益の確保が困難になり、投資信託や外国株、外債の販売、さらにラップ口座を用いた資産管理型営業に注力し、自らの強みである投資助言が生かせる商品の販売へとシフトしていく。つまり、先行する米国の対面証券会社同様、富裕層向けの資産管理業務に力を入れていくのである。そこで、現在の対面証券会社の収入構造をみるため、規模、業態別に日本の証券会社の2015年度以降7年間の収入構成を図表7－8にまとめた。

　これによれば、大手、準大手、中堅証券会社の委託手数料収入は低下する一方、募集・売出手数料、その他受入手数料、株式や債券の有価証券売買益の割合が高くなっている。他方、ネット証券も従来のデイトレーダーだけで

---

40 「専業5社、寡占の構図に変化も」日本経済新聞、2006年3月30日朝刊

なく、顧客層の拡大を模索し始める。そのため、濃淡はあるものの対面証券会社が力を入れていた投資信託や外国株、外債の取扱いを増やし、ここでも手数料を割り引いて新たな顧客獲得を目指している。

　しかし、株式とは異なり投資信託は商品性が理解しづらい面もあり、コストリーダーシップ戦略で獲得できる顧客は、投資家自身で投資判断ができる人に限られ、かつ取り扱える商品も、インデックスファンドのような投資判断のしやすいものが中心となる。ただ、こうした商品はそもそも手数料率が低く、引下げ余地がそれほどない。さらなる顧客層の拡大には投資助言が必要となるが、営業職員を雇ってそれを提供すると価格競争力を下げることになる。そこで、ネット証券ではIFA（金融商品仲介業者）との提携、もしくはロボアドバイザーの導入など、低コストで投資助言を行える仕組みを整える会社が出てくる。

　では、こうした取組みによって、2000年代初頭には委託手数料で70％程度の収入[41]を得ていたネット証券の収入は多角化したのだろうか。**図表7－8**によれば、ネット証券の収入に占める委託手数料の比率は、30％程度まで低下している。これにネット証券の主要顧客は信用取引を利用することが多いことから、それに伴う金融収益を加味しても60％程度にとどまっている。

　とはいえ、ネット証券のなかにはFX専業に近い収入構造の会社もあり、主要5社（SBI、auカブコム、松井、マネックス、楽天）に絞ってみてみると、委託手数料収入の割合が低い会社では30％程度となっているが、高い会社は50％を超えている。他方、金融収益も多くが30％台であるが、50％台の会社もある。そして、これら2つの比率が低い会社は、それにかわってFXやCFD取引に伴うその他の有価証券売買益、投資信託にかかわる募集・売出手数料、その他受入手数料の割合を高めている。

　では、スマホ証券はどうだろう。スマホ証券の証券業参入当時、すでにネット証券の手数料率は0.04％まで引き下げられ[42]、スマートフォンでの株

41　『日経金融年報』日本経済新聞出版より算出。
42　「証券、ネット勢が台頭　手数料自由化で新陳代謝進む」日本経済新聞、2017年11月2日朝刊

図表7－8　証券会社の収入構成

(単位：%)

	A（5社）	B（2社）	C（8社）	D（32社）	E（37社）
受入手数料	53.8	48.4	72.1	54.1	83.6
委託手数料	13.2	22.1	34.5	43.9	58.8
引受・売出手数料	7.7	1.3	1.1	0.1	3.7
募集・売出手数料	10.4	14.9	17.9	4.5	12.1
その他受入手数料	22.6	10.1	18.7	5.6	9.0
有価証券売買益	32.8	47.1	22.0	35.9	11.3
株式	9.5	24.0	12.7	16.5	2.8
債券	19.8	21.3	7.6	19.2	8.6
その他	3.4	1.8	1.6	0.2	0.1
金融収益	13.2	4.5	5.9	7.1	4.9
	F（16社）	G（9社）	H（8社）	I（9社）	J（6社）
受入手数料	58.9	42.0	72.6	41.2	44.5
委託手数料	25.3	4.5	10.1	31.4	16.3
引受・売出手数料	0.1	0.2	1.3	0.8	0.0
募集・売出手数料	20.3	23.0	0.3	1.9	0.1
その他受入手数料	13.2	14.3	60.9	7.1	28.0
有価証券売買益	39.2	57.9	−17.5	26.1	127.8
株式	8.1	0.8	−21.9	1.0	77.9
債券	30.7	58.1	7.3	3.7	0.0
その他	0.3	−1.0	−2.9	21.7	49.7
金融収益	1.8	0.1	44.8	31.6	4.8

注1：大手5社、B：準大手証券、C：中堅証券、D：地場証券（東京、名古屋、大阪）、
　　　E：地方証券、F：地銀系証券（既存会社買収）、G：地銀系証券（新設会社）、H：主
　　　要外資系証券、I：ネット証券、J：スマホ証券
注2：Jは多額のその他営業損失を出している会社があるため、100％を超過している
出所：各社「業務および財産の状況に関する説明書」「有価証券報告書」より筆者作成

式取引もすでにサービスが提供されていた。つまり、手数料の引下げやスマートフォンでのサービス提供を謳って、顧客を誘引することはむずかしかった。そのため、スマホ証券はネット証券でも獲得できていなかった株式取引未経験で、資金力に乏しい若者をターゲットにして、彼らに向けた利便性の高いサービスを提供することで、ネット証券との棲み分けを図った。

　そこで、スマホ証券はUXを重視し、ネット証券の提供するスマートフォン取引よりも、取引までの操作を簡単にするとともに、テーマ投資やミニ株（単元未満株）投資、ポイント投資、金額指定投資など、総じて最低投資金額を引き下げてターゲットにあわせたサービスを提供している。

　こうしたスマホ証券には2つのかたちがある。1つは大手金融機関が他業種企業と連携してこれまでリーチできなかった若年世代の獲得を目的とした会社であり、もう1つが事業会社の設立した会社である。両者に共通しているのは、すでに本業で顧客基盤をもつ会社が設立していることである。そもそもスマホ証券は、資金力に乏しい小口の投資未経験者をターゲットにしたビジネスであるため、あまり大きな金額の取引は期待できず、加えて手数料率も低いために超薄利のビジネスとなる。それゆえ、顧客開拓コストはかけられず、事業会社のもつ顧客基盤に目を向けたと考えられる。

　一方、収入構造に目を移すと、委託手数料への依存が低く、有価証券売買益が高くなっている（**図表7－8**）。株式のそれは、単元未満株の取引は証券会社がいったん仕入れた単元株を1株単位に分けて、顧客と取引するためである。一方、その他が多いのはFXやCFD取引を提供している会社があるためである。また、その他の受入手数料は、証券会社のサービスや機能を他の企業にAPI接続させて、事業会社に金融サービスを提供するSECaaS（Security as a Service）や10万円から投資できるファンドラップを提供している会社があるためである。ただ、すべての会社で赤字が続いている。

　そのため、早期の黒字転換が望まれるが、ネット証券登場後の競争軸となっている手数料の安さでは大きな差は打ち出しにくく、利便性でも単なる株式や投資信託などの個別金融商品の販売では、他の金融機関に勝ることはできない。そこで、金融サービス仲介業に登録して保険商品なども一手に取

り扱い、すべての金融商品がそこで買えるスーパーアプリ化を進める会社が出てきている。その一方で、早期の黒字転換に向けて、収益性の高いFXやCFD取引の提供を行う会社もあるが、果たしてターゲットとしている顧客層に適合するのか疑問の残る部分もある。

このように、対面証券会社は富裕層向けの資産管理型営業へシフトする一方、ネット証券も国内株の委託売買を主軸とする会社、デイトレーダー依存を脱却して投資信託の販売やIFAとの提携、ロボアドバイザーの利用による資産管理型営業にも力を入れる会社、それに加えてFXなどにも力を入れる会社、FX専業に近い会社へと分化している。そして、手数料引下げ余地がそもそも少ないスマホ証券は、ポイント投資やテーマ投資、ミニ株投資など既存のネット証券が提供していなかったサービスでの差別化、生き残りが目指されているが、現状では赤字から脱却できておらず、金融スーパーアプリ化を目指す会社やSECaaSに力を入れる会社などが出てきている。

ここで、米国と日本のネット証券、スマホ証券を比較すると、米国の場合はPFOFや金利収入を代替収入に委託手数料の無償化が行われ、特に金利収入の果たす役割は大きい。他方、日本にはそれがなく、ネット証券は委託売買業務だけでの採算を無視し、信用取引なども含めた総合取引での採算性で料率が設定されているものと思われる。また、スマホ証券の場合は、ミニ株や金額指定投資は単位未満株の取引であるため、それによるスプレッドが収益となるが、それは往復0.7%から1%程度とされ、1取引から得られる利益はきわめて薄利である。

それゆえ、親会社や提携先のもつ既存の顧客基盤を活用した効果的なマーケティングを行い、顧客を確保して売買高を増やしていくか、金融仲介サービス業として銀行、保険商品も販売して利便性を高め、総合取引から収益を確保していくのか、それとも事業会社のSECaaSパートナーとなって黒子に徹してサービス利用料などを得ていくといったことが考えられよう。

他方、ネット証券には、NISAの拡充、恒久化は追い風となろう。ネット証券大手5社のひと月当りの投資信託の積立投資額が約2,000億円とされ、そのうちの1社ではそれの約3割がつみたてNISAを経由したものとされ

る[43]。日本証券業協会の調査によれば、年代別のNISA口座数は30代、40代が最も多く[44]、長期間の積立が期待できる。投資信託は預り資産に応じて投信代行手数料が支払われるため、それを積み上げていけば根雪のように証券会社に安定的な収入をもたらしてくれるだろう。

　では、米国のような金利収入はどうか。楽天証券と楽天銀行の口座連携サービスによる預金残高が2021年12月に4兆円に達した[45]とされ、米国のような預金の活用も考えられるが、日本は米国と異なり超低金利であるため、米国のような利鞘を稼ぐことがむずかしい。日本銀行による金融緩和は、銀行経営のみならず証券経営にも制約を与えているのである。

5 ロボアドバイザー

　最後に、AIを活用した投資一任サービスを提供するロボアドバイザーをみておこう[46]。ロボアドバイザー業者は、2010年に設立されたBettermentが第1号とされ、現在では300以上のロボアドバイザー業者が世界中にあるとされる。ロボアドバイザーは従来、FAやRIAが行っていたサービスを簡易化してデジタル化したものであり、リスクを分散させたポートフォリオの提案、投資実行、モニタリングを行って、リバランスも行うものである。このような自動でポートフォリオを配分させる技術自体は、先にも述べたように目新しいものではないが、最低投資金額を低額に設定し、一部の投資家しか使えなかったサービスを、個人投資家にも安価で利用できるようにしたところに革新性がある。

　さて、米国ではロボアドバイザーは大きくオンラインだけでポートフォリ

43　「投資積み立て、ペース倍増　年換算2.4兆円　ネット証券5社　貯蓄から投資に拍車」日本経済新聞、2023年3月3日
44　日本証券業協会「NISA口座開設・利用状況調査結果（2022年9月30日現在）について」（https://www.jsda.or.jp/shiryoshitsu/toukei/files/nisajoukyou/nisaall.pdf）
45　楽天ホームページ（https://corp.rakuten.co.jp/news/update/2021/1217_01.html）
46　日本では投資診断や投資助言をするだけのものもロボアドバイザーとされるが、米国では投資一任のものだけをロボアドバイザーと呼ぶ。

図表7－9　米国のロボアドバイザーの預り資産と利用者数

（単位：万人）

	預り資産	利用者数	最低投資金額	手数料率
Vanguard	2,066億ドル	110	3,000ドル	0.15%
Schwab	658億ドル	26	5,000ドル	0
Betterment	268億ドル	61	0ドル	0.25%
Wealthfront	214億ドル	31	500ドル	0.25%
Personal Capital	161億ドル	3	100,000ドル	0.89%
Bloom	50億ドル	2	5ドル	12ドル
Acorns	47億ドル	440	0ドル	36ドル
M1Finance	39億ドル	1	2,000ドル	0.25%
FutureAdvisor	17.6億ドル	2	5,000ドル	0.50%
SigFig	14.2億ドル	3	2,000ドル	0.25%

出所：Forbes Advisorホームページより筆者作成

オの提案、投資実行、モニタリング、リバランスのすべてが完結するもの
と、チャットや電話などを介してアドバイザーとの対話も行えるハイブリッ
ド型の2つに区分される。また、預り資産は**図表7－9**に示したように、独
立系業者よりも証券会社の提供するハイブリッド型サービスのほうが多い。
その理由は、バンガードやシュワブは確定拠出年金の資産をIRAへ移管させ
る際に、その一部をロボアドバイザーに誘導でき、継続的、安定的に預り資
産を獲得できるためとされる[47]。

　一方、ロボアドバイザーのサービスを行っている独立系の業者はスタート
アップ企業が多く、無名であるため広告などの顧客獲得コストがかさむとさ
れ、2017年の調査では新規顧客獲得にかかるコストは389ドル、一方で1口
座当りの平均預り資産が2万7,000ドルしかなく、これでは年間90ドルしか
収益を得られないとされ[48]、顧客開拓コストの回収には約5年かかる。また、

47　吉永（2017）96〜97頁

図表7－10　日本のロボアドバイザーの預り資産と利用者数（2022年末）

（単位：百万円）

	預り資産	利用件数	最低投資金額	手数料率
ウェルスナビ	719,699	355,542	10,000	1.1%
お金のデザイン	154,618	127,931	100,000	0.715～1.1%
楽天証券	113,309	64,078	10,000	0.715%
マネックス証券	47,520	17,731	1,000	1.0075%
FOLIO	37,860	74,474	100,000	1.1%

出所：日本投資顧問業協会「統計資料」より筆者作成

　これらの業者の提示する手数料率は、2010年頃は0.9％程度であったが、新規参入業者によって引き下げられ、いまでは0.25％程度となっている。こうした採算性の悪化が、WealthfrontのUBSへの売却が中止された背景にあったと思われる。

　そこで、ロボアドバイザー業者は、サードパーティと提携して付加サービスの提供をしている。例をあげれば、CFP®（ファイナンシャル・プランナー）などによるアドバイザリーサービスの提供や銀行と提携してデビットカードの発行などを行っており、Bettermentはポートフォリオの管理手数料に加え、キャッシュ・スイープや中小企業向け401k商品の提供なども行っている。

　キャッシュ・スイープは、シュワブのロボアドバイザーでも行われており、積極的な成長を目指す投資戦略では預り資産の６％、保守的な投資戦略ではそれの24.9％がキャッシュ・スイープに割り当てられていたとされる[49]。他の業者でもロボアドバイザーのサービスとは別にキャッシュ・スイープなどを行っており[50]、ここでも金利収入が手数料率の低さをカバーしているのである。

48　Burnmark（2017）15頁
49　SECホームページ（https://www.sec.gov/news/press-release/2022-104）
50　各社のホームページでは、提携先銀行へスイープさせる現金口座の預金には、４％前後の金利の付利が書かれている。

一方、日本はどうだろう。日本のロボアドバイザー業者は、独立系業者のほうが証券会社よりも預り資産が上位にある（**図表７−10**）。

　ロボアドバイザー業者が行っている資産管理型営業は、預り資産に応じて一定の料率を乗じて収入額が決まるため、預り資産が増えない限り、赤字からの脱却がむずかしい。ましてや米国の事例でもあったようにスタートアップは、預り資産の獲得にコストがかかるため利益を生みにくい。

　では、どうして日本の独立系業者は、ネット証券の預り資産を上回る資産を獲得できたのか。それは、広告宣伝の効果というよりは、むしろ自らをSECaaS企業と位置づけ、金融機関をはじめ航空会社や鉄道会社などと提携し、利用者を増やしたからである。ウェルスナビが17社、お金のデザインが24社と提携している。低コストでの預り資産の拡大には、一方で顧客との接点を増やしたい事業会社による金融業への参入が相次いでおり[51]、このような事業会社との提携の積極化は必須であろう。

　また、2024年からのNISAの投資額拡充、恒久化はネット証券だけでなく、ロボアドバイザー業者にも追い風となろう。NISA口座開設者は30代、40代に多く、加えて、つみたてNISAの口座開設者のうち、89.1％が投資未経験者（2022年９月末）[52]であり、ロボアドバイザー業者のターゲットとしている顧客層と合致する。

　これまでのNISA制度は、非課税投資枠が一般NISAを選択すれば年間120万円（最長５年間、生涯非課税限度額は600万円）、つみたてNISAを選択すれば年間40万円（最長20年、生涯非課税限度額は800万円）までであったが、年間投資上限額が360万円（成長投資枠240万円、積立投資枠120万円）となり、生涯非課税限度額が1,800万円まで拡充される。

　また、非課税保有期間も恒久化されるため、さらなる投資未経験者のNISA口座開設が期待できる。NISAの投資額拡充をきっかけに、口座開設を検討している若年層の投資未経験者へ直接、もしくはSECaaSを通じてア

51　「野村不系・JR東 金融参入 技術革新と規制緩和で壁低く 銀行機能と事業連携」日本経済新聞、2023年３月24日
52　前掲「NISA口座開設・利用状況調査結果（2022年９月30日現在）について」

プローチできれば、ロボアドバイザー業者の預り資産の増加が期待できるだろう。そして、事業会社だけではなく、サービスを提供していない対面証券会社との連携も考えられよう。

米国では、営業職員やコールセンターを活用したハイブリッド型のロボアドバイザーが主流である。つまり、預り資産の少ない顧客に対しては、事前にロボアドバイザーを用いてプロファイリングやデータのアップデートを顧客にさせ、そのデータをもとにコールセンターで対応し、営業職員による対応を補完しているようである[53]。それにより、営業職員が対応しきれない小口の顧客への対応にあたっている。

自らロボアドバイザーを開発できる大手、準大手証券は別として、中堅証券以下ではまだロボアドバイザーのサービスを提供しておらず、米国のような小口顧客への対応という利用ニーズはあるのではないだろうか。しかし、提携先企業からの送客には、一定の報酬が発生するため、提携先を介さない顧客を増やすことも並行して行う必要があろう。

また、もう一つは現在のロボアドバイザーは、ETFや投資信託での運用のみを行っているが、金融機関と提携して保険商品やローン、クレジットカードの発行などの金融商品販売を仲介して、顧客の資産、負債両面からトータルにサポートし、手数料を得ることも考えられよう。

6 むすびにかえて

本章では、日本における証券業のデジタル化の歴史と、ネット証券の登場以降、新たに参入したプレーヤーが証券業にどのような構造変化をもたらしたのかを検討した。

まず、日本における証券業のデジタル化を4つの段階に分けて検討した。当初は主としてバックオフィス業務の効率化を目的にしていたデジタル化は、段階を経るごとに顧客サービスや営業支援を通じた競争力確保、フロン

53　吉永（2019）30〜31頁

ト業務のIT化へと至り、幅広い業務がデジタル化されていった。そして、ネット証券の登場によって株式委託売買業務がアンバンドリングされ、それと同時に手数料の引下げも行われ、リテール証券ビジネスにおける競争構造に変化が起きた。

これにより、対面証券会社は自らの強みである投資助言を生かせる資産管理型営業に注力を始め、ネット証券は手数料引下げによる顧客、収益の拡大を目指した。その後、フィンテック業者によるロボアドバイザーの一般化が、資産管理型営業にも価格競争を持ち込む。ただ、フィンテックで提供された証券関連サービスは、歴史的な文脈のなかでは決して革新的なサービスではなく、すでに一部の投資家に対して提供されていたものであった。つまり、フィンテックは、こうした一部の投資家にしか提供されていなかったサービスを、ハード、ソフト両面の発展により、だれでも低価格で利用できるようにした。ここにフィンテックの革新性が求められるのである。

他方、ネット証券の登場以降の新たな参入者は証券業に大きな影響を与えた。米国ではロビンフッドが主導し、委託手数料の無料化が進んだ。ロビンフッドの収入は、主としてPFOFであるが、ロビンフッドに続いて委託手数料を無料化したシュワブやE*Trade、TDアメリトレードはPFOFよりも、むしろ純金利収入のほうが大きく、両者の収入構造には違いがみられた。ところが、ロビンフッドも近年、金利収入や信託報酬の拡大を目指しており、ネット証券との同質化が進みつつある。

それに対し、日本の証券業界もこの20年間で、委託手数料への依存度は低下している。また、株式委託手数料の料率引下げも続き、段階的に手数料の無料化が行われている。そのため、日本の証券会社も収入の多様化を進めている。ただ、米国と異なり、日本では米国のようなPFOFが支払われないことに加え、日本銀行の金融緩和が金利収入の獲得を阻んでおり、米国のような委託手数料の完全無料化は、それへの依存が低い会社でなければむずかしいだろう。

一方、スマホ証券はすでに顧客基盤をもつ会社が設立し、小口の投資未経験者をターゲットにした超薄利のビジネスである。そのため、親会社のもつ

既存の顧客基盤を活用した効果的なマーケティングや、事業会社などに SECaaSのサービスを提供してフィーを積み上げていくなど、顧客確保と並行して顧客との取引による収入以外の収益確保が求められる。

　最後に、ロボアドバイザーを取り上げた。ロボアドバイザーは、預り資産に一定の料率を乗じて収入が決まるため、預り資産の積み上げが重要である。米国では確定拠出年金の資産をIRAへ移管する際に、その一部をロボアドバイザーへ誘導できる証券会社によるサービスが預り資産の積み上げに成功している。一方、日本は独立系業者がロボアドバイザーのサービスを事業会社へ提供し、証券会社のサービス以上に預り資産を獲得している。ただ、米国ではロボアドバイザーのサービスも手数料率がきわめて低下しており、それを収益面でカバーしているのは、やはり純金利収入であった。

　このようにみてくるならば、バックオフィスの業務効率化に始まった証券業のデジタル化は、フロント業務や投資助言も含めた幅広い業務で進められている。インターネットを介してサービスを提供できる業務では、新規参入業者がコストリーダーシップ戦略をとって参入するため、手数料率の引下げが続けられる。つまり、委託売買業務の競争軸が価格と利便性となり、いかに安く、いかに便利かが問われている。その結果、米国では株式委託売買業務の手数料がついにゼロとなり、ロボアドバイザーの手数料もきわめて低くなっている。これを利用者は皮相的に歓迎しているが、その裏でPFOFや金利収入といった「隠れた手数料」を支払っていることを忘れてはならない。

〈参考文献〉
伊豆久（1997）「オンライン・ブローカーとオーダー・フロー・ペイメント」日本証券経済研究所、証券経済研究、第7号、1997年5月
大下英治（2000）『松井証券のIT革命』（徳間書店）
岡田功太（2020）「チャールズ・シュワブによるTDアメリトレードの買収─米国個人向け金融サービス業界への示唆」野村資本市場研究所、野村資本市場クォータリー2020 Winter、2020年2月
奥田健太郎編（2023）『金融サービスの新潮流─ゴールベース資産管理』（日本経済新聞出版）
金融データ活用推進協会（2023）『金融AI成功パターン』（日経BP）

隈本正寛・松原義明（2016）『FinTechとは何か―金融サービスの民主化をもたらすイノベーション』（金融財政事情研究会）

佐賀卓雄（2002）「オンライン証券取引の将来性―新しいビジネスモデルたりうるか」証券経済学会、証券経済学会年報第37号、2002年5月

佐賀卓雄（2007）「ネット証券のビジネスモデルについて」資本市場研究会、月刊資本市場No.264、2007年8月

清水葉子（2020）「アメリカの証券委託売買手数料無料のビジネスモデル」日本証券経済研究所大阪研究所、証研レポート1720号、2020年6月

清水葉子（2021）「ロビンフッド証券のIPO書類から見る収益状況」日本証券経済研究所大阪研究所、証研レポート1728号、2021年10月

証券経営研究会（2008）『金融システム改革と証券業』（日本証券経済研究所）

大和証券（2003）『大和証券百年史』

チャールズ・シュワブ、飯山俊康監訳（2020）『ゼロ・コミッション革命』（金融財政事情研究会）

東京証券取引所（1982）『昭和57年東証要覧』

東京証券取引所（1990）『東証要覧1990』

東京証券取引所（2002）『東京証券取引所50年史』

二上季代司（2018）「満二十年を迎えた証券業の登録制」日本証券経済研究所大阪研究所、証研レポート1711号、2018年12月

沼田優子（2002）「銀行サービスを強化するメリルリンチ」野村資本市場研究所、野村資本市場クォータリー2002年秋号、2002年11月

野村証券（1986）『野村証券史：1976-1985』

深見泰孝・二上季代司（2017a）「大和証券の躍進を支えたシステム開発の歴史（上）」日本証券経済研究所・証券レビュー第57巻第7号、2017年7月

深見泰孝・二上季代司（2017b）「大和証券の躍進を支えたシステム開発の歴史（下）」日本証券経済研究所、証券レビュー第57巻第8号、2017年8月

深見泰孝・二上季代司（2018）「日興証券オンライン化の歴史を語る―桑島正治氏証券史談（上）」日本証券経済研究所、証券レビュー第58巻第5号、2018年5月

深見泰孝・二上季代司（2019a）『地方証券史―オーラルヒストリーに学ぶ地方証券のビジネスモデル』（金融財政事情研究会）

深見泰孝・二上季代司（2019b）「証券界のリーダーに聞く―村住直孝氏証券史談（上）」日本証券経済研究所、証券レビュー第59巻第1号、2019年1月

吉永高士（2017）「二種のハイブリッド型ロボ・アドバイザーの侵攻」野村総合研究所、知的資産創造2017年3月号

吉永高士（2019）「証券投資サービスにおけるFinTechの使い倒し―ロボアドバイザーと対面チャネルにおけるゴールベースアプローチへの応用を中心に」野村総合研究所、知的資産創造2019年3月号

SIA "*Securities Industry Fact Book*"

［ウェブサイト］

Burnmark（2017）*"Digital Wealth"*
（https://www.burnmark.com/uploads/reports/Burnmark_Report_Apr17_ Digital_Wealth.pdf）

Financial Industry Regulatory Authority *"2022 Capital Markets Fact Book"*
（https://www.sifma.org/wp-content/uploads/2022/07/CM-Fact-Book-2022- SIFMA.pdf）

Forbes Advisor
（https://www.forbes.com/advisor/investing/top-robo-advisors-by-aum/）

S&P Global Market Intelligence
（https://www.spglobal.com/marketintelligence/en/news-insights/trending/ IiJL9zOpAk76f_BrDunluA2）

事項索引

デジタル化する証券市場

2023年10月3日　第1刷発行

企画・監修者	日本証券経済研究所　現代債券市場研究会
編 著 者	代田　　純・中島　真志
発 行 者	加藤　一浩

〒160-8519　東京都新宿区南元町19
発 行 所　一般社団法人 金融財政事情研究会
出 版 部　TEL 03(3355)2251　FAX 03(3357)7416
販売受付　TEL 03(3358)2891　FAX 03(3358)0037
URL https://www.kinzai.jp/

DTP・校正：株式会社友人社／印刷：三松堂株式会社

ISBN978-4-322-14368-3